Ingrid Betancourt

Die Wut in meinem Herzen

Ingrid Betancourt

Die Wut in meinem Herzen

Unter Mitarbeit von
Lionel Duroy

Aus dem Französischen von
Christiane Filius-Jehne

List

Die Originalausgabe erschien im Jahr 2001 unter dem Titel
La Rage au Cœur im Verlag Éditions XO, Paris.

Der List Verlag ist ein Unternehmen der
Econ Ullstein List Verlag GmbH & Co. KG, München.

ISBN 3-471-79455-7

Lektorat: Bettina Blumenberg
Printed in Germany.
Herstellung: Helga Schörnig
Satz: Schaber Satz- und Datentechnik, Wels
Druck und Bindung: Clausen & Bosse, Leck

www.ingridbetancourt.com
www.list-verlag.de

Für Mélanie
und Lorenzo

1

Dezember 1996. In wenigen Tagen beginnen die Ferien, die Parlamentssaison neigt sich ihrem Ende zu. Häufiger noch als sonst renne ich zwischen meinem Büro, wo ein Termin den anderen jagt, und dem Halbrund des Plenarsaals, wo ich an den Sitzungen teilnehmen muss, der Zeit hinterher. Ich bin fünfunddreißig Jahre alt und seit zwei Jahren Abgeordnete.

Gegen 15 Uhr 30 - ich bin mitten in einem Gespräch - öffnet meine Sekretärin die Tür einen Spalt.

»Da ist jemand, der Sie dringend sprechen will, Ingrid. Ein Mann ...«

»Hat er einen Termin?«

»Nein. Aber er lässt nicht locker.«

Die Debatte im Abgeordnetenhaus beginnt um 16 Uhr. Ich überlege einen Moment.

»Gut, sag ihm, ich empfange ihn direkt nach meinem jetzigen Besuch, aber ich habe nur eine Viertelstunde, tut mir Leid.«

Ein eleganter Mann betritt das Zimmer. Er ist in den Vierzigern, von mittlerer Größe, weder gut aussehend noch hässlich, sodass ich später nicht in der Lage bin, ihn zu beschreiben, zu identifizieren.

»Setzen Sie sich bitte.«

»Danke. Wir beobachten Sie aufmerksam, Doctora, wir haben große Hochachtung für das, was Sie tun ...«

Wir lächeln uns an. Ich sitze mit gestrafftem Oberkörper an der anderen Seite des Schreibtischs, der uns trennt, und habe die Ellbogen aufgestützt; wahrscheinlich hat er ein Gesuch vorzubringen, wie die meisten, die zu mir kommen.

»Deshalb wollte ich Sie auch sprechen, Doctora, wir machen uns wirklich Sorgen um Sie. Kolumbien durchläuft eine Zeit großer Spannungen, heftiger Gewalt. Man muss doppelt vorsichtig sein und sehr, sehr aufpassen.«

Ich sehe ihn die Stirn runzeln und mit düsterem Gesicht den Blick abwenden.

Ich bin derartige Worte gewöhnt. Die meisten Menschen, denen ich begegne und die mich unterstützen, teilen diese Zwangsvorstellung von der Gefahr, speziell die Frauen, die mir immer wieder und auf sehr fürsorgliche Weise sagen, dass sie mich in ihre Gebete einschließen, damit mir nichts geschehe und Gott mich beschütze. In solchen Momenten versuche ich meine Gesprächspartner davon zu überzeugen, dass meine Sicherheit nicht in Gefahr sei, dass ich absolut nichts riskiere, da ich der Ansicht bin, dass die Regierung mit dieser Angst der Kolumbianer spielt. Wie ließe sich die Hoffnung eines Volkes besser zunichte machen, als indem man es davon überzeugt, dass jeder, der zu reden und die Dinge beim Namen zu nennen wagt, unverzüglich aus dem Weg geräumt wird?

»Machen Sie sich keine Sorgen«, sage ich zu diesem Mann, »ich werde perfekt beschützt, ich habe um mich herum einen diskreten, aber erfolgreichen Sicherheitsapparat, Sie haben nichts zu befürchten. Ich danke Ihnen allerdings für das Interesse, das Sie mir entgegenbringen, aber was kann ich für Sie tun?«

Überraschenderweise wiederholt er mit noch finstererem Blick, was ich für eine höfliche Einleitung gehalten habe.

»Es war mir ein großer Wunsch, Sie kennen zu lernen, Doc-

Der Präsident des Pariser Zivilgerichts hat per einstweiliger Verfügung angeordnet, auf den Protest von Herrn Ernesto Samper gegen die ihn betreffenden Vorwürfe auf den Seiten 8–11, 53, 151–154, 155–161, 177 und 197 f. dieses Buches, die er als verleumderisch betrachtet, hinzuweisen.

tora, aber in erster Linie bin ich hier, um Sie zu warnen. Wir sind sehr besorgt ...«

»Das ist sehr freundlich, ich bin gerührt, aber, wie Ihnen meine Sekretärin sicher gesagt hat, ich habe wenig Zeit.«

Ich blicke ostentativ auf meine Uhr.

»Sie haben nicht verstanden«, fährt er trocken fort. »Ich will Ihnen klarmachen, dass Sie wirklich aufpassen müssen.«

Nun hat sein Gesicht nichts Sympathisches mehr. Er fixiert mich starr mit hartem Blick.

Mit einem Mal wird mir bewusst, dass er nicht der Mann ist, für den ich ihn hielt, dass er nicht der verzweifelte Bürger ist, der einen um Hilfe anfleht, der hartnäckige Bewunderer, den ich vermutet habe, sondern jemand mit einem Auftrag, der mir etwas ganz Konkretes zu übermitteln hat. Ich wechsele meinerseits den Tonfall.

»Wie lautet die Botschaft?«, frage ich mit leichtem Lachen. »Wollen Sie mir drohen?«

»Nein, das ist keine Drohung. Ich bin nicht hier, um Ihnen Angst zu machen, ich bin hier, um Sie zu warnen. Sie sollten wissen, dass Sie in Gefahr sind, dass Ihre Familie in Gefahr ist. Ich spreche im Namen der Leute, die bereits einen Vertrag auf Sie abgeschlossen haben. Sie raten Ihnen zu verschwinden, weil der Entschluss gefasst ist. Um genau zu sein, Doctora, will ich Ihnen sagen: Wir haben die ›Sicarios‹ bereits bezahlt.«

Mit Sicherheit bin ich blass geworden. In diesem Moment weiß ich, dass er nicht lügt. Das Wort »Sicarios« fungiert bei uns als Schlüsselwort. Das sind Männer auf Motorrädern, die in den größten Elendsvierteln der Außenbezirke rekrutiert werden und täglich für lächerliche Summen in Kolumbien Menschen umbringen.

Ich habe also eine Grenze überschritten, eine rote Linie. Diesmal will man mich wirklich einschüchtern. Sechs Monate zuvor, als ich das Parlament in einer eisigen Julinacht verließ, wurden mein Auto und das meiner Leibwächter von Schützen als Zielscheibe benutzt. Damals ist niemand getroffen worden und ich hatte glauben wollen, dass wir einfach im falschen Moment am falschen Ort vorbeigekommen waren.

»Was Sie mir also letztlich ankündigen wollen«, sage ich wohlartikuliert und meinen Blick starr auf ihn geheftet, »ist, dass Sie mich töten werden.«

»Ich habe Ihnen gesagt, Sie sollen gehen, weil die entsprechenden Maßnahmen bereits ergriffen sind.«

Der Mann steht auf, gibt mir die Hand, verabschiedet sich sehr höflich und verschwindet.

Habe ich seine Hand gedrückt? Habe ich sogar sein Lächeln erwidert?

Das ist absolut möglich. Ich weiß es nicht mehr. Ich bin jetzt allein in meinem Büro, wie betäubt, vollkommen erledigt. Mein Herz klopft wild. Erst nach ein paar Sekunden finde ich meine Lebenskraft wieder und schaffe es, meine Sekretärin zu rufen.

»Marina, dieser Typ, woher kam der? Wie ist der hier hereingekommen?«

»Das weiß ich nicht. Er war da, in meinem Büro ...«

»Wie heißt er? Haben Sie wenigstens seinen Namen notiert?«

»Nein ... Ich war davon überzeugt, dass Sie ihn kennen, dass er ein Freund von Ihnen ist ...«

Man kommt nicht ins Parlament ohne die Einladung eines gewählten Vertreters, ohne seine Papiere vorzuweisen, seine Personalien anzugeben. Dieser Mann jedoch war einfach so hereinspaziert und zu mir vorgedrungen, ohne dass man ihm eine einzige Frage gestellt hatte.

Wen sollte ich alarmieren? Die Polizei? Aber die wird von der Regierung bezahlt, derselben Regierung, die mich zum Schweigen bringen will. Speziell von Staatschef Ernesto Samper, dessen Korruptheit ich seit Monaten als Einzige anprangere. Vielleicht ist mein Besucher Mitglied des Sicherheitsdienstes, was erklären würde, wieso er unbehelligt das gesamte Kapitol durchqueren konnte. Im Laufe meiner Überlegungen verfalle ich in den schwärzesten Alptraum. Ich habe niemanden, der uns beschützt. Vielleicht töten sie uns jetzt gleich, noch an diesem Abend, in dieser Nacht ... Er hat gesagt: »Ihre Familie ist in Gefahr.« Meine Kinder, Mélanie und Lorenzo, mein Lebensgefährte Juan Carlos. Wen sollte ich zu Hilfe rufen? Ich habe niemanden, keinen Ausweg, keine Möglichkeit, sie zu retten, die Drohung, die auf ihnen lastet, von ihnen abzuwenden. Irgendwo in Bogotá sind bewaffnete Männer bezahlt worden, und diese Männer können sich im nächsten Moment auf uns stürzen.

Ich muss schnell die Kinder holen! Mélanie ist elf Jahre alt, Lorenzo erst sieben. Loli, mein Baby ... Sie besuchen die französische Schule, was kein Geheimnis ist, jeder kann dies herausfinden, indem er unseren Hausmeister fragt, unsere Nachbarn. Egal wen. Mein Chauffeur setzt sie morgens ab und sammelt sie abends wieder ein, oder ich, wenn ich kann. Ich bin permanent von Leibwächtern umgeben, aber meine Kinder haben keinerlei Schutz. Ja, ich muss sie schnell holen. Jede Stunde, jede Minute, die verstreicht, kann ein unsagbares, unvorstellbares Unglück geschehen.

»Marina, ich muss weg, es ist eine ganz dringende Angelegenheit, tun Sie Ihr Bestes, ich rufe Sie morgen an.«

Atemlos lasse ich alles stehen und liegen, renne durch die Gänge des Kapitols, die kein Ende nehmen, passiere die Kontrollen, die schweren Türen. Hoffentlich ist ... Ja, mein Chauffeur ist da. Er parkt diskret an einer Ecke der Plaza de Bolivar. Er hat mich gesehen und setzt sich in Bewegung. Ich habe vollstes Zutrauen zu diesem Mann, wir haben gemeinsame Schreckensmomente durchlebt, und vielleicht sind wir nur dank seiner Geschicklichkeit und Geistesgegenwart vor sechs Monaten den Schüssen entgangen.

»Die Kinder, Alex. Schnell! Schnell! Ich erklär's dir später. Wir holen sie aus der Schule und fahren dann nach Hause.«

Armer Alex! Es ist die Zeit, da alle Straßen in Bogotá verstopft sind, da sich die Büros leeren und die sechs Millionen Einwohner diese schrecklichen tür- und fensterlosen Busse nehmen, deren Motoren einen beißenden schwarzen Qualm ausstoßen. Das ist alles, was unsere nichtswürdigen politischen Machthaber uns am Ende des Jahrtausends als öffentliches Verkehrsmittel zu bieten haben. Bogotá hat weder U- noch Straßenbahn, nur kaputte breite Straßen mit tiefen Schlaglöchern, auf denen sich nun in wüster Hektik der Verkehr dahinwälzt. Alex kämpft sich mit listigen Tricks, hupend und schimpfend durch, und meine Eskorte folgt.

Jetzt muss ich Juan Carlos benachrichtigen, dass er zu uns stößt. Juan Carlos ist nur wenig älter als ich, aber er ist vernünftig und gelassen. In den schrecklichsten Momenten dieses Jahres, das nun zu Ende geht, war er stets bei mir, um mir mit Rat zur Seite zu stehen, mich gelegentlich zu schützen und zu trösten.

»Juan Carlos? Ich bin's. Es ist etwas sehr Schlimmes passiert, wir müssen darüber reden, schnell. Kannst du kommen?«

»Wo bist du?«

»Im Auto. Ich hole die Kinder und fahre dann nach Hause.«

»Ich bin in einer halben Stunde da. Seid vorsichtig.«

Der Verkehr ist jetzt flüssiger. Die französische Schule liegt neben der französischen Botschaft, mitten im nördlichen Viertel der Stadt, dem vornehmen Refugium der Reichen. Die Mauern rings um die Residenzen, deren extremen Luxus man erahnt, werden von unzähligen Kameras überwacht, sogar bewaffnete Wachen in kugelsicheren Westen sind dort zum Schutz aufgestellt.

Loli, endlich! Loli, der verblüfft und mit strubbeligem Haar aus seiner Klasse geholt wurde. Sein Ranzen ist nicht ordentlich zu, und die Bücher und Hefte fallen heraus.

»Mein Loli!«

»Alles o. k., Mama?«

»Na klar, alles o. k.! Ich hatte solche Lust, einmal den Abend mit euch zu verbringen, ich konnte mich freimachen.«

Und dann Mélanie, mein Ebenbild, strahlender und natürlich ordentlicher.

»Was machst denn du hier, Mama? Ich dachte, wir sehen uns heute Abend nicht ...«

»Ich habe es mir anders überlegt. Wir werden die Ferien vorbereiten. Gib mir einen Kuss, Méla ... Loli, reich mir deinen Ranzen.«

Er erzählt von Weihnachten, von einer Veranstaltung oder einem Theaterstück, das sie mit seiner Klasse einüben, aber ich höre schon nicht mehr zu. Ich beobachte Alex, wie er die Türen öffnet und die Kinder sanft zum Einsteigen drängt, und meine Augen gleiten instinktiv über die Straße hinweg. Mein Gott, hoffentlich taucht jetzt kein Motorrad auf! Autos sind mir egal, die Sicarios fahren nicht im Auto herum.

»Achte unbedingt auf diese Motorradtypen, Alex, ja? Fahr uns jetzt schnell nach Hause.«

Er lacht. Zum ersten Mal sehe ich ihn lachen.

»Welche Motorradtypen? Juan Carlos fährt Motorrad!«

»Ja, das stimmt, ich bin blöd ... Entschuldige.«

Juan Carlos fährt ausschließlich Motorrad. Nicht alle Motorradfahrer sind also Mörder ... Nicht alle Motorradfahrer sind Mörder ...

Die Kinder essen eine Kleinigkeit in der Küche, wir hören sie lachen. Im Nebenzimmer wiederhole ich Juan Carlos die Worte des Mannes. Sie haben sich präzise in mein Gedächtnis gegraben, bis hin zu ihrem Rhythmus, ihrer Intonation. Mit etwas Abstand haben sie eine schreckliche, steinerne, unauslöschliche Bedeutung angenommen.

»Die Kinder müssen weg, Ingrid. Unverzüglich.«

»Ja.«

»Ruf ihren Vater in Neuseeland an und sag ihm, dass wir sie mit dem erstbesten Flugzeug bringen.«

Ja. Juan Carlos sagt laut, was ich bereits weiß, was ich auf dieser endlosen Fahrt zwischen Kapitol und französischer Schule beschlossen habe. Er macht sich keine Vorstellung, wie sehr es mir hilft, ihn aussprechen zu hören, was für mich der absolute Horror ist: die Abreise der Kinder. Es wird für eine lange Zeit sein, das weiß ich. Vielleicht für Jahre. Es ist, als nähme mir Juan Carlos dadurch, dass er auf Anhieb diese Abreise für richtig erklärt, ein Stück von meinem Schmerz. Er sagt, dass dies notwendig sei, aber er teilt mir auch stumm mit den Augen mit, dass er da sein wird, bei mir, um mir zu helfen, diese unerträgliche Last zu tragen, ihre Abwesenheit, die Leere, den Abgrund, an dessen Rand es nunmehr zu leben gelte. Er sagt, dass er da sein wird.

Nicht eine Sekunde legt er mir nahe, lieber auf den Kampf zu verzichten, den ich gegen die staatliche Korruption führe. Im Moment bin ich nichts als eine Hand voll Sand im Getriebe des monströsen Räderwerks, das die wenigen Leichtfertigen, die sich gegen diese Maschinerie erhoben haben, bislang stets zermalmt hat. Ich denke an Luis Carlos Galán, den Präsidentschaftskandidaten der Republik, mit dem meine Mutter eng befreundet war und der 1989 bei einer Wahlveranstaltung ermordet worden ist. Er war sechsundvierzig Jahre alt und starb, während meine Mutter an seinem Bett Wache hielt. Ich fühlte mich verpflichtet, die Fackel zu übernehmen, ja, und die Kolumbianer haben mich erhört, indem sie mich 1994 zur Abgeordneten wählten, mit dem besten Stimmergebnis der liberalen Partei, Galáns Partei. Für diese Leute, die unsere politische Klasse seit Generationen verachtet, gehe ich bis ans Ende und lasse nicht los, wie hoch der Preis dafür auch sein mag. An diesem Abend bin ich Juan Carlos dankbar dafür, dass er keine Zweifel äußert, dieses Engagement nicht in Frage stellt.

Der Vater meiner Kinder ist Franzose, Diplomat, und bekleidet momentan einen Posten in Auckland (Neuseeland). Wir haben uns 1990 getrennt, und Kolumbien war ein wichtiger Faktor bei dieser Trennung. Aber nachdem sich das Erdbeben einmal beruhigt hatte, ist eine starke und besondere Freundschaft zwischen uns entstanden, und wir haben zu der Wertschätzung zurückgefunden, die wir auch früher einander entgegengebracht haben.

»Ist etwas passiert? Hat man sie bedroht?«

»Ja, bedroht. Nichts weiter. Es geht ihnen gut, sie sind hier, sei unbesorgt, aber ich finde keine Ruhe mehr, sie müssen von hier weg.«

»Du meinst für immer?«

»Jedenfalls für lange Zeit. Ich kann dir nicht alles am Telefon erklären. Ich brauche deine Hilfe.«

»In Ordnung. Kommt mit dem ersten Flugzeug ... Und Ingrid? Kommst du klar? Du bist doch nicht ganz allein?«

»Juan Carlos ist da, er reist mit uns.«

So, jetzt heißt es mit den Kindern reden, während Juan Carlos Plätze für einen internationalen Flug sucht, egal wohin, nur erst einmal heraus aus Kolumbien. Wir schaffen es dann schon irgendwie, nach Auckland zu gelangen, wir schaffen das schon ...

»Mélanie, Loli, hört mir mal zu, ich muss euch etwas Wichtiges sagen. Wir werden Weihnachten in Auckland verbringen ...«

»Bei Papa?«

»Ganz genau, bei Fabrice.«

»Aber das ist ja toll!«

»Ja, mein Liebling, das ist toll. Die einzige Sache ist: Wir müssen früher abreisen als geplant.«

»Noch vor den Ferien?«

»Morgen früh, genau gesagt.«

»Aber das geht nicht! Wir haben unsere ganzen Sachen in der Schule gelassen ...«

»Wir sagen dort Bescheid, Mélanie, mach dir keine Gedanken.«

»Also fahren wir einfach so weg, ohne auf Wiedersehen zu sagen, ohne alles ...? Aber warum?«

»Das ist einfach so, mein Liebling, ich kann dir nicht alles erklären. Wir reden später darüber, wenn du willst, o. k.? Akzeptiere die Situation, wie sie ist, es ist alles ein wenig übereilt, ich weiß, aber es ist trotzdem in Ordnung, oder nicht?«

»Ja, ja ...«

»Und was dein Theaterstück angeht, Loli, mach dir keine Sorgen, ich rufe an ... So, jetzt packen wir unsere Sachen.«

Es ist so weit, wir haben vier Plätze für den Flug nach Los Angeles, Abflug morgen früh. Juan Carlos und ich schlafen praktisch nicht in dieser Nacht. Wir lassen das Licht an, achten auf jeden ungewöhnlichen Laut. Diese Leute töten, das weiß ich.

In diesem Jahr, das sich jetzt dem Ende zuneigt, hat es ein Ermittlungsverfahren gegen den Präsidenten der Republik, Ernesto Samper, gegeben. Ich allein habe dafür gekämpft, dass es wirklich zu Ende geführt wurde, dass alles an die Öffentlichkeit kam. Von den Belastungszeugen ist einer nach dem anderen ermordet worden. Ich habe die Zeitungen aufbewahrt, die Fotos, die die Polizei von den bedrückten, verschlossenen Gesichtern dieser Menschen gemacht hat, die jetzt für immer schweigen. Einige dieser Zeugen habe ich kennen gelernt, und ihr Tod verfolgt mich. Ich will auch für sie Zeugnis ablegen, also leben. Dennoch fühle ich mich, die ich mich gewöhnlich für so stark halte, während dieser langen Stunden schwach, unglaublich verletzlich, weil ich diesmal nicht allein in ihrem Visier bin und der schreckliche Schatten, der über meinen Kindern liegt, mich aufreibt, mir das Herz zerreißt. Ich werfe mir vor, dieses am Berg gelegene Wohnhaus gewählt zu haben, am Ende einer Sackgasse. Es bietet den idealen Ort für einen Hinterhalt, es gibt keinerlei Fluchtweg. Mir fällt wieder ein, dass vor einiger Zeit eben hier ein Mädchen entführt worden ist, offenbar ohne Schwierigkeit. Und um dem Unglück die Krone aufzusetzen, befindet sich meine Wohnung auch noch in der obersten Etage, ist also über das Dach zugänglich ...

Verglichen mit dem finsteren Chaos in Bogotá ist Auckland ein Paradies. Die Stadt ist lange in britischem Besitz gewesen und kultiviert noch immer auf der Seite, wo sich der Yachthafen befindet, den Stil der kleinen Einfamilienhäuser mit einem Rasen, wie man ihn auf halber Strecke zwischen Oxford und Brighton, in Sussex, findet. Man weiß zwar, dass so etwas existiert, aber am Ende glaubt man nicht mehr daran, so sehr ist man gebeutelt und in Schach gehalten durch den versteckten Krieg, der die kolumbianische Hauptstadt seit Jahrzehnten aufheizt.

In Neuseeland herrscht Hochsommer. Fabrice erwartet uns im kurzärmeligen Hemd und sonnengebräunt am Flughafen. Sein Gesicht strahlt, er breitet die Arme aus, und die Kinder laufen auf ihn zu. Es ist erst vierundzwanzig Stunden her, seit wir, versteckt in einem gepanzerten Wagen, von zu Hause losgefahren sind, voller Angst vor der zwanzigminütigen Fahrt bis zum Flughafen, und Neuseeland ein weit entfernter Traum war. Juan Carlos und ich halten uns im Hintergrund, um ihnen alle Zeit zu lassen. Es ist vorbei, für die Kinder besteht keine Gefahr mehr, sie sind gerettet. Wir sind wie benommen und betäubt vor Müdigkeit und Rührung.

Fabrice hat alles bestens organisiert, er hat sich bei Freunden einquartiert, um uns seine Villa zu überlassen, damit wir wieder zu unserem Rhythmus finden und nach und nach im normalen Leben Fuß fassen. Das Haus öffnet sich in einen blühenden Garten, es ist geräumig, unwirklich. Anfänglich irren wir ungläubig von Zimmer zu Zimmer, uns ist gleichzeitig zum Lachen und zum Weinen zumute, und wir sind unfähig, auch nur irgendetwas zu entscheiden. Dann überlassen wir uns dem Schlaf.

Ich habe meine Eltern nicht über unsere Flucht informiert, um sie nicht zu beunruhigen. Sie wohnen beide in Bogotá, allerdings seit zwanzig Jahren getrennt. Ich rufe meine Mutter an. Ich höre mich sagen, dass ich ohne meine Kinder werde leben müssen, woraufhin sie nach kurzem Schweigen sagt:

»Weißt du was, Ingrid? Ich werde Weihnachten mit euch verbringen.«

»Das willst du tun?«

»Aber ja. Das wird wundervoll, du wirst sehen ...«

Wir hatten vorgehabt, Weihnachten alle zusammen in Bogotá zu feiern, aber gut, Bogotá hin oder her, das Fest würde trotz alledem stattfinden. Meine Mutter, intelligent und großzügig, wie sie ihr Leben lang war, hat sofort verstanden, ohne weitere Worte.

Kaum habe ich den Hörer aufgelegt, rufe ich meinen Vater an.

»Abgemacht ist abgemacht, mein Liebling, wir verbringen Weihnachten gemeinsam: Bereite ein Zimmer für mich vor, ich reserviere ein Flugticket.«

Keiner von beiden hat irgendeine Bemerkung über mein politisches Engagement gemacht und auch nicht über den extrem hohen Preis, den ich zu zahlen habe, wenn ich damit weitermache. Ich weiß, dass sie meinen Schmerz teilen, aber sie unterstützen mich stillschweigend, welche Geste könnte dies besser unter Beweis stellen als diese lange Reise?

Ein Tag folgt auf den anderen. Wir führen ein Familienleben, das uns völlig fremd ist: Essen im Garten, Nachmittage am Strand, Abende unter dem Sternenhimmel, im lauwarmen Wind des Pazifik. Nachts gehen wir schlafen, ohne die Türen und Fenster zu verschließen. Das Fehlen von Schlüsseln, Gittern, Kameras und Leibwächtern trägt zu diesem Gefühl der

Unwirklichkeit bei, das mich nicht loslässt. Das ist nicht mein Leben, das ist ein Zwischenspiel, eine fünf- oder sechswöchige kostbare Gnadenfrist, wie mir in aller Klarheit bewusst ist, in einer Schärfe, dass es mir nach einigen Tagen erst morgens um sechs gelingt einzuschlafen. Die Angst ist da, versteckt unter der scheinbaren Unbekümmertheit. Ich setze mich im Bett auf und lausche der Stille, unfähig loszulassen. Eines Nachts entdeckt mich Juan Carlos, wie ich so dasitze, und wir fangen an zu reden. Bis zum Ende unseres Aufenthaltes leistet er mir auf diese Weise Gesellschaft, und wir reden offen über unsere Hoffnungen, Träume, Ängste, und finden keinen Schlaf, bevor nicht das erste Morgenlicht zu sehen ist.

Dennoch nutze ich diese Wochen im Ausnahmezustand, und das ist das Wesentliche, um im Zeitraffer das künftige Leben meiner Kinder zu ordnen, mit der Aufmerksamkeit einer Mutter, die weiß, dass sie monatelang nicht da sein wird. Ich treffe mich mit allen Lehrern, kaufe die Bücher, Hefte, Schuluniformen. Wir richten gemeinsam ihre Zimmer ein, laufen zusammen die Geschäfte nach Anziehsachen ab. Und dann präge ich mir diese Orte ein, um mir vorstellen zu können, wie sich Mélanie und Loli an diesem wohlhabenden Flecken bewegen, wo kein Kind auf der Straße schläft, wo die Polizei zum Schutz der Bürger da ist, wo es für das Wort »Sicarios« keine Entsprechung gibt. Ihre Schule, und das ist ein Bild, das ich mitnehmen werde, ist ein grünes, sehr ansehnliches Gebäude im hinteren Teil eines Parks. Kindern, die diesen idyllischen Garten Eden besuchen, so sagen wir uns, kann nichts passieren.

Wir haben uns auf Wiedersehen gesagt. Während ich sie am Flughafen umarmte, sah ich mich plötzlich mit den Zügen meiner Mutter, wie diese uns, meine Schwester und mich, ein letztes Mal an sich drückte, bevor sie auf einen anderen Kontinent davonflog. Auch sie hatte uns an einem bestimmten Punkt ihres Lebens verlassen und uns der Obhut unseres Vaters anvertraut. Was Mélanie und Lorenzo jetzt erleben müssen, die Entdeckung einer anderen Welt, einer anderen Kultur, einer anderen Sprache, Trennungsschmerz, Abreisen, Rückkehr, haben meine Schwester und ich viele Jahre zuvor auch erfahren. Und das hat bei unserer Heranführung an die Welt eine große Rolle gespielt.

2 Meine ersten Erinnerungen reichen nach Neuilly in Frankreich zurück. Mein Vater hat ein Haus am Rande des Bois de Boulogne gemietet, und ich suche Käfer im Garten. Wir schreiben Anfang der Sechzigerjahre, ich bin zwei, drei Jahre alt. Im Kindergarten spreche ich französisch, zu Hause höre ich alle Sprachen der Welt, je nachdem, wen meine Eltern gerade zu Gast haben. Und die Gäste sind zahlreich; mein Vater ist damals stellvertretender Direktor der UNESCO.

Meine ältere Schwester Astrid und ich sind umhätschelte, geliebte Kinder, Kinder eines kultivierten Paares, das in der Pariser Kulturwelt ein und aus geht und von vielen durchreisenden Künstlern besucht wird. Mein Vater ist weit über vierzig und bereits Bildungsminister in Kolumbien gewesen, und man munkelte damals in der Ministerialbürokratie, er könne eines Tages Präsident der Republik werden. Meine Mutter ist erst fünfundzwanzig Jahre alt, vor meiner Geburt ist sie in Bogotá mehrfach zur Schönheitskönigin gewählt worden, aber bekannter ist sie in Kolumbien auf Grund ihrer Arbeit für die Straßenkinder. Nachdem sie sich Zugang zum Justizminister erzwungen hatte, schaffte sie es dank der bescheidenen Berühmtheit, die sie durch ihre Schönheit erlangt hatte, dass man ihr mitten in Bogotá ein leer stehendes Gefängnis zur Verfügung stellte, und sie begann damit, in diesem Gebäude die Kinder unterzubringen, die unter den Brücken schliefen.

Die Begeisterung, die sie beide für Kinder und Jugendliche aufbringen, hat bei der Begegnung meiner Eltern eine große

Rolle gespielt. Gabriel Betancourt ist passionierter Bildungsminister und noch ledig, als er zufällig Yolanda Pulecio über den Weg läuft, von der man so viel spricht, weil sie in diesem berühmten Gefängnis das erste Kinderasyl, den *Albergue*, eröffnet hat und jetzt nach weiteren Unterbringungsmöglichkeiten sucht.

Der Minister hat damals gerade das erste System der Bildungsförderung in Form von Krediten ins Leben gerufen, das es jungen Leuten erlaubt, zum Studium ins Ausland zu gehen. Während sich Yolanda Pulecio für die Bedürftigsten einsetzt, arbeitet Gabriel Betancourt an seinem großen Lebenswerk: dem Zugang der kolumbianischen Jugend zur Kultur, zu allem, was sich jenseits unserer Grenzen abspielt und erlernbar ist.

Meine Eltern heiraten Ende der Fünfzigerjahre, Astrid kommt 1960 zur Welt und ich im darauf folgenden Jahr. Unmittelbar nach meiner Geburt zieht die Familie für einige Monate nach Washington. Mein Vater tritt einer von Präsident Kennedy gegründeten Gruppe bei, die zugunsten der Entwicklung Lateinamerikas eine Allianz für den Fortschritt bilden soll. Er wird zum Präsidenten der Bildungskommission ernannt. Die Ermordung Kennedys setzt dieser Initiative ein Ende, was meinen Vater untröstlich macht. Unmittelbar danach wird er in die UNESCO berufen, und wir lassen uns in Neuilly nieder. In meiner Erinnerung sind meine Eltern extrem beschäftigt, verstehen es aber immer wieder, sich dem Trubel zu entziehen, uns auf den Schoß zu nehmen und unsere Fragen zu beantworten oder uns eine Geschichte vorzulesen. Mein Vater hört zu, lächelt, nimmt sich die Zeit für Erklärungen, aber er spielt nicht mit uns: »Ich bin zu alt zum Spielen, aber ich kann dir ein Buch vorlesen. Such dir eins aus.« Er ist groß und stark, hat eine klare Stirn, braune Haare, die fest am Kopf anliegen. Er trägt eine Brille mit dickem Horngestell, doch die Strenge in seinem Gesicht wird sofort gemildert, wenn er lächelt. Papas Lächeln! ... Das Wohlwollen der ganzen

Welt auf unseren Kinderköpfen. Meine Mutter spielt gern mit uns. Sie ist spontan, sensibel, aktiv. Eine Mischung aus Audrey Hepburn und Sophia Loren. Mama ist voller Sonnenschein, Lebenslust und Wärme, die sie mit anderen teilt, sie kann ihre italienische Herkunft nicht verbergen.

Um ihren Mann nach Paris zu begleiten, muss sie den *Albergue* dem Team überlassen, das sie in Bogotá zusammengestellt hat, aber sie nutzt diese Jahre in Paris, um sich die französische Kinderfürsorge anzusehen. Sie führt zahllose Beratungsgespräche, und die Position meines Vaters trägt dazu bei, ihr die Türen zu öffnen. Frankreich ist damals mit der massiven Einwanderung von Pieds-noirs konfrontiert, die im Zuge der Unabhängigkeit aus Algerien verjagt worden sind, und meine Mutter sieht darin eine Ähnlichkeit mit dem Zustrom der armen Bauernfamilien nach Bogotá, die auf Grund von Elend oder Gewalt oder beidem vom Land vertrieben worden sind. Die Kinder dieser Familien hat sie halb verhungert vom Bürgersteig aufgelesen. Wie kommt Frankreich mit der Integration dieser Pieds-noirs hinsichtlich Wohnung, Erziehung, der Schaffung von Arbeitsplätzen und diverser Subventionen zurecht? Meine Mutter hört zu, beobachtet, macht tausenderlei Notizen und entwirft Pläne, während sie auf ihre Rückkehr wartet, um aus dem *Albergue* das zu machen, was er heute ist: die bekannteste Kinder-Hilfsorganisation der kolumbianischen Hauptstadt.

Diese Rückkehr nach Bogotá findet 1966 statt, als ich fünf Jahre alt bin. Wir kehren zurück, weil der neugewählte Präsident der Republik, Carlos Lleras, meinem Vater das Bildungsministerium anvertrauen möchte, der damit zum zweiten Mal Minister wird, im selben Ressort. Für Astrid und mich bedeutet es die Entdeckung Kolumbiens, an das wir keine Erinnerung haben, und da wir französisch so gut wie spanisch sprechen, werden wir am Französischen Gymnasium eingeschult, das fünfundzwanzig Jahre später auch unsere Kinder besuchen werden. Für meine Mutter beginnt ebenfalls ein neues Leben: Mit exakt dreißig Jahren geht sie in die Politik.

Sie wählt ein Amt, das besonders geeignet ist, ihr bei der Arbeit für die Kinder zu helfen: Sie wird Beigeordnete des Bürgermeisters von Bogotá, zuständig für soziale Angelegenheiten. Sie ist eine der ersten Frauen, die einen verantwortlichen Posten an der Spitze der Hauptstadt erhalten. Das verleiht ihrer Aura noch mehr Glanz, aber die Kolumbianer sind von ihren Politikern zu sehr missbraucht worden, um gutgläubig zu sein. Sie warten also ab, ob diese junge Frau aus der Bürgerschicht, die für ihre Schönheit und ihr großes Herz bekannt ist, jetzt nicht ihre Macht ausnützen wird, um sich zu bereichern, wie es die meisten Politiker tun, und darüber ihre hoch gesteckten Ziele vergisst. Aber meine Mutter ruft schon bald eine wichtige Initiative ins Leben: das *Instituto de Bienestar Familiar*. Sie steckt in dieses Projekt all ihr Wissen und ihre Erfahrung, die sie in Frankreich erworben hat, und für Kolumbien, das sich nie ernsthaft um seine Bedürftigen gekümmert hat, ist es eine Revolution. Eine derartige Revolution, dass die Ehefrau von Präsident Lleras, nachdem sie begriffen hat, welchen Nutzen sie daraus ziehen kann, schnell dafür sorgt, dass diese große Innovation ihrem Konto zugeschlagen wird. Mama kümmert das nicht. Im Gegensatz zu meinem Vater, der darüber wacht, dass sein Name mit den von ihm ins Leben gerufenen Reformen verbunden bleibt, lässt sie sich regelmäßig ihre Ideen rauben, aber die Kolumbianer wissen das und mögen sie dafür nur noch lieber.

In diesen ausgehenden Sechzigerjahren nimmt das Ansehen von Yolanda Pulecio zu, ihr Vertrauenskapital in der Bevölkerung wächst, speziell bei den ganz Armen, und man kann sich vorstellen, dass sie schon bald wichtige Funktionen auf nationaler Ebene einnehmen wird. Der Weg meines Vaters verläuft weniger geradlinig: Nachdem er ganz nahe an die Spitze des Staates herangekommen war, wird er brutal ins Abseits gestellt, und dieser Sturz unterminiert schleichend die Ehe meiner Eltern und führt letztlich zu ihrer Trennung.

An meinen Vater, der als Bildungsminister einen in Kolumbien außergewöhnlichen Ruf von Integrität genießt, tritt bald eine Gruppe in den USA ausgebildeter junger Unternehmer und Technokraten heran, die in ihm den richtigen Mann sieht, Kolumbien von seiner altüberlieferten Korruption zu befreien und ihm die Türen zu den großen Demokratien zu öffnen. Man bittet ihn, bei den Präsidentschaftswahlen der Republik zu kandidieren. Er überlegt und lehnt ab. Er hält den Zeitpunkt nicht für richtig. Meine Mutter hingegen drängt ihn zu einer Zusage. Sie ist der Ansicht, dass es genau der richtige Moment sei, da das kolumbianische Volk dringend einen Mann wie ihn benötige, und dass er sich dieser Verantwortung nicht entziehen dürfe, dass es um das Überleben der von der Gesellschaft am meisten Vernachlässigten und die Zukunft späterer Generationen gehe.

Parallel zu dieser internen Auseinandersetzung führt mein Vater sein Ministerium auf eigene Weise: herrisch, technokratisch, ohne die Bereitschaft zu Kompromissen oder halbherzigen Maßnahmen, und vor allem unter Verweigerung jeder Art von Begünstigungen. In einem Land, in dem jeder Minister die Verwaltungsposten an seine Vertrauten verteilt, um im Gegenzug bei den nächsten Wahlen die Stimmen der ganzen Familie zu bekommen, hat er bei seinem Eintritt in die Regierung die Bedingung gestellt, sich sämtliche Mitarbeiter nach ihrer fachlichen Qualifikation und nicht nach ihrem Stimmgewicht aussuchen zu dürfen. Er hat Bittstellern jeglicher Schattierung die Tür verschlossen, und, schlimmer noch, den Parlamentariern, die ihn sprechen wollten, auferlegt, ihr Ansinnen schriftlich zu begründen, eine unschlagbare Methode, um die Leute von Mauscheleien abzuhalten. Dies alles hat schließlich Missfallen ausgelöst, und Ende des Jahres 1968 gibt Präsident Lleras einer politischen Klasse nach, die diesen unflexiblen, ja hochmütig erscheinenden Minister nicht mehr erträgt, und entlässt ihn, indem er ihn zum kolumbianischen Botschafter bei der UNESCO ernennt. Eine höfliche Art, einen allzu störenden Mann ins Exil zu schicken.

Im Januar 1969 kehren wir also nach Paris zurück. Aber diesmal zerreißt es meiner Mutter das Herz. Sie muss alles aufgeben, was sie im Rathaus von Bogotá in Angriff genommen hat. Und um welchen Preis? Um einem Mann zu folgen, der sie zutiefst enttäuscht hat, indem er sich nicht um den Präsidentschaftsposten der Republik bemüht hat, wenn sie es auch nicht so formuliert und noch Jahre brauchen wird, um dies zu verstehen. Ja, mein Vater hat darauf verzichtet, den großen Kampf zu führen, von dem sie träumte, und für sie ist es klar, dass hinter diesem prestigereichen Botschafterposten ein vergoldeter Ruhestand steht. Meine Mutter ist erst dreiunddreißig Jahre alt, und der Ruhestand schreckt sie umso mehr, als die Not Kolumbiens groß ist und sie sich imstande fühlt, zur Linderung beizutragen, speziell, was die Kinder betrifft.

Wir wohnen in der Avenue Foch, in einer erlesen eingerichteten 500-Quadratmeter-Wohnung mit Möbeln aus dem 18. Jahrhundert und Bildern von großen Meistern – ich erinnere mich vor allem an den heiligen Hieronymus von Dürer, der uns nachts Angst machte –, chinesischen Nippesfiguren, Teppichen und einem Dachgarten. Meine Eltern führen ein exzessives Gesellschaftsleben, werden in allen großen Häusern der Republik empfangen (Georges Pompidou ist soeben in den Elysée-Palast eingezogen) und organisieren einmal pro Woche bei sich zu Hause einen Abend für zwei- bis dreihundert Personen. In diesem Trubel haben sie kaum noch Zeit, sich um unsere kleinen Alltagsprobleme zu kümmern, und zu diesem Zwecke haben sie Anita eingestellt, eine portugiesische Kinderfrau, die alle Erschütterungen des Jahrhunderts miterlebt hat, da sie um 1900 geboren wurde. Mit dieser alten, intelligenten und unendlich liebevollen Dame werde ich meine ersten »philosophischen« Gespräche führen. »Du darfst nicht vergessen, Ingrid«, sagt sie mir häufig, »dass die Welt nicht dem Bild entspricht, das du heute von ihr hast. Die Realität ist schmerzlich, das Leben schwierig, und vielleicht wird es das eines Tages auch für dich sein. Du musst das wissen und dich darauf vorbereiten.« Ich bin zehn Jahre alt, und eingedenk der erschütternden und gewalttätigen Bilder von Kolumbien, die ich im Kopf habe, der sehr gegenwärtigen Erinnerung an die von meiner Mutter geretteten Kinder von Bogotá, verstehe ich, was sie mir sagen will, und ich liebe sie dafür, da es der Beweis ist, dass ich in ihren Augen nicht nur ein privilegiertes Kind bin. (Habe ich gesagt, dass ich meine erste Kommunion von Papst Paul VI. anlässlich seiner Reise nach Kolumbien im August 1968 empfangen habe?) Es beweist, dass sie mich ernst nimmt und an mich glaubt.

Außerdem leben unter dem Dach unseres prunkvollen Hauses Monsieur Constantin und sein kleiner Hund Pat. Monsieur Constantin wird bei jedem Empfang als zusätzliche Hilfe eingespannt, und für mich, die ich Tiere über alles liebe, ist die Ankunft von Pat ein Geschenk. Bald verbindet Monsieur Constantin und mich die gemeinsame Liebe zu diesem Hund. Wir werden Freunde, und das Leben dieses alten russischen Aristokraten illustriert perfekt, was mir Anita mit ihren gütigen Großmutteraugen erzählt. Einstmals einflussreich und angesehen, musste Monsieur Constantin nach dem Sieg der bolschewikischen Revolution aus Russland fliehen. Seine Familie wurde ausgerottet, die ganze Familie. Er hat alles verloren und ist jetzt genötigt, Leuten, die ihn als Dienstboten behandeln, Petitfours zu servieren. Aber seine Bildung ist enorm ... Ich hege gegenüber diesem bescheidenen und feinsinnigen Mann eine tiefe Zuneigung.

Astrid und ich werden, wie viele französische Kinder aus gutem Hause, im Institut de l'Assomption in der Rue de Lubeck, mitten im 16. Arrondissement, eingeschult. Wir fahren mit dem Bus, der Linie 82, die unten vor unserem Haus vorbeifährt und uns vor der Schule absetzt, außer an den seltenen Tagen, an denen der Chauffeur des mit meinen Eltern befreundeten kolumbianischen Immobilienmagnaten Fernando Mazuera, der gegenüber von uns wohnt, uns zu fahren bereit ist ... im Rolls Royce. An diesen Tagen sind wir stolz darauf, uns im Glanze eines vergehenden Luxus zu zeigen. Aber zum Glück ist Anita wachsam, und wir lassen uns nie völlig vom Glitter und dem äußeren Schein trügen.

Unsere Eltern wachen ebenfalls darüber, denn trotz des sie umgebenden Prunks sind sie der Realität verbunden, was uns nicht entgeht. Sie empfangen zu privaten Abendessen zahlreiche ihnen nahe stehende politische Persönlichkeiten aus Kolumbien. Ich erinnere mich vor allem an den Expräsidenten der Republik, Carlos Lleras, für den mein Vater noch immer Freundschaft und Hochachtung empfindet, obwohl Lleras ihn aus dem Bildungsministerium gedrängt hat.

Ich sehe auch Misael Pastrana wieder, den damals amtierenden Präsidenten der Republik und Vater von Andrés Pastrana, der seinerseits 1998 ins höchste Staatsamt gewählt werden wird. Oder den Maler Botero (Vater des künftigen Verteidigungsministers Fernando Botero, mit dem ich in der Folgezeit harte Auseinandersetzungen haben werde und der fünfundzwanzig Jahre später im Gefängnis landen wird ...), Virgilio Barco, der ebenfalls Präsident der Republik werden wird, Miguel Ángel Asturias und viele andere. All diese intelligenten Menschen scheinen um die Zukunft Kolumbiens schrecklich besorgt zu sein. Ich bleibe an einem Abend auf, um ihnen zuzuhören, und bin durch das Gehörte derartig aufgewühlt, dass ich, als ich ins Bett geschickt werde, wieder aufstehe und mich unter dem Flügel verstecke, der in der einen Ecke des Salons steht, um die Gespräche weiter zu verfolgen. Meine Aufregung, das wird mir später klar, rührt daher, dass ich von den Erwachsenen vor allem Schlagwörter aufschnappe. Sie sagen, dass die Wahl eines gewissen Turbay (die einige Jahre später tatsächlich erfolgen wird) »eine Katastrophe« für das Land wäre, dass dieses durch bestimmte wirtschaftliche Entscheidungen mit Sicherheit in »nie dagewesener Weise Schiffbruch« erleiden werde, und ich sehe mein Land untergehen, die Menschen sterben. Ich werde noch häufig unter den Flügel zurückkehren, und manchmal krieche ich mit glühenden Schläfen darunter hervor und bin den Tränen nahe, so schlimm und beängstigend finde ich es, was unser Land erwartet. Heute denke ich, dass meine politische Berufung zu Beginn der Siebzigerjahre unter diesem Flügel geboren worden ist.

Der Einzige von all diesen Gästen, mit dem mich eine unglaublich innige Freundschaft verbindet, ist Pablo Neruda. Er lebt zur damaligen Zeit mehr in Paris als in Chile, und unsere Tür steht ihm offen. Häufig kommt er unangemeldet vorbei. Nur wenige Erwachsene finden die richtigen Worte, um den Gefühlen eines Kindes gerecht zu werden. Er kann das, er besitzt diese Gabe. Da ich erfahren habe, dass er Dichter ist, sage ich eines Tages zu ihm, ohne seine Bedeutung ermessen zu können und natürlich ohne zu wissen, dass er gerade den Nobelpreis erhalten hat:

»Weißt du, ich schreibe auch Gedichte.«

»Ist das wahr? Na, dann sollten wir uns austauschen, wenn es dir recht ist. Nächstes Mal trägst du mir eines deiner Gedichte vor und ich dir eines von mir.«

Es wird ein Ritual zwischen uns, und sobald er bei uns auftaucht, stürze ich mich in seine Arme, und wir tauschen das Beste aus unserem Werk aus. Ich jedenfalls. »*Ella es mi colega* – sie ist eine Kollegin von mir«, hat er zu meinem Vater gesagt. Ich habe diese Zeilen von ihm aufbewahrt: »Eine Blume für dich, Ingrid. Dein Onkel Pablo Neruda.« Er ist 1973 in Santiago gestorben.

Meine Mutter ist an der Seite ihres Mannes strahlende Dame des Hauses, die jedem Gast gegenüber aufmerksam ist und auf jede Kleinigkeit achtet; jedoch sie langweilt sich dabei. Ihr Herz ist in Bogotá. Was sich hier in Paris abspielt, scheint ihr ausgesprochen unbedeutend und oberflächlich, verglichen mit den Nachrichten, die sie von ihren Leuten aus Kolumbien erhält und die täglich über die wachsende Not der Kinder Auskunft geben. Häufig verrät sie sich, weil sie uns, statt uns von ihrem Abend im Quai d'Orsay oder im Theater zu erzählen, in tausend Einzelheiten beschreibt, wie sie dort drüben einen fünfjährigen Jungen gerettet haben, der sich aus den Mülleimern eines Restaurants ernährt hat.

Ist es, weil wir spüren, dass sie ständig auf die Rückkehr wartet, dass Astrid und ich uns überschäumend freuen, als unser Vater uns verkündet, es gehe zurück? Zweifellos. Wir haben fünf Jahre in Frankreich verbracht und kehren nach einem einjährigen Aufenthalt in Sidmouth im Süden Englands, wo wir Englisch gelernt haben, zurück, und um den Übergang sanfter zu gestalten, entscheiden sich meine Eltern für eine Schiffsreise anstelle eines Fluges. Wir schiffen uns in Genua für eine einmonatige Überfahrt ein. Und plötzlich ist Papa, dessen Zeit so lange schon knapp bemessen ist, entspannt und frei von Verpflichtungen. Für mich ist es Schwindel erregend schön, ihn ausgeruht, aufmerksam und zugewandt zu meiner Verfügung zu haben. Stundenlang lesen wir zusammen - den *Archipel Gulag*, erinnere ich mich - und vor allem reden wir, wie wir noch nie miteinander geredet haben. Über Frankreich und Kolumbien, über alles, was es bei uns noch zu tun gibt, um das richtige Maß an Demokratie, Ethik und Respekt für den anderen zu etablieren, und er sagt mir etwas, das mir nicht mehr aus dem Sinn gehen wird: »Weißt du, Ingrid, Kolumbien hat uns viel gegeben. Du verdankst diesem Land, dass du Europa kennen gelernt hast, auf die besten Schulen gegangen bist und eine kulturelle Fülle erfahren hast, die kein kleiner Kolumbianer jemals erleben wird. All diese Möglichkeiten, von denen du profitierst, bedeuten, dass du gegenüber Kolumbien eine Verpflichtung hast. Vergiss das nicht.« Fünfzehn Jahre später werde ich mir diese Worte ins Gedächtnis rufen, als ich abrupt mit meinem goldenen Leben als Ehefrau und Mutter in Los Angeles breche, um nach Kolumbien zurückzukehren und mich dort entschlossen zu engagieren.

Ich bin in meinem dreizehnten Lebensjahr und ahne nicht, dass wir auf diesem Ozeandampfer unsere letzten Momente familiärer Eintracht erleben. Sobald wir an Land sind, kaufen unsere Eltern ein sehr schönes Haus, das Bogotá überragt und nur zehn Minuten vom Französischen Gymnasium entfernt ist, auf dem wir selbstverständlich unsere Schulbildung fortsetzen. Alles scheint also unter besten Vorzeichen zu stehen. Doch unsere Eltern leben sich auseinander. Papa, der seit jeher ein starkes Interesse am kulturellen Austausch hat, ist ein gefragter Mann und reist ohne Unterlass für die UNESCO, um an dieser oder jener internationalen Konferenz teilzunehmen, aber Mama begleitet ihn nicht mehr. Sie will nicht mehr seine lächelnde und ergebene Gefährtin sein, sie will ihr eigenes Leben leben, ihr soziales Werk in Bogotá wieder aufnehmen. Vielleicht ist sie der Ansicht, dass sie diesem so weit von der Wirklichkeit und dem Elend entfernten Diplomatenleben schon zu viel geopfert hat, und mein Vater, der ständig zwischen zwei Flugzeugen hin und her eilt, hört sie nicht, versteht sie nicht.

Eines Tages geht Mama, und erst durch dieses Weggehen wird Papa klar, wie sehr er an ihr hängt. Sagt sie, dass sie für immer geht? Nein, wir erfahren später, dass sie vor allem allein sein wollte, um nachzudenken. Aber für ihn ist es ein gewaltiger Schlag, auf den er, wahrscheinlich um nicht zusammenzubrechen, mit einem noch härteren zu kontern beschließt.

Es ist Samstagmorgen. Astrid und ich sind bei ihm, wir sind jetzt fünfzehn beziehungsweise vierzehn Jahre alt.

»Ich arbeite heute zu Hause«, teilt er uns mit, »ich setze euch draußen im Club ab und hole euch gegen Abend wieder ab.«

Er wirkt verschlossen und angespannt. Nachdem er gegangen ist, verbringen wir einen trübseligen Tag. Was ist mit unseren Eltern los? Lange Zeit kam uns ihr Glück selbstverständlich, strahlend und ansteckend vor, und plötzlich scheinen sie beide in sich gekehrt.

Gegen achtzehn Uhr kommt er uns abholen. Er ist ganz blass und wirkt abgespannt.

»Astrid, Ingrid, hört mir zu. Ich habe gerade das Haus verkauft, eure Mutter ist weg, dieses Leben hatte keine Basis mehr. Ihr wohnt vorübergehend bei euren Großeltern.«

»Du hast das Haus verkauft? Einfach so, im Laufe des Tages? Aber das ist unmöglich, Papa. Das hast du nicht getan!«

»Doch, ich habe alles verkauft. Alles.«

»Du bist verrückt, Papa ... du machst Witze, du kannst nicht an einem Nachmittag alles verkauft haben, was sich in dem Haus befand ... Und meine Hunde? Du hast doch nicht meine Hunde verkauft?«

»Nein, deine Hunde sind als Einzige noch da, wir holen sie jetzt gleich.«

Er geht uns voran, öffnet die Eingangstür, und es ist ein Schock. Mir fällt kein Wort ein, um die stumme Trostlosigkeit dieser leeren Räume auszudrücken, in denen wir trotz des Verschwindens von Mama noch am Morgen an die Unvergänglichkeit des Familienlebens geglaubt haben. Nur die hellen Flecken, die die Bilder an den Wänden hinterlassen haben, zeugen davon, dass wir in diesem Haus gelebt haben. Unser Vater hat tatsächlich alles verkauft, alles ist verschwunden, nicht nur die Möbel, die wir aus Frankreich mitgebracht haben, sondern auch unsere Kinderbetten, unsere Bücher, unsere Nippes-Figürchen und alles, was dazu beiträgt, das Gedächtnis zu speisen, gegen die Zeit anzukämpfen: Erinnerungsstücke, Fotos ... Es ist die Ermordung unserer Vergangenheit, der radikale Versuch, sie zu leugnen, die Erinnerung an Mama zu löschen und die Bande, die uns vier einten, zu zerschneiden. Astrid und ich empfinden es als absolutes, irreparables Desaster. Von nun an gibt es für uns ein Leben vor der Zerstörung unseres Elternhauses und eines danach. Niemals mehr erholen wir uns von diesem destruktiven Akt, und es gelingt uns auch niemals mehr, darüber zu reden, ohne dass der Schmerz mit voller Wucht wiederkehrt.

Falls meine Mutter noch über die Wiederaufnahme des gemeinsamen Lebens nachgedacht haben sollte, steht dies nunmehr natürlich nicht mehr zur Debatte. Indem mein Vater alles zerstört hat, hat er sein Unglück beschleunigt und einen Krieg angefangen, der zehn Jahre dauern und uns alle schwer erschüttern sollte.

Die Scheidung ist schnell eingeleitet, und Papa gibt den feindseligen Ton an, indem er das Sorgerecht für uns beansprucht und uns verbietet, Mama zu sehen – ein Verbot, an das wir uns natürlich nicht halten. Umso mehr, als sich für Mama diese Scheidung als Alptraum entpuppt. Meine Eltern sind zu bekannt, als dass die Presse das Ereignis verschwiege, und außerdem lässt man sich in der feinen Gesellschaft Bogotás in den Siebzigerjahren nicht scheiden, das macht man einfach nicht. Die Zeitungen glorifizieren meinen Vater, den früheren Minister und Botschafter, und steinigen seine Frau, »die einen Mann verlässt, dem sie alles verdankt«, wie sie um die Wette schreiben. Meine Mutter wird als »skandalöse« Person hingestellt, und alle, die sie um ihre Schönheit beneiden, ergreifen die Gelegenheit, um ihre Frivolität, ihren Stolz, ihren Egoismus zu brandmarken, samt und sonders Gefühle, die ihr fremd sind. Sie, die sich von ihrem Mann getrennt hat, um wieder eine aktivere Rolle in der Gesellschaft zu spielen, findet sich von eben dieser Gesellschaft geächtet. Bloßgestellt, diffamiert und verdammt. Der Gipfel der Grausamkeit ist erreicht, als ihr die Rechtsprechung wirklich das Sorgerecht für uns entzieht, ihr, die für sämtliche Leute in Bogotá die Mutter der entrechteten Kinder ist, die Frau, die den *Albergue* gegründet hat.

Astrid und ich sind schockiert, um nicht zu sagen empört über die Entscheidung des Gerichts. Trotz der großen Liebe, die wir unserem Vater entgegenbringen, sind wir uns darin einig, dass er in unserer Kindheit immer sehr beschäftigt gewesen ist, während unsere Mutter stets zugegen war. Sie von uns zu trennen ist also ungerecht und geschmacklos. Das sage ich meinem Vater direkt ins Gesicht, was mir meine erste Ohrfeige einträgt.

»Ingrid«, sagt er eines Tages zu mir, »ich erinnere dich daran, dass du nicht die Erlaubnis hast, deine Mutter zu sehen, sie kann nur einen schlechten Einfluss auf dich haben. Im Übrigen, schau, was in der Zeitung über sie steht. Ich erfinde nichts ...«

»Das ist mir scheißegal, was in der Zeitung steht oder was du vielleicht über sie denkst!«

Und peng! Armer Papa!

Es ist eine schreckliche Zeit für Astrid und mich, düster und ohne Hoffnung. Mein Vater, der sonst so fest mit den Beinen im Leben stand, vermittelt uns jetzt das Bild eines verletzten, bitteren, gekränkten Mannes. Man muss ihn sehr lieben, das Ausmaß seines Leids nachvollziehen können, um ihm zu vergeben. Meine Mutter leidet ebenfalls unendlich, aber lautlos, was noch schlimmer ist. Um uns trotz des Verbots zu sehen, hat sie eine kleine Wohnung gemietet, deren eines Fenster auf den Hof des Französischen Gymnasiums hinaus geht, und in jeder Pause stelle ich mich in die entsprechende Ecke, und wir werfen uns Küsse und Zeichen von Zärtlichkeit zu. Manchmal warten wir abends – Papa hat sich nämlich ebenfalls in der Nähe des Gymnasiums einquartiert –, dass er das Haus verlässt, und dann laufen wir im Nachthemd zu Mama hinüber ...

Und dann erstaunt sie mich und gibt mir das eindrucksvollste Beispiel für Mut. Verfolgt von der Presse, geschmäht von der gesamten Bourgeoisie und ihrer mütterlichen Autorität beraubt, wagt sie es, sich ein zweites Mal um ihr Stadtratsmandat zu bemühen. Ohne das geringste Geld, ohne personelle Stütze steigt sie in die Kampagne ein. Allein. Mit einem Slogan, der denen eine lange Nase macht, die sie als unwürdige Mutter beschimpfen: »Lasst mich für eure Kinder arbeiten!« Sie ist wunderbar. Gerührt und begeistert stelle ich mich in der freien Zeit, die mir die Schule lässt, in ihren Dienst. Ich klebe Plakate, verteile ihre Flugblätter, begleite sie zu öffentlichen Versammlungen. Es ist für sie ein Kampf, den sie mit Wut im Herzen führt, der Kampf einer Frau, die vor allem sich selbst beweisen will, dass sie nicht das ist, was die Menschen annehmen, sondern das ganze Gegenteil. In den reichen nördlichen Vierteln schlagen ihr alte Freunde, speziell solche, die in Paris bei ihr zu Gast waren, die Tür zu, aber in den Vierteln im Süden, wo die Familien wohnen, deren Kindern sie hilft, bereitet man ihr einen unglaublich herzlichen Empfang. Sie hat ihren Schmuck verkaufen müssen, besitzt nichts mehr, und ich sehe noch, wie eines Abends zwei der Kinder, die sie einst aufgesammelt hat und die mittlerweile zu Männern herangewachsen sind, in ihre Wohnung kommen, die Arme voller Lebensmittel: »Damit du wieder was im Kühlschrank hast, Mama Yolanda.« Und Yolanda lacht, um nicht zu weinen.

Drei Monate später ist sie gewählt. Mit den Stimmen des Südens. Ich sage mir an jenem Tag zum ersten Mal, dass es am Ende eines jeden Kampfes offenbar Gerechtigkeit gibt und dass man sich niemals umsonst schlägt.

Aber sie hält sich nicht lange im Stadtrat von Bogotá. Die Leute drehen ihr den Rücken zu, erinnern sie unablässig daran, dass sie eine geschiedene Frau ist, in ihren Augen unwürdig, und ich bekomme mit, wie sie im Laufe der Monate immer niedergeschlagener wird, die Courage verliert. Ich erinnere mich an meine jugendlichen Wutausbrüche, mit denen ich ihr wieder Mut zu machen versuchte: »Mama, diese Idioten können dich mal! Wenn sie über dich reden, umso besser, das ist nur der Beweis, dass du für sie unbequem bist. Sie sind neidisch, sie würden dich gerne am Boden sehen, sie ertragen es nicht, dass du weiter kämpfst. Ich bewundere dich, Mama, das ist es, was zählt.« Es reicht nicht, nein, und in dem Jahr, in dem ich sechzehn werde, nimmt sie erleichtert das Angebot an, nach Paris zurückzukehren, um dort in der kolumbianischen Botschaft zu arbeiten. Sie packt ihre Koffer und verlässt ihr Land. Erst etwa zehn Jahre später wird sie wiederkommen.

Ihre Abreise zerreißt mich noch zusätzlich. Aus dem Institut de l'Assomption kommend, der ach so geordneten Pariser Schule, habe ich Schwierigkeiten, mich wieder an die brutalen Sitten des Französischen Gymnasiums in Bogotá zu gewöhnen. Die ersten Wochen habe ich den Großteil der Pausen sogar in der Toilette verbracht, um der Gewalttätigkeit meiner Kameraden zu entgehen. Später lege ich mir eine härtere Schale zu, und der unbarmherzige Krieg, den sich meine Eltern abwechselnd mit der Presse liefern, so lautstark, dass die ganze Schule Bescheid weiß, hat aus mir eine rebellische Jugendliche gemacht, kämpferischer und sturer als der Durchschnitt. Papa, bei dem ich wohne, hat die Folgen zu tragen. Unsere Beziehung ist angespannt und konfliktgeladen. »Weißt du«, sagt er in den seltenen Momenten, in denen es uns gelingt, über uns zu lachen, »meine weißen Haare verdanke ich alle dir.«

Astrid, die achtzehn Jahre alt ist und deshalb nicht mehr dem Sorgerecht unterliegt, ist mit meiner Mutter zusammen nach Frankreich gegangen. Ich fordere einfach nur das Recht, im Sommer einen Monat bei ihr verbringen zu dürfen, aber Papa stellt sich taub.

Eines Tages fege ich in sein Büro.

»Papa, mit oder ohne deine Zustimmung, ich fahre zu Mama. So sieht's aus. Also kaufst du mir jetzt bitte ein Flugticket.«

Er hebt den Kopf, schweigt und sagt dann kalt:

»Dein Ticket kannst du haben, Ingrid, aber nicht meine Zustimmung. Wenn du wirklich fliegen willst, brauchst du die Erlaubnis des Richters, der mir das Sorgerecht zugesprochen hat.«

»Sehr gut. Gib mir Name und Adresse des Richters, ich gehe sofort zu ihm.«

Er tadelt das Vorhaben, steht jedoch auf, sucht in seinen Papieren und gibt mir das Gewünschte.

Dieser Richter hat seinen Sitz im Süden der Stadt, ich muss also ganz Bogotá durchqueren, und Papa lässt sich selbstverständlich nicht dazu herab, mich zu fahren. Er beobachtet wortlos, wie ich mich zum Gehen fertig mache, und nichts verrät seine Besorgnis - dabei wagt sich bei uns ein junges Mädchen nicht allein so weit weg, und schon gar nicht in diese gefährlichen Stadtviertel.

Ich nehme den Bus, verirre mich, und im Gedränge stiehlt man mir selbstverständlich das wenige Geld, das ich bei mir habe. Endlich bin ich an der richtigen Adresse, ein düsteres Gebäude mit nach Urin stinkenden Gängen, und überall Menschen, die geduldig warten, Schlangen in sich zusammengesunkener, von Niederlagen gezeichneter Menschen. Ich suche meinen Richter, man zeigt mir sein Büro am hinteren Ende eines finsteren Gangs, in den ich mich zwischen die anderen setze. Hier ist alles schmutzig und deprimierend. Endlich empfängt er mich. Er ist ein kahlköpfiger Mann mit eher freundlicher Miene, trotz der Müdigkeit oder des Überdrusses, von dem sein Blick zeugt. Und ich bin aufgezogen wie ein Uhrwerk.

»Es ist wirklich unerhört«, schleudere ich ihm entgegen, »dass die kolumbianische Justiz eine Jugendliche dazu zwingt, ganz Bogotá zu durchqueren und sich dem Risiko auszusetzen, angegriffen zu werden, nur um die Erlaubnis zu erhalten, ihre Mutter zu umarmen. Das ist doch nicht zu fassen. Machen Sie sich eigentlich eine Vorstellung davon, in was für einer Gesellschaft wir hier leben? Und Sie als Richter unterstützen diesen Mist! Sie sind damit einverstanden und finden es ganz normal, dass ich zwei Stunden im Bus rumhänge, um zu Ihnen zu fahren und Sie anzubetteln.«

Ich darf mir meine Wut von der Seele reden, das ganze Land durch den Schmutz ziehen und ihn gleich mit. Als ich endlich ruhig bin, sagt er:

»Schön. Was wünschen Sie, mein Fräulein? Ein von mir unterzeichnetes Papier, dass Sie fahren und Ihre Mutter umarmen dürfen? Wunderbar, ich unterschreibe Ihnen dieses Papier sofort. Hier, zeigen Sie es Ihrem Vater. Sie sehen, es ist nicht so kompliziert. Jedenfalls ist es völlig unnötig, sich in dieser Weise aufzuregen.«

Ich lege den Brief meinem Vater vor. Er lacht und findet das sehr witzig, und in dem Moment wird mir klar, dass er geblufft hat. Es ist überhaupt nicht nötig gewesen, loszuziehen und diesen Richter günstig für mich zu stimmen.

»Alles in Ordnung, mein Liebling. Wann fliegst du?«

Mitten im Sommer nach Frankreich zurückzukehren, ich bin so glücklich! Ich habe Mama nicht Bescheid gesagt. Ich nehme am Flughafen Roissy ein Taxi und lasse mich direkt zur kolumbianischen Botschaft fahren.

»Ich möchte bitte zu Madame Yolanda Pulecio.«

»Haben Sie einen Termin?«

»Ich bin ihre Tochter.«

»Oh, verzeihen Sie, Mademoiselle. Gehen Sie durch, drittes Zimmer links ...«

Die Tür ist auf, das Büro ist leer. Ich trete ein und verstecke mich hinter der offen stehenden Tür.

Meine Mutter kommt. Ich sehe, wie sie rasch ihr Zimmer durchquert, einen Stapel Akten auf dem Arm.

Ich schlage die Tür zu. Sie dreht sich um, sieht mich und bricht in Tränen aus.

»Mama …«

Sie wohnt am Boulevard Saint-Germain in einer recht angenehmen Wohnung. Aber es ist natürlich nicht mehr die Avenue Foch. Sie arbeitet, sie ist nicht mehr die Frau des Botschafters. Aber sie ist total aufgeblüht. Von den Leuten, die in der Avenue Foch vorbeikamen, ist noch ein enger Kreis von treuen Freunden übrig, unter ihnen García Márquez, der kolumbianische Literatur-Nobelpreisträger, und seine Frau Mercedes, die Mama besonders gern hat, wie auch der Maler Fernando Botero. Ich weiche während dieses Monats in Paris keinen Schritt von ihrer Seite, wir schmusen miteinander, holen die verlorene Zeit nach, ich zähle die Tage. Ein Monat ist so wenig im Vergleich zu dem langen Jahr der Trennung, das uns erwartet.

Ich komme in die Abschlussklasse des Gymnasiums. Die Frau, die ich heute bin, wird während dieses Abitur-Vorbereitungsjahrs in Bogotá geboren. Es ist das bislang schönste meines Lebens, ein Jahr unerschöpflicher Entdeckungen, intellektueller wie gefühlsmäßiger, und ein Jahr, in dem ich die Freiheit kennen lerne. Ich mache Bekanntschaft mit der Philosophie, und meine Leidenschaft für Literatur wird noch gestärkt. Mit Unterstützung der Direktion des Gymnasiums führe ich *Das Missverständnis* von Albert Camus auf, und das Theater schlägt mich in seinen Bann. Ich erlebe die ersten durchwachten Nächte, nicht enden wollende Diskussionen bei einer Flasche Wein im Hinterzimmer einer verräucherten Bar, ich, die ich jahrelang so vernünftig war … Und ich lerne meine erste Liebe kennen.

Während dieses so bewegten, aufwühlenden Jahres wächst in mir die Weigerung, zu betrügen und zu lügen; ich komme zu dem Schluss, dass die Freiheit, auch einmal verrückt zu spielen, Hand in Hand geht mit der Notwendigkeit, zu seinen Handlungen zu stehen, welche auch immer das seien. Meine Beziehung zur Wahrheit ist von nun an absolut, speziell gegenüber meinem Vater, dem ich alles sage. Ich erzähle ihm mein Leben, von den durchgemachten Nächten, wie ich im Morgengrauen nach Hause kehre, um mich fieberhaft auf die zwei Stunden später angesetzten Prüfungen vorzubereiten, und ebenso von dem großen Glück, das die Gefühle des Herzens und die Liebe auslösen. Ich mache in diesem Jahr alles, was schlimm und verboten ist, und ich verberge nichts vor Papa. Ich weiß, dass es für ihn sehr schwer anzuhören ist, umso mehr, als er schon auf die sechzig zugeht. Er ist wirklich eine andere Generation, aber ich will ihn dazu zwingen, Verständnis für mich aufzubringen, ich möchte um jeden Preis diesen Kontakt aufrechterhalten, was soll's, dann hat er eben weiße Haare.

Als er aus meinem Mund vernimmt, dass ich mit einem Jungen meines Alters geschlafen habe, ist das ein schwerer Schlag für ihn. Ich sehe, wie er erbleicht, außer Fassung gerät. In seinen Augen ist es nicht auszudenken, dass ein siebzehnjähriges Mädchen, ohne verheiratet zu sein ..., und dennoch fordere ich von ihm, dass er mir zuhört, dass er mir sagt, was er darüber denkt, und sogar, dass er mir Ratschläge gibt, warum nicht? Ich habe das Leben meiner Eltern akzeptiert, die Erschütterung, die ihre Ehe erfahren hat, und jetzt will ich, dass er seinerseits akzeptiert, was mit mir passiert. Aber das gelingt ihm nicht sofort, und er verbarrikadiert sich hinter einem unheimlichen Schweigen.

Wochenlang redet er nicht mit mir. Wir essen gemeinsam, ohne ein Wort oder einen Blick zu tauschen. Ich sage mir: Wenn er sich bestrafen will, dann soll er das tun. Er will nicht mit mir reden? Nun gut, dann rede ich auch nicht mehr mit ihm! ...

Eines Tages verkündet die Schwester meines Freundes, dass sie heiraten wird, und lädt mich offiziell zum Hochzeitsempfang ein. Aber ich habe kein elegantes Kleid, ich habe nichts anzuziehen. Ich schreibe Papa also einen Zettel, da wir nur noch über kleine Botschaften kommunizieren: »Papa, ich bin zur Hochzeit der Schwester von Mauricio M. eingeladen. Mein Kleiderschrank ist leer. Ingrid.« Er liest das Papier, und plötzlich sehe ich, wie ein Strahlen über sein Gesicht geht.

»Gut, dann lass uns zusammen ein Kleid kaufen, mein Liebling.«

Er lebt wieder auf und ich auch. Er ist den langen Weg zu mir allein und schweigend gegangen, jetzt sind wir wieder zusammen, zwischen uns herrscht wieder Einverständnis. Er lässt mich ein Kleid anprobieren, dann noch eines und noch eines. Mit Mama hat er sich nie das Vergnügen gegönnt, eine geliebte Frau einzukleiden, jetzt entdeckt er es, und seine Augen fließen über vor Zärtlichkeit.

»Welches findest du am schönsten?«

»Ich bin nicht sicher ... Das hier mag ich, weil es schwarz ist und Schwarz mir steht. Das weiße ist auch hübsch, aber das lange Kleid ist eleganter für eine Hochzeit, findest du nicht?«

»Doch. Weißt du was? Wir nehmen alle drei.«

Papa und ich sind endlich wieder vereint! Ich kann mit ihm über Mauricio reden. Er hört mir mit dem gewohnten Verständnis und Wohlwollen zu. Bald darauf bittet mich Mauricio M. um meine Hand. Wir sind beide Kinder, dessen bin ich mir wohl bewusst, aber ich habe auch das Gefühl, ihn zu lieben. Aber so sehr, um ihn zu heiraten? Ich weiß es nicht. Andererseits denke ich, dass die Neuigkeit meinen Vater zufrieden stellen wird. Wenn Mauricio mich um meine Hand bittet, dann heißt das, dass er mich aufrichtig und innig liebt, und da Papa der Ansicht ist, die Liebe könne und dürfe sich nur innerhalb der Ehe entfalten ...

Er hört mir zu, und er verhält sich ganz großartig, besser als ich es mir habe ausmalen können. Unendlich respektvoll. Befreiend.

»Weißt du, Ingrid, diese Entscheidung musst du treffen. Du allein. Wenn du diesen Jungen heiraten willst, dann heirate ihn. Wenn nicht, dann nicht. Wenn du ja sagst, dann lebst du mit diesem Mann, du allein. Denk gut darüber nach, was du aus deinem Leben machen kannst, und triff deine Entscheidung. Aber du sollst wissen, dass deine Entscheidung, wie auch immer sie ausfällt, für mich in Ordnung ist.«

An diesem Tag hat mir mein Vater Flügel verliehen. Wenige Wochen später habe ich mich von Mauricio getrennt und meine Koffer für Frankreich gepackt.

3

In diesem Jahr, 1980, bin ich volljährig. Ich wohne in Paris und bereite mich auf die Aufnahmeprüfung an der Science-Po, der Elitehochschule für politische Wissenschaften, vor.

Ich bin jetzt wieder näher bei meiner Mutter, die noch immer in der Botschaft arbeitet, und folglich weiter von meinem Vater entfernt, der jetzt allein in Bogotá lebt. Allerdings bin ich nur geografisch von ihm entfernt, denn die schwierigen Jugendjahre haben mich enorm an ihn gebunden. Papa hat seinen Scheidungsschmerz überwunden und stellt nun sein ganzes Vermögen zuzuhören, all seine Liebe in den Dienst meiner Zukunft.

Wir haben lange diskutiert über meine Entscheidung, Politikwissenschaften zu studieren. Mein Vater steht der Politik ambivalent gegenüber. Er ist der Ansicht, dass es nichts Nobleres gibt, als seinem Land zu dienen, wie er es selbst an der Spitze des Unterrichtsministeriums getan hat, aber er hegt tiefes Misstrauen gegenüber den Berufspolitikern, die auf Kosten des Staates Karriere machen, und natürlich gegenüber der politischen Klasse Kolumbiens, die die öffentlichen Finanzen plündert. Er hätte mich lieber in der Philosophie gesehen, fern des Getümmels, er kann sich nicht vorstellen, dass ich eines Tages Teil dieser korrupten Oligarchie bin, mit der zu verkehren er sich als Minister geweigert hat. Um die Wahrheit zu sagen, denke auch ich nicht daran. Keine Sekunde habe ich zu diesem Zeitpunkt die Vorstellung, dass ich fünfzehn Jahre später erst zur Parlamentsabgeordneten, dann zur Senatorin gewählt werden würde, auf der Basis eines Programms, das alles in allem gänzlich der Bekämpfung von Korruption gewidmet ist ... Nein, aber ich erinnere mich noch an die starken Gefühle, die mich erschüttert haben, als ich, versteckt unter dem Flügel in der Avenue Foch, ein paar der bekanntesten kolumbianischen Politiker die Risiken erläutern hörte, die unser Land einginge, wenn diese oder jene Entscheidung nicht rechtzeitig getroffen würde ... Der Wunsch, diese Entscheidungen zu beeinflussen, am Schicksal des Landes mitzuwirken, ist sicher da, irgendwo in meinem Unterbewusstsein vergraben, aber ich verfüge nicht über die Worte, um es auszudrücken, und ich suche danach, wie ich meinen Vater davon überzeugen kann, dass Politikwissenschaft exakt meinen innersten Neigungen entspricht. Und plötzlich erinnere ich mich an unsere sonntäglichen Vormittage im Bett, in der Avenue Foch. Papa studierte die kolumbianischen Zeitungen, die einmal pro Woche per Paketpost ankamen, und ich, eingezwängt zwischen ihm und Mama, verschlang die Schlagzeilen. Wenn ich das Gefühl hatte, dass ihn etwas besorgt stimmte, oder wenn er im Gegenteil über eine Karikatur lachte, wollte ich, dass er es mir erklärte. Das ging ihm manchmal auf die Nerven, aber er nahm es auf sich.

»Weißt du noch, wie gern ich mit dir Zeitung gelesen habe, als ich klein war?«

»Natürlich erinnere ich mich, deine Mutter hat sich darüber sehr amüsiert ...«

»Damals schon habe ich mich für das aktuelle Geschehen interessiert, und Politikwissenschaft hat für mich noch immer damit zu tun. Ich mag Philosophie, aber ich möchte in der Gegenwart leben, im Alltagsgeschehen.«

Zwischenzeitlich verbringe ich Stunden in der Bibliothek, weit entfernt von allem bunten Treiben. Ich habe einen unstillbaren Wissensdurst, ich möchte begreifen, wie die Institutionen funktionieren, wie sich Exekutive und Legislative verbinden, und hinter all dem natürlich die Entartungen ausfindig machen, mir die Schranken vorstellen. Warum gelingt es manchen Demokratien, wie etwa der französischen, sich nach besten Kräften gegen Korruption zu schützen, während andere, wie die kolumbianische, mit Leib und Seele in ihr versinken? Ich mag die Bibliothek der Science-Po, den Respekt, den man hier dem Denken, der Stille entgegenbringt.

Mein Wunsch, mich in meine Studien zu versenken, ist im Übrigen so groß, dass ich beschließe, lieber allein zu wohnen und nicht bei Mama. Einmal mehr kommt mir mein Vater zu Hilfe. »Such dir ein Apartment, Ingrid, und kümmere dich nicht um den Rest. Ich bin da.«

In der Zeit dieses einsamen, sorglosen Rückzugs spricht mich eines Tages im Restaurant ein vierjähriges Kind an. Es ist ein kleiner süßer Engel, der mich da anblickt, wir wechseln ein paar Worte, aber als ich mich instinktiv nach seiner Mutter umsehe, begegne ich dem Lächeln eines Mannes. Er ist allein mit seinem kleinen Sohn und vielleicht dreißig Jahre alt. Wir sind uns sympathisch. Ist die Mama des Kindes verreist? Nein, er ist geschieden. Aus diesem Grund sucht er auch einen Babysitter. Das trifft sich gut, ich brauche Geld. Wir lachen.

Fabrice und Sébastien treten in mein Leben. Fabrice arbeitet seit kurzem als Handelsattaché im Außenministerium. Wir teilen das Interesse für Politik, die Neugier für das, was sich außerhalb unserer Grenzen abspielt. Er ist Franzose. Von Kolumbien hat er das Bild eines hektischen, gewalttätigen Landes, ein Bild, dem ich, wie er findet, nicht richtig entspreche. Er hatte mich mit meinen kastanienbraunen Haaren, meiner Perlenkette und meinem tadellosen Französisch für eine Französin gehalten. Ich erzähle ihm von meinen starken gefühlsmäßigen Bindungen an Frankreich, aber ich sage ihm auch, wie sehr ich Kolumbien liebe. Ich habe keine Ahnung, dass zehn Jahre später mein zwingendes Bedürfnis, nach Bogotá zurückzukehren, die Liebesbeziehung, die hier gerade im Entstehen begriffen ist, buchstäblich zerplatzen lassen wird.

Fabrice ist intelligent und gebildet, weltoffen, elegant und sehr gut aussehend ... Alles in allem hat er sämtliche Merkmale des männlichen Ideals, das mir mein Vater vermittelt hat. Sehr schnell sind wir uns beide unserer Liebe sicher und wollen uns auf ewig binden. Und dann ist da Sébastien zwischen uns, wie ein Glücksstrahl. Ich überrasche mich dabei, ihn zu bemuttern, stelle Familiengelüste bei mir fest. Wir werden heiraten, ja, wir werden reisen, eigene Kinder haben, zusammen scheinen uns all unsere Träume realisierbar. Wir sind überglücklich und zuversichtlich. Unendlich zuversichtlich.

Fabrice wird bald nach Montreal berufen, aber der Schmerz darüber, dass er so weit entfernt ist, wird zum Teil durch das Vergnügen kompensiert, wieder allein mit meinen Büchern zu sein. Ich fahre für kurze Besuche zu ihm nach Quebec und schließe mich ein, sobald ich wieder in Paris bin. Ich bin wieder an der Science-Po immatrikuliert, und je weiter ich mit meinen Studien fortschreite, desto mehr fühle ich mich in den komplexen Mechanismen der Steuerung eines Staates zu Hause. Die Staatsangelegenheiten faszinieren mich, ich verstehe jetzt vollkommen, wie sich das Räderwerk dieser gewaltigen Maschinerie ineinander fügt, und auch, wie fragil Demokratien sind, wie unmittelbar abhängig von der persönlichen Ethik eines jeden Gewählten, eines jeden Beamten. Ich träume davon, all dies in die Praxis umzusetzen, fühle aber gleichzeitig keine Eile. Für die Zeit danach, wenn ich erst einmal mein Diplom in der Tasche habe, ist es mein vorrangiges Ziel, endlich wieder ganz bei Fabrice zu sein.

1983, in unserem ersten gemeinsamen Jahr, wird er nach Quito (Ecuador) versetzt. Für mich ist dieser Posten ein richtiges Geschenk. Wir leben in einem Grenzland zu Kolumbien, also äußere ich jetzt meinen Wunsch, in mein Heimatland zurückzukehren. Wir reden oft darüber, aber Fabrice ist nicht begeistert von der Idee. Kolumbien macht ihm auf verschwommene Weise Angst. Aber er ist gern bereit, Spanisch zu lernen, und Sébastien ebenfalls. Sehr schnell spricht er es fehlerlos und ohne Akzent. Quito ist also für mich ein erster Schritt in Richtung Heimkehr.

Wenigstens hoffe ich das, aber genau das Gegenteil tritt ein. Diese drei Jahre in Ecuador bringen Fabrice davon ab, sich um einen Posten in Bogotá zu bewerben. Aus so kurzer Entfernung betrachtet ist das Bild, das Kolumbien bietet, einfach entmutigend und entspricht unglücklicherweise seinen schlimmsten Befürchtungen. Die Wirtschaft stagniert, und während die Drogenhändler den Institutionen einen offenen Krieg erklären (die Ermordung des Justizministers im Jahr 1984 ist dafür ein Signal), beschließen auf der anderen Seite die Guerillas, den bewaffneten Kampf wieder aufzunehmen. Offenkundig läuft das Land auf ein Desaster zu (allein im Jahr 1989 wird man dreiundzwanzigtausend Tote zählen), und Fabrice weigert sich, unsere Kinder in diesem Orkan des Terrors aufwachsen zu lassen.

Richtig, ich bin schwanger. Mélanie kommt im September 1985 zur Welt. Ihre ersten Schritte wird sie nicht, wie ich gehofft habe, in Bogotá machen, sondern auf den Seychellen, unter dem leuchtend blauen Himmel des Indischen Ozeans. Denn auf diese paradiesische Inselgruppe ist Fabrice versetzt worden.

Dieses unglaubliche Glück mit Mélanie, das Glück der Mutterschaft, lässt ebenso brutal meinen Schmerz nach der Scheidung meiner Eltern wieder aufleben. Ich sehne mich nach einem entschwundenen Glück und überrasche mich dabei, von einer Versöhnung zu träumen, von einer Familie, die sich um dieses kleine Mädchen, das das Leben zu entdecken beginnt, wieder vereint. Am 25. Dezember wird es zum ersten Mal Weihnachten erleben, ich feiere an diesem Tag meinen vierundzwanzigsten Geburtstag, und Mama ist am 31. Dezember geboren ... All das veranlasst mich zu einem teuflischen Komplott, dessen Risiken ich nicht abwäge, so groß ist mein Wunsch, dass es gelingen möge.

Ich schreibe einen langen Brief an Mama und lade sie ein, mit uns Weihnachten zu verbringen, ihrer Enkelin wegen, meinetwegen, die ich mich entwurzelt fühle, und ich bitte sie darum, niemandem etwas davon zu erzählen, damit es Papa nicht zu Ohren kommt, der sonst beleidigt wäre, wenn er erführe, dass sie als Erste kommt und wir ihn nicht eingeladen haben. Dann richte ich exakt dasselbe Schreiben an meinen Vater, bitte ihn, zu uns zu kommen, und dränge ihn ebenfalls, seine Reise zu verschweigen, damit Mama nichts erfährt, da sie sicher sehr traurig wäre, und so weiter. Wenige Tage später antworten mir beide, dass sie meine Einladung mit Freude annehmen, und machen deutlich, dass sie das Geheimnis für sich behalten werden ...

Seit genau zehn Jahren bekriegen sie sich, wie werden sie es ertragen, unter einem Dach zu wohnen? Statt zu Eintracht kann die Situation auch sehr gut zu einem Drama führen und Mélanies erstes Weihnachten könnte zu einer Katastrophe ausarten.

Papa trifft eine Woche vor Mama ein. Ich habe Fabrice, seine Eltern, alle Welt instruiert: Auf keinen Fall darf er von Mamas Kommen wissen, er ist sonst imstande, mit dem ersten Flugzeug wieder abzureisen. Die Bombe platzt am Vorabend von Mamas Ankunft. Wer hat das Geheimnis verraten? Ich werde es nie erfahren.

»Ingrid, du hattest nicht das Recht, mir so etwas anzutun. Wenn du mir Bescheid gesagt hättest, wäre ich nicht gekommen ...«

»Das ist richtig, Papa, ich hätte euch beide ins Bild setzen müssen, aber wenn ich es getan hätte, wärst du nicht da, und ich wollte mit euch beiden zusammen sein. Das ist sicherlich sehr egoistisch von mir, das sehe ich ein. Wenn du mir jetzt wirklich ein Geschenk machen willst, verbring Weihnachten mit uns und fahr, wenn du willst, direkt danach. Ihr werdet an den entgegengesetzten Seiten des Hauses logieren, und wenn ihr nicht miteinander reden wollt, redet nicht miteinander. Die andere Lösung ist, dass du mit Mamas Flugzeug zurückfliegst, dann siehst du sie nicht. Du würdest mir großen Schmerz zufügen, enormen Schmerz, aber ich würde es verstehen. Ich bin zu weit gegangen, ich weiß, verzeih mir.«

Papa knurrt vor sich hin. Ich glaube, dass er tatsächlich das Flugzeug nehmen wird, aber als ich mich am nächsten Morgen um sieben Uhr anschicke, zum Flughafen zu fahren, schläft er ruhig und sein Koffer ist nicht gepackt.

»Mama, Papa ist da, bei mir zu Hause.«

»Was? Das ist ja toll. Und weiß er, dass ich komme?«

»Ja.«

»Will er mich auch sehen? Was hat er gesagt?«

»Das siehst du dann schon.«

Man muss es wirklich sehen, um es zu glauben. Sie verbringen einen Monat in einem zeitfreien Raum, um zu reden, um geduldig ein Gutteil ihrer so gewaltsam zerrissenen Bande wieder zu knüpfen, sich zu vergeben, zu lachen, zu weinen. Und ich habe daran teil, mit beklommenem Herzen, so glücklich bin ich ihretwegen und wegen Mélanie, die ihre Großeltern heute nicht anders kennt als in dieser wunderbaren Verbundenheit vereint. Jahre später werde ich sie meinen Vater fragen hören:

»Warum wohnen Oma Landa und du nicht zusammen?«

Und er:

»Mit all den Büchern, mein Liebling, habe ich für deine Großmutter keinen Platz mehr.«

Wenige Monate vor diesem unvergesslichen Weihnachten auf den Seychellen hat Mama Paris und ihre Arbeit in der Botschaft aufgegeben, um für immer nach Bogotá zurückzukehren. Sie hat wieder Vertrauen in sich, ihre Kräfte wieder gefunden und stürzt sich Anfang 1986 mit einer unglaublichen

Energie in die Kampagne für die Parlamentswahlen. Sie will Abgeordnete werden, um ihre soziale Tätigkeit wieder aufzunehmen, die ihr am Herzen liegt, im Namen der von der Guerilla und den Drogenbossen in die Städte gejagten Bauernfamilien sprechen, deren Kinder in Bogotá umherirren, bis sie von humanitären Organisationen aufgegriffen werden.

Meine Mutter wird also zu meiner wichtigsten Verbindung nach Kolumbien. Es vergeht kaum ein Tag, an dem wir nicht telefonieren. Sie ist vor Ort, bemerkenswert gut informiert, und sie wird es mehr und mehr sein, denn sie schafft es, zur Abgeordneten gewählt zu werden. Alles, was sie mir erzählt, wühlt mich bis ins Innerste auf. Kolumbien scheint dem Untergang geweiht. Wenn nicht die Natur zuschlägt wie in Armero, wo durch den Ausbruch des Nevado del Ruiz fünfundzwanzigtausend Menschen begraben werden, dann ist es die Guerilla, die das Herz des Staates erschüttert. In diesem Jahr 1985 hat die M 19, eine der aktivsten Guerillagruppen, den Justizpalast besetzt, der vor allem den Obersten Gerichtshof beherbergt. Die Rückeroberung des Gebäudes durch die Armee wird mit mehr als hundert Toten bezahlt, die Hälfte davon Oberste Richter ...

Und während mein Land leidet, während meine Mutter kämpft, bin ich auf den Seychellen, in diesem touristischen Paradies. Ich bin die Frau eines französischen Diplomaten, wir bewohnen ein herrliches Haus, und ich habe nichts anderes zu tun als Mélanie spazieren zu fahren und Anweisungen für die Diners und Empfänge zu erteilen, die wir von Zeit zu Zeit geben. Ich fühle mich nicht an meinem Platz. Mein Glück scheint mir mehr und mehr eitel, hohl und unanständig, da es sich fern von den Meinen gestaltet. Alles Glück auf der Welt erscheint mir lächerlich angesichts dessen, was sich in Kolumbien abspielt. Aber was tun? Fabrice ist glücklich, und warum sollte er, der nicht Kolumbianer ist, irgendeinen Part in dem Drama übernehmen, das sich bei mir zu Hause abspielt? Jahre später werde ich an Mama in der Avenue Foch zurückdenken,

Mama als strahlende und ergebene Gattin des Herrn Botschafters, innerlich hin und her gerissen zwischen der Liebe zu ihrem Mann und ihrer Verzweiflung darüber, nicht mehr in Bogotá zu sein, bei den Menschen, die ihr wichtig sind, und ich werde mir sagen, dass die Geschichte sich manchmal auf bittere Weise wiederholt ...

Im Sommer 1986 halte ich es nicht mehr aus und beschließe, zwei Monate in Kolumbien zu verbringen, zusammen mit Mélanie, unter dem Vorwand, meiner Tochter ihr Land zu zeigen. Fabrice wird durch seine Arbeit festgehalten, darum fliegen wir zwei allein. Es ist mehr als sieben Jahre her, dass ich Bogotá verlassen habe, um an der Science-Po zu studieren, und alles, was diese unglaubliche Stadt ausstrahlt, hat mir gefehlt. Ihre rauen Berge – Bogotá wächst wild und wütend bis in eine Höhe von zweitausendsechshundert Metern hinauf ... –, der verrückte Lärm ihrer Straßen, der manchmal so bleierne Himmel, die verheerenden Regenfälle und der stets dunkle, melancholische und ernste Blick der Kolumbianer. Was erwarte ich von diesem Aufenthalt? Nichts. Alles. Dass mich die Kolumbianer als eine der ihren erkennen, dass sie Mélanie annehmen, dass sie uns die Luft atmen lassen, die sie selbst atmen. Ich habe keinen realen Bezug, dafür bin ich zu angefüllt mit Idealen, die durch die Entfernung und die Schuldgefühle genährt worden sind, zu sehr von einer halsstarrigen und naiven Liebe für dieses Land erfüllt, dessen Leid ich zwangsläufig niemals geteilt habe. Was ich jedoch während dieser Wochen erlebe, wird dazu beitragen, dass ich mich in eine grausame Realität stürze.

Mama ist da. Quirlig und in zehn Projekte verwickelt, rennt sie unablässig zwischen ihrem Büro im Parlament und dem anderen hin und her. Sie spürt meine Erwartung, auch meine Verwirrung, und schlägt mir vor, sie auf eine Reise an die Atlantikküste zu begleiten, genauer gesagt, in die Region von Maicao im Nordwesten. Die Bevölkerung dort lebt vom

Schmuggel, es ist eine rechtsfreie Zone, in der sich einige enorm bereichern, viele Menschen umgebracht werden und die kleinen Leute im Elend vor sich hin vegetieren. Zusammen mit etwa zwanzig weiteren gewählten Vertretern will sie sich diesen Menschen stellen, um ihnen zuzuhören, wie sie sagt, ihnen Lösungen vorzuschlagen. Ich glaube ihr, wir sind beide der Ansicht, dass dies tatsächlich die beste Art zu arbeiten ist. Wir fahren gemeinsam.

Eine außerordentliche Reise, auf der wir beim Zuhören und Arbeiten viel lachen und trinken werden, erstaunt über die Wendung, die die Ereignisse nehmen. Erst im Nachhinein verstehen wir, wie ungehörig diese Unternehmung war. Überall, wo wir hin kommen, werden wir nämlich gut gelaunt empfangen, mit Festessen, Folklore, Reden. Wo ist das Volk? Es sind die gewählten Stadtvertreter, die sprechen, und diese Männer sind uns gegenüber sehr aufmerksam, offenkundig mehr darum bemüht, sich in den Vordergrund zu drängen, als uns die Beschwerden der Dorfbevölkerung vorzutragen, der Familien, der kleinen Händler. Vor allem einer ist in seinem Element und wird noch mehr gefeiert und hofiert als die anderen, wie ich bei dieser Gelegenheit entdecke. Er heißt Ernesto Samper, ist ein Freund meiner Mutter, sitzt wie sie im Parlament und besitzt einen Humor, dem nichts und niemand widersteht. Er ist ausgelassen, neckt diesen und jenen und verträgt eine ganze Menge. Manchmal tut er so, als notiere er peinlich genau, worüber sich jemand beschwert, lässt dann aber das Papier an einer Ecke des Tisches liegen.

Während eines Essens mit den Anführern der Schmuggler höre ich zu meiner Verblüffung, wie er ihnen gegenüber eine demagogische, rein wahltaktische Rede hält: »Sicher, Sie leben von einem Handel, der der Steuer entgeht, aber wer in Kolumbien profitiert nicht davon? Es müssen Maßnahmen ergriffen werden, aber Maßnahmen, die für alle gelten. Bis dahin sehe ich nicht, warum Sie die Einzigen sein sollten, die die Zeche bezahlen.«

Irgendwann abends im Hotel sprechen Mama und ich über ihn.

»Warum liegen diesem Typen, diesem Samper, alle Leute zu Füßen?«

»Na, weil er Präsident werden wird, Ingrid!«

»Nein! Das gibt's nicht! Du willst mir doch nicht sagen, dass dieser Clown, der den Leuten erzählt, was sie hören wollen, der an nichts anderes denkt, als sich zu amüsieren und die Frauen anzumachen, Präsident wird?«

»Doch, ich denke, er hat ernsthafte Chancen. Jedenfalls steht die Mehrheit der liberalen Partei hinter ihm.«

Acht Jahre später wird Ernesto Samper mit dem Geld der Drogenmafia zum Präsidenten gewählt, nachdem er, wie ich sicher erfuhr, die meisten der Zeugen in seinem Prozess ermorden lassen und wiederholt versuchen, mich zum Schweigen zu zwingen.

Aber 1986 bin ich arglos, ich beobachte zum ersten Mal die Praktiken unserer Politiker und verstehe besser, warum mein Vater sich vor ihnen in Acht nimmt.

Meine Mutter ist weniger rigide. Zu meinem Erstaunen – und großen Missfallen – antwortet sie mir resignierend, dass Kolumbien eine lange Tradition von Korruption habe und man akzeptieren müsse, mit diesen Volksvertretern zu verkehren, wenn man die Möglichkeit haben möchte, als ein ehrliches Rädchen im System dieses zu reformieren. Und im Grunde bin ich, ohne dass ich es noch in Worte fassen kann, mit ihr einig. Man muss sich einmischen. Ich denke, es geht nicht, dass man das Schicksal des Landes diesen Männern überlässt, die mit dem Elend der Kolumbianer nichts am Hut haben und deren einzige Sorge es ist, sich auf Kosten des Volkes zu bereichern.

Wenige Tage nach dieser Reise teile ich meiner Mutter meinen Entschluss mit, in die Politik einzusteigen, aber versehentlich, so, wie einem ein Versprecher unterläuft, das heißt, ohne die Tragweite meines Glaubensbekenntnisses abzuschätzen.

Es ist mitten in der Parlamentssaison, und meine Mutter schlägt mir vor, mir die Arbeit der Abgeordneten anzusehen. Ich entdecke, wie es hinter den Kulissen des Kapitols aussieht, die Büros, das Halbrund des Parlaments, ich entdecke auch voller Begeisterung, wie beliebt Mama beim gesamten Personal ist. Man öffnet ihr die Türen, umarmt sie, spricht sich bei ihr aus, bringt ihr Kaffee. Die ersten Tage platziert man mich in der Besucherloge, aber bald schon erlauben mir die Parlamentsdiener, um Mama eine Freude zu machen, mich unten im Halbrund neben sie zu setzen. So als sei ich gewählte Volksvertreterin. Während meines Studiums in Paris habe ich mehrere Debatten in der Assemblée Nationale verfolgt, und was mich im Vergleich dazu hier in Kolumbien überrascht, ist, dass die Abgeordneten unablässig und spontan das Wort ergreifen, ohne den Vorgang zu kennen, nur aus dem Drang heraus, wahrgenommen zu werden. Sie scheinen mir keinerlei eigene Überlegungen anzustellen, überhaupt nicht zu wissen, um was es geht. Das bestärkt mich nach und nach in dem Eindruck, dass die meisten unserer Repräsentanten nicht auf der Höhe der aktuellen Sorgen des Landes sind.

Eines Tages drehe ich mich mitten in der Sitzung auf dem Platz direkt neben meiner Mutter zu ihr um und sage, ohne nachzudenken:

»Weißt du, eines Tages sitze ich genau hier.«

Sie ist überrascht, und ich sehe, wie ein Strahlen über ihr Gesicht geht.

»Ja«, sagt sie, »dessen bin ich mir sicher.«

Sie drückt meine Hand. Wir sind beide gerührt. Wie soll ich dorthin gelangen? Ich habe nicht die geringste Vorstellung. Ich lebe auf den Seychellen, bin mit einem französischen Diplomaten verheiratet, der nicht nach Kolumbien gehen will, mein ganzes Leben dreht Kolumbien eindeutig den Rücken zu, und dennoch habe ich es wie eine feierliche Verpflichtung ausgesprochen. Die Worte sind mir ganz von allein gekommen.

Zu der kolumbianischen Realität in diesem Sommer 1986 gehört auch, dass das Herz meines Vaters nicht mehr mitmacht.

Eines Abends spät ruft er mich an.

»Ingrid, morgen muss ich ins Krankenhaus. Begleitest du mich?«

Mir ist sofort klar, dass es etwas Schlimmes sein muss, sonst würde er mich nicht ins Vertrauen ziehen, er, der Diskrete, der immer alles unter der Decke hält.

»Aber natürlich komme ich mit dir, Papa.«

Er muss dringend operiert werden, die Arterien sind bereits völlig verstopft. Es ist ein schwerer und riskanter Eingriff für einen Mann, der bald siebzig ist.

Ich verlasse das Krankenhaus nicht während der vierundzwanzig Stunden vor der Operation. Wir reden, er gibt mir zu verstehen, dass all seine Papiere in Ordnung seien, dass er sich vollkommen im Klaren darüber sei, dass er vielleicht die letzten Lebensmomente vor sich habe. Und als ihn die Schwestern abholen, macht er diesen schrecklichen Scherz:

»Wir sehen uns auf der anderen Seite der Brücke wieder, mein Liebling.«

Der Brücke des Lebens? Oder meint er nur nach der Operation?

Als er zurückkommt, hängt er an lauter Schläuchen und liegt in einem künstlichen Schlaf zwischen Leben und Tod, und ich habe es nicht eilig damit, ihn daraus erwachen zu sehen, da ich mir vorstellen kann, was er jetzt zu erleiden hat. Ich bleibe bei ihm, halte seine Hand. Endlich öffnet er vorsichtig ein Auge, schließt es wieder und öffnet es erneut. Er sieht mich, deutet ein Lächeln an. Er möchte mir etwas sagen, ich neige ihm mein Ohr zu und höre:

»Weißt du, was sie in meinem Herzen gefunden haben?«

»Nein. Sag es mir.«

»Deinen Namen.«

»Papa!«

Ich lege die Arme um seinen Kopf, drücke ihn an meine Wange, küsse ihn und weine. Er ist am Leben, er ist heil über die Brücke gekommen.

Drei Tage später finde ich ihn bereits sitzend vor. Aber er hat keine Farbe mehr im Gesicht und atmet mühsam.

»Geht es dir schlecht, Papa? Was kann ich für dich tun?«

»Hilf mir wieder ins Bett zurück, es wird schon gehen.«

Als ich ihn in den Arm nehme, wird er plötzlich ganz schwer und bricht zusammen, und ich mit ihm unter seiner Last. Plötzlich springt der Alarm seines Elektrokardiogramms an. Er ist tot. Ich habe das schreckliche Gefühl, dass er soeben gestorben ist. Ich höre mich aufheulen, als stürze man mich über eine Felskante, es ist das Heulen von jemand, der keine Luft mehr bekommt, und im selben Augenblick sehe ich ungefähr zehn Leute herbeirennen. Sie heben den Körper meines Vaters hoch, legen ihn im Handumdrehen ins Bett zurück und werfen sich auf ihn. Ich habe das Gefühl, einem ungewöhnlichen Wettkampf beizuwohnen, bei dem eine ungeheure Energie entfaltet wird, um einer armseligen Gestalt neues Leben einzuhauchen, und diese graue, leblose Gestalt ist mein Vater. Sie wechseln sich ab, und Papas Herz versucht zaghaft wieder in Gang zu kommen, erst mit ein paar einzelnen Schlägen, dann mit dem langsamen Rhythmus des Lebens, das anscheinend da ist, ja, tickend wie der Zeiger einer Uhr.

Man bittet mich hinauszugehen. Als mir die Ärzte eine Stunde später wieder erlauben, an sein Bett zu treten, ergreift Papa sanft meine Hand und sagt spöttisch:

»Ich habe dir Angst gemacht, was?«

Von diesem Augenblick an lebe ich in der permanenten Furcht, Papa könne fern von mir sterben. Im Grunde nehme ich es mir übel, ihn in Bogotá allein gelassen zu haben, als ich mich entschieden habe, zu Mama nach Paris zu gehen, und die

Vorstellung, er könne in eben dieser Einsamkeit entschlafen, ist mir unerträglich. Eine Tatsache, die in der Folge der Ereignisse eine Rolle spielen wird.

Das Familienleben auf den Seychellen geht weiter, friedlich und im Wohlstand, für mich jedoch zunehmend frustrierend und erdrückend. Ich habe nahezu täglich Telefonkontakt mit Mama. Sie setzt zu der Zeit all ihre Hoffnungen in den 1986 neu gewählten Präsidenten der Republik, Virgilio Barco. Sie kennt ihn gut, weil sie, als er das Bürgermeisteramt von Bogotá bekleidete, seine Beigeordnete war, zuständig für soziale Angelegenheiten. Er ist ein intelligenter Mann, aufs Beste vorbereitet für diese höchsten Aufgaben und von intellektueller und moralischer Disziplin. Mama ist der Ansicht, dass er das Zeug dazu hat, die kolumbianische Wirtschaft nach außen hin zu öffnen, Friedensgespräche mit der Guerilla zu führen und gleichzeitig erbarmungslos das Drogenkartell zu bekriegen, dessen finanzielle und kriminelle Macht weit über unsere Grenzen hinaus und speziell in den Vereinigten Staaten Beunruhigung auszulösen beginnt.

Im Laufe der Monate sinken jedoch die Hoffnungen meiner Mutter. Nach einem viel versprechenden Anfang seiner Amtszeit (in Kolumbien wird der Präsident für vier Jahre gewählt) – er geht erbittert gegen die Drogenmafia vor und verlangt sogar, dass das Gesetz über die Auslieferung von Drogenhändlern im Kongress verabschiedet wird – vermittelt Virgilio Barco den Eindruck, gesundheitlich geschwächt zu sein. Später weiß man, dass er an Alzheimer leidet. Das ist augenscheinlich eine Katastrophe für das Land, denn genau diesen Moment wählt Pablo Escobar, der Chef der »Narcos«, um der Regierung den Krieg zu erklären. Trotz der Bemühungen des Präsidenten lässt Escobar im ganzen Land bald den Terror herrschen, und ein unbarmherziger Bombenkrieg sucht blindlings die Städte Medellin und Bogotá mitten im Zentrum, in den Supermärkten, heim. Frauen und Kinder sterben, die Menschen leben in Angst und Schrecken und sehen keine Zukunft mehr für diesen nach und nach durch die Mafia zersetzten Staat. Ohnmächtig sehen sie dem Zusammenbruch der Institutionen zu.

Doch seltsamerweise fasst meine Mutter wieder Mut. Ich spüre dies durch das Telefon hindurch. Unter den möglichen Nachfolgern Virgilio Barcos ist ein Mann, der ihr wieder Hoffnung verleiht. Sein Name ist Luis Carlos Galán, er ist nicht viel älter als vierzig, wie sie Mitglied der liberalen Partei und hat ein paar Jahre zuvor durch die Forderung auf sich aufmerksam gemacht, Pablo Escobar, den Mann aus dem Medellin-Kartell, dem es gelungen war, sich als Stellvertreter in die Abgeordnetenversammlung wählen zu lassen, aus der Partei auszuschließen und aus dem Kapitol zu jagen. Dieser Mann mit seiner unerbittlichen Moralität wagt es jetzt, mitten im Bombenkrieg, zu fordern, dass Kolumbien den Auslieferungsvertrag für die »Narcos« unterschreibt, den die USA fordern. Die Mafiamitglieder amüsiert es nur, wenn sie in Kolumbien ins Gefängnis wandern, da es ihnen mittels Schmiergeldern sehr schnell gelingt, es wieder zu verlassen. Sie fürchten sich jedoch davor, in die Vereinigten Staaten ausgeliefert zu werden, denn sie wissen, dass sie von dort wahrscheinlich nicht zurückkehren.

Galán weiß, dass er, indem er für die Auslieferung eine Lanze bricht, sein Leben aufs Spiel setzt, dass ihn die Mafia zum Tode verurteilen wird, und dies verdeutlicht das Ausmaß seines Mutes und seiner Integrität. Mama ist hingerissen von diesem Mann, der es im Laufe der Monate schafft, sich als bester Kandidat der liberalen Partei für das Präsidentschaftsamt durchzusetzen.

Als der Wahlkampf Anfang des Jahres 1989 beginnt, ist meine Mutter für die Logistik des Kandidaten zuständig. Zwischen den beiden entsteht eine starke Freundschaft. Mama, die älter ist als Luis Carlos Galán, empfindet für ihn eine leicht mütterliche Zuneigung. Sie spricht manchmal mit mir über ihn am Telefon, als sei er ihr Sohn. Sie glaubt an ihn, wie sie noch an keinen anderen politischen Führer geglaubt hat, und stellt ihr ganzes Vertrauen und all ihre Energie in seinen Dienst. »Ingrid«, sagt sie mir wiederholt, »er ist für Kolumbien die letzte Chance. Er muss unbedingt gewählt werden.«

Über meine Mutter nehme ich also weiterhin am kolumbianischen Drama teil. Aber mein Land ist zu einem Konfliktthema zwischen Fabrice und mir geworden. Ich möchte dorthin zurück, ich denke an nichts anderes mehr, und Fabrice kann sich nicht zu einem Entschluss durchringen. Er nimmt jedoch einen Posten an, der uns näher bringt: in Los Angeles. Wir verlassen also die Seychellen, um uns in den Vereinigten Staaten niederzulassen, was meine Verzweiflung, fern der Meinen zu sein, nicht mindert.

Lorenzo wird in diesem Jahr 1988 geboren, und im Sommer 1989 schiffe ich mich allein mit ihm nach Frankreich ein, unter dem Vorwand, ihn den Eltern von Fabrice vorstellen zu wollen. In Wirklichkeit scheint es mir, als hätte ich das Bedürfnis wegzukommen, um nachzudenken. Ich stehe offenkundig an der Schwelle schwerwiegender Entscheidungen, aber ich will in Ruhe nachdenken, mir Zeit nehmen.

Ich erneuere alte Freundschaften aus der Zeit in der Avenue Foch und an der Science-Po, mache wehmütige Reisen durch das sommerliche Frankreich, verbringe ruhige Nachmittage bei diesen und jenen, esse im orangefarbenen Licht der untergehenden Sonne zu Abend. Am 18. August 1989 bin ich bei Freunden in der Gegend der Loireschlösser. Ich schmuse viel mit Lorenzo, bin entspannt und heiter. Nie habe ich Schwierigkeiten einzuschlafen, bin in der Lage, überall wegzudösen, und denke auch an diesem speziellen Abend, dass ich gleich einschlafen werde. Doch, sehr seltsam, ich finde keinen Schlaf, und wie die Stunden so dahinrinnen, beginnt eine unerklärliche Beklemmung mein Herz zusammenzukrampfen. Ich denke an meine Mutter und habe Angst. Ich kann mir noch so oft sagen, dass das idiotisch ist, dass sie noch nie so vergnügt und siegesgewiss war wie seit sie für Galán arbeitet, meine Angst schwindet nicht. Im Bett sitzend zähle ich die Minuten und habe einen Kloß im Magen. Bin ich dabei, in eine Depression zu verfallen? Ich durchlebe die seltsamste Nacht meines Lebens, Angstattacken befallen mich, lassen mich sprachlos und nach Luft ringend zurück. Ich habe mit einem Mal ein körperliches Bedürfnis, bei Mama zu sein, ein ganz starkes Gefühl, das nur ihre Gegenwart beschwichtigen könnte ...

Um acht Uhr morgens, als die ersten vertrauten Geräusche des Hauses an mein Ohr dringen und ich also, ohne unangenehm aufzufallen, telefonieren kann, rufe ich Mama an. Bei ihr muss es Mitternacht sein, ich werde sie wecken, aber egal.

»Mama, endlich! Entschuldige, dass ich dich so spät anrufe, aber weißt du ...«

Und dann höre ich sie schluchzen ... Einen unendlichen Moment lang schafft sie es nicht zu reden, vom Kummer überwältigt.

»Ingrid! ... Ingrid! ... Sie haben Galán umgebracht ...«

»O nein! Aber wann, Mama? Wann?«

»Heute Abend ... Ich war an seinem Bett ... Es ist kaum drei Stunden her ...«

Wir weinen gemeinsam. In meinen Kummer mischt sich unverzüglich der tiefe, unermessliche Schmerz, nicht bei ihr zu sein, nicht bei den Kolumbianern, um die Tragödie mit ihnen gemeinsam zu tragen. Der Tod Luis Carlos Galáns, für den die Kolumbianer noch heute bezahlen, markiert einen unabänderlichen Bruch in meinem Leben.

Mama sagt, dass sie unverzüglich versucht habe, mit mir in Verbindung zu treten, dass sie Fabrice in Los Angeles am Telefon gehabt und so sehr auf meinen Anruf gewartet habe ...

Und Schritt für Schritt findet sie die Kraft, mir zu erzählen, was passiert ist.

Galán ist ermordet worden, als er gerade im Begriff war, eine Versammlung im Freien abzuhalten, in Soacha, einem ländlichen Vorort von Bogotá. Noch am Morgen hat Mama ihn vehement von dieser Versammlung abzuhalten versucht, sie hat sich deshalb sogar mit ihm gestritten, was bisher nicht vorgekommen war.

»Ich bin dorthin gefahren, um die Örtlichkeiten zu erkunden«, hat sie zu ihm gesagt, »diese Versammlung ist der reine Wahnsinn. Du wirst mitten auf einem öffentlichen Platz im Freien stehen, der von Bäumen umgeben ist ..., ein idealer Ort, um auf dich zu schießen.«

Sie erinnert ihn daran, dass er eine Woche zuvor in Medellin nur mit knapper Not einem Attentat entgangen ist. Man hatte den Zeitzünder schlecht eingestellt, sodass die Bombe ein paar Sekunden nach dem Vorüberfahren seines Autos explodiert ist.

»Ausgeschlossen, dass ich nicht nach Soacha gehe«, erwidert Galán trocken. »Ich werde mich nicht den ganzen Wahlkampf über unter dem Vorwand verstecken, dass sie mir an den Kragen wollen. Genau das wollen sie nämlich, mich zum Schweigen bringen, mich neutralisieren. Ich geh dorthin.«

»Ich sage nicht, dass du schweigen sollst, Luis Carlos, ich sage dir nur, dass speziell diese Versammlung mit zu großen Risiken behaftet ist.«

»Lass gut sein, ich gehe dorthin.«

»Luis Carlos, du willst nicht auf mich hören ... Dieser Ort ist mir nicht sympathisch, ich habe Angst ...«

»Yolanda! Bis auf weiteres entscheide ich über meine Versammlungen. Diese liegt mir besonders am Herzen, und ich gehe dorthin, komme, was da wolle.«

Meine Mutter, die diesen Mann vergöttert, erwidert:

»Reg dich nicht auf, ich weiß, dass du so oder so dorthin gehst. Lass uns die Dinge besser nüchtern betrachten: Wie gewährleisten wir deine Sicherheit?«

Galán beruhigt sich.

»Auch ich mache mir Sorgen, stell dir vor. Ich habe das Innenministerium angerufen, man schickt mir eine zusätzliche Eskorte. Zehn Männer. Und ein gepanzertes Fahrzeug … Sie haben mir zugesichert, dass der Platz seit heute früh überwacht wird.«

»Gut, aber während du redest, wirst du nicht in deinem Auto sein …«

»Ich weiß, aber mehr kann man wirklich nicht machen. Lass gut sein, Yolanda, das wird schon, und jetzt an die Arbeit!«

Die Versammlung ist für zwanzig Uhr geplant. Mama ist eine Stunde früher vor Ort. Sie bittet ihren Chauffeur, diskret zu halten, und beobachtet aus dem Auto heraus die Betriebsamkeit auf den Straßen. Es sind bereits Gruppen mit Transparenten da, und kontinuierlich strömen Menschen herbei. Aus allen Fenstern lehnen sich Schaulustige, offenkundig begeistert von dem Spektakel. Mama wird von einem leichten Schwindelgefühl erfasst. Es ist wie in einer Arena wenige Minuten vor dem Auftauchen des Stiers, denkt sie.

Schließlich wird das Eintreffen von Galáns Auto angekündigt. Es parkt neben dem ihren und ist tatsächlich gepanzert, jedoch mit keinerlei Eskorte versehen. Meine Mutter steigt aus, und zu ihrem großen Erstaunen tut Galán dasselbe. Sofort drängen sich Leute um sie. Sie sind umringt.

»Du bist verrückt! Steig wieder in dein Auto! Schnell! Schnell!«

»Yolanda, bitte … Ich habe das anders geplant, die Menge muss mich sehen. Der Pick-up dort ist für mich. Ich werde ihn besteigen und um den Platz fahren.«

»Das ist vollkommen unverantwortlich!«

»Hör auf! Und komm mit, die Leibwächter werden ebenfalls einsteigen.«

Man schiebt ihn zu dem Pick-up, meine Mutter klettert hinter ihn auf die Plattform, dann folgen die Leibwächter. Von den Balkonen wirft man ihnen Blumen zu. Galán ist entzückt. Meine Mutter begreift die Gefahr. Sie sind in völlig exponierter Position, die perfekte Zielscheibe für jeden beliebigen »Sicario«. Galán löst sich von der Gruppe und klettert auf eine Holzkiste. Er begrüßt die Menge mit ausgebreiteten Armen. Mama ist außer sich, und sofort ergreift einer der Leibwächter ihre Hand.

»Machen Sie sich keine Sorgen, fassen Sie hier mal an.«

Und Mama stellt fest, dass Galán eine kugelsichere Weste trägt. Das beruhigt sie ein wenig.

Galán dreht sich um:

»Keine Sorge, alles läuft gut.«

Er wirkt glücklich und siegesgewiss. Das Auto bewegt sich langsam in die Menge hinein. Er winkt, und die Leute geraten in helle Begeisterung. Die Stimmung steigt um mehrere Grad. Galán wird geliebt, er hat Charisma. Mama, nach und nach von dem ungeheuerlichen Enthusiasmus um sie her ergriffen, hört auf zu zittern.

Es ist vorbei, diese hochriskante Zurschaustellung war ein Erfolg. Mit neuem Auftrieb springt Galán von der Plattform. Er muss jetzt die Tribüne besteigen, um sich vor das Mikrofon zu stellen. Meine Mutter folgt ihm. Sie soll mit einer Hand voll anderer Volksvertreter hinter ihm stehen.

Während er die behelfsmäßige Treppe betritt und sich mit dem Kopf und dem Oberkörper an seinen Leibwächtern vorbeischiebt, stolpert Mama und fällt. In diesem Moment kracht etwas, das sie eine Hundertstelsekunde lang für ein Feuerwerk hält. Aber als sie sich aufzurichten versucht, wird sie gewaltsam zu Boden gedrückt. Eine Stimme schreit: »Man schießt auf uns!«

Sie hebt den Blick und sieht, wie Galán zusammenbricht. Sein persönlicher Leibwächter, der bereits von mehreren Kugeln getroffen ist, umklammert sinnloserweise den unteren Teil seines Körpers.

Man trägt Galán fort. Umgeben von der Eskorte flüchtet sich meine Mutter hinter die Mauern des benachbarten Rathauses. Das Radio meldet alsbald das Attentat und stellt sofort klar, dass Galán nicht tot sei, jedoch eine Bluttransfusion benötige, Blutgruppe 0. Das ist Mamas Blutgruppe. Ein Krankenwagen, der noch da steht, nimmt sie mit. Sie vermuten, dass Galán zum nächstgelegenen Krankenhaus von Soacha gefahren worden ist, finden ihn dort aber nicht. Sie erkundigen sich und kommen schließlich mit heulenden Sirenen im richtigen Hospital an.

Dort herrscht völlige Panik, kreuz und quer sind Autos geparkt. Galán ist eben erst dort angelangt, er liegt noch auf einer Trage, und Mama hört, wie eine Krankenschwester aufgeregt schreit:

»Was ist passiert? Wer ist dieser Mann?«

»Das ist Galán! Luis Carlos Galán. Machen Sie schnell, ich bitte Sie, er stirbt sonst.«

Leute rennen hin und her, die Bluttransfusion wird durchgeführt. Mama ist die Einzige seiner Freunde und Verwandten an seinem Bett, seine Familie hat es noch nicht bis zu ihm geschafft. Er stirbt wenige Augenblicke später, ohne noch einmal das Bewusstsein erlangt zu haben. Alles ist aus.

Meine Mutter ist eben erst aus dem Krankenhaus wiedergekehrt, als ich sie aus Frankreich anrufe. Galáns Tod ist für sie der Tod Kolumbiens. Sie ist völlig von Kummer erfüllt und zutiefst verzweifelt. Er war der Letzte, der dem mafiotischen Krebsgeschwür, das den ganzen Staatsapparat überwuchert, einen Riegel hätte vorschieben können. Wir reden mehr als zwei Stunden, und ich höre mich gegen meinen Willen mehrfach sagen, wie ein nicht zu unterdrückendes

Schuldbekenntnis: »Ich hätte da sein sollen, Mama. Ich hätte da sein sollen.«

Vier Monate später ist meine Entscheidung gefallen. Ich trenne mich von Fabrice, packe meine Koffer und fliege allein nach Bogotá. Ich weiß genau, welches Leid mich dort erwartet: die Trennung von meinen Kindern, der Schmerz, es nicht geschafft zu haben, meine Familie zu retten, wie Mama, die, Ironie des Schicksals, fünfzehn Jahre zuvor die ihre zerbrochen hat, aber ich weiß, dass dies der Preis ist, den ich zahlen muss, um endlich wieder unter den Meinen einen Platz zu haben.

4

Als ich im Januar 1990 in Bogotá ankomme, hat meine Mutter soeben beschlossen, sich um ein Senatsmandat zu bemühen. Sie ist niedergeschlagen und zutiefst entmutigt, aber sie tut es in treuem Gedenken an Luis Carlos Galán. Ihr Engagement stellt für mich, die ich gerade abrupt mit meinem vorherigen Leben gebrochen habe, trotz des Schrecken erregenden Umfeldes von Kolumbien eine Verheißung für die Zukunft dar: Es ist eine bescheidene, aber lebendige Fackel, die es von mir zu übernehmen gilt, wenn ich die Kraft dazu habe.

Ich bin neunundzwanzig Jahre alt, habe weder eine Anstellung noch Geld und quartiere mich daher bei ihr ein. Zu dem Zeitpunkt ist meine Mutter das einzige Band, das mich mit meinem Land verbindet. Ich bin vor mehr als zehn Jahren von dort weggegangen, habe alle meine Freunde aus dem Französischen Gymnasium aus den Augen verloren und kenne persönlich keinen der momentanen Politstars. Seltsamerweise stachelt mich dieser Mangel an, ich habe alles zu tun, alles zu lernen, und das Bedürfnis ist da, verstärkt durch ein Jahrzehnt des Wartens und der Unzufriedenheit. Ich fühle mich stark, habe Vertrauen in mich. Natürlich fehlen mir Mélanie und Lorenzo, natürlich sind manche Abende schrecklich, aber sehr bald schon schickt mir Fabrice die Kinder für ein paar Monate nach Bogotá.

Fabrice und ich machen dieselben schmerzhaften Konflikte durch, die die meisten Paare bei ihrer Trennung erleben, aber er legt eine sehr noble Großzügigkeit an den Tag und lässt sich weniger als ein Jahr nach mir im Interesse der Kinder in Bogotá nieder, er, der so sehr gekämpft hat, dieser Stadt und diesem Land zu entgehen, so sehr, dass er mich verloren hat.

Welches Glück, endlich da zu sein! Mama erzählt. Mir muss sie nichts vormachen, sie kann sich mir anvertrauen, hat nichts zu verbergen, und ich kann aus der Lage, die sie mir beschreibt, abschätzen, wie schlimm es um Kolumbien steht. Diese politischen Führer, deren Gesichter ich jeden Morgen in den Zeitungen sehe, scheinen mir Menschen ohne Format zu sein, ohne Ideale, nur vom Geld und der Macht angetrieben. Wir nähern uns wichtigen Wahlentscheidungen: Nach der Neueinsetzung des Parlaments im März finden noch im selben Frühjahr die Präsidentschaftswahlen statt. Nach Galáns Tod haben sich die Blicke auf möglichen Ersatz konzentriert. Samper wird erwähnt, Ernesto Samper, dieser sarkastische und derbe Mensch, der uns vier Jahre zuvor auf unserer Reise an die Atlantikküste derartig zum Lachen gebracht hat. Die liberale Partei zieht ihm schließlich César Gaviria vor, der besser in der Lage ist, von dem politischen Erbe Galáns zu profitieren, da er sein Wahlkampfleiter war ...

Mama befindet sich in einem furchtbaren Dilemma: Sie hat keinerlei Vertrauen zu Gaviria, schätzt ihn als bemerkenswert intelligent ein, hat ihn aber im Verdacht, zu flexibel mit seinen Prinzipien umzugehen, und dennoch hat sie keine andere Wahl als ihn zu unterstützen. Er ist der Kandidat ihrer Partei, die Familie Galán hat ihm offiziell den Ritterschlag erteilt, und schließlich gibt es keinen anderen, der aus der Menge der Bewerber als Heilsbringer hervortritt. »Wie so oft in Kolumbien«, wird sie sagen, »sind wir gezwungen, uns mit dem geringsten Übel abzufinden.«

Schnell stürzt sich meine Mutter mit Feuereifer in diese zwei aufeinander folgenden Wahlkampagnen: die Eroberung ihres Senatorensitzes und den Präsidentschaftswahlkampf für Gaviria. Und ich entwickle mich von der Begleiterin und Vertrauten nach und nach zur Ratgeberin. Alles, was ich in meinem Politikstudium gelernt habe, alles, was meine Leidenschaft für die Führung eines Staatswesens geschürt hatte, kommt mir blitzschnell wieder in den Sinn. Wir entwerfen zusammen ihre Plakate, denken gemeinsam über ihre Reden nach, über die Themen, die sie entwickeln, die Worte, die sie verwenden muss, um zu überzeugen. In Kolumbien genießen Senatoren eine größere Autorität als Abgeordnete, vor allem, weil man viel mehr Stimmen für den Senat als für einen Sitz im Abgeordnetenhaus benötigt. Es ist eine schwierige Wahl, die Mama am Ende gewinnt, wie üblich dank der Stimmen der am meisten Benachteiligten.

César Gaviria gewinnt ebenfalls zwei Monate später. Aber noch vor seiner Wahl zeigt er sein wahres Gesicht und übt Verrat an Galán, wie Mama befürchtet hat, indem er sich von der Verpflichtung lossagt, die er gegenüber dem kolumbianischen Volk übernommen hat, nämlich den Vertrag zur Auslieferung der »Narcos« zu unterzeichnen. Obgleich Mama völlig desillusioniert ist, findet sie die Kraft, in den Parteigremien dagegen zu wettern. Doch schafft sie sich dadurch nur Feinde und steht bald allein auf der ethischen Linie Galáns.

Ich selbst bin nach den Wahlen ohne Arbeit. Aber diese Wochen der Versammlungen, des Reisens, des ständigen Kommens und Gehens, haben es mir ermöglicht, alte Verbindungen zu erneuern. Ich habe auf diese Weise einen alten Schulfreund wieder getroffen, Mauricio Vargas. Unverändert brillant - er war Klassenbester - ist Mauricio trotz seines jugendlichen Alters schon Direktor einer der größten kolumbianischen Wochenzeitschriften namens *Semana*, die Woche. Kaum hat Gaviria seine Regierung gebildet, ruft mich Mauricio an, um mir mitzuteilen, dass er mich dem neuen Finanzminister empfohlen habe und dieser mich empfangen wird. Bereits zu diesem Zeitpunkt ist meine Entscheidung gefallen: Ich will keine Geschäfte machen, viel Geld zu verdienen interessiert mich nicht, sondern ich möchte an der Lenkung der Geschicke des Staates mitwirken. Ich habe noch immer die Worte im Ohr, die mein Vater auf dem Ozeandampfer, der uns aus Frankreich zurückbrachte, gesagt hat: »Ingrid, all die Möglichkeiten, von denen du als Kind profitiert hast, führen heute dazu, dass du Kolumbien gegenüber eine Verpflichtung hast. Vergiss das nicht.«

Der Finanzminister heißt Rudolf Hommes. Er stammt nicht – und das ist meine Chance – aus dieser inkompetenten und korrupten kolumbianischen Oligarchie. Er ist ein bekannter und von Finanzkreisen respektierter Universitätsprofessor. Ein Fachmann. Seine Reputation ähnelt der meines Vaters, als dieser Minister war: Hommes gilt als kompetent und rigoros. Wie es der Zufall will, befindet sich das Finanzministerium mittlerweile in dem Gebäude, das einst das Bildungsministerium beherbergte, sodass mich Rudolf Hommes im früheren Büro von Papa empfängt ...

Wir sind uns auf den ersten Blick sympathisch. Er ist ein kleiner, runder Mann, mit lebhaften blauen Augen. Er lässt mich von meinem Studium in Europa erzählen. Er sieht es als gutes Vorzeichen an und findet es sogar romantisch. Ich stelle sehr schnell fest, dass er eine Mannschaft hervorragender Fachleute um sich geschart hat, die alle in den Vereinigten Staaten ausgebildet worden sind. Ich wäre die Einzige, die aus einer französischen Universität hervorgegangen ist.

»Gut, aber Addition und Subtraktion haben Sie nicht vergessen?«, wirft er mir am Schluss entgegen.

»Ich denke, damit komme ich schon klar.«

»Wunderbar, ich stelle Sie ein. Sie fangen morgen an.«

»Womit genau?«

»Das werden Sie schon sehen.«

Am nächsten Tag lerne ich mein Büro kennen. Es ist klein, aber unmittelbar neben dem des Ministers gelegen. Ich zähle zu seinen Fachberatern und habe eine Sekretärin, die äußerst wertvoll für mich ist, da sie mit dem Räderwerk des kolumbianischen Staates bestens vertraut ist. Kaum bin ich da, ruft mich der Minister:

»Kontaktieren sie das DNP bezüglich dieser Akten und erstatten Sie mir Bericht.«

Das DNP? Ich weiß nicht einmal, was das ist. Meine Sekretärin lacht laut los.

»Das Departamento Nacional de Planeación, die nationale Planungsabteilung, Ingrid. Ich rufe für Sie dort an.«

Ich habe die Nase ganz schön hoch getragen ... In diesem Moment wird mir auf eklatante Weise klar, welch großes Handicap diese zehn Jahre Abwesenheit für mich sind: Nicht nur, dass ich keinerlei Beziehungen habe, ich verfüge auch über keinen der Codes, keinen der Reflexe, die dem bescheidensten kolumbianischen Studenten selbstverständlich sind. Ich bin eine Fremde in meinem eigenen Land.

In den Folgetagen trägt die unablässige Zahl von Besuchern, die um den Minister herumtanzen, noch zusätzlich dazu bei, dass ich in mir zusammensinke. Diese allseits bekannten Leute machen einen Schlenker über mein Büro, um mir guten Tag zu sagen.

»Du bist offenbar die Tochter von Yolanda! Sei so lieb und sag ihr, dass ich an sie denke und sie ganz fest umarme ...«

Oder:

»Mein Gott, du bist die Tochter von Gabriel! Ich empfinde unendliche Hochachtung für deinen Vater. Ich bedauere es so, dass man ihn nicht mehr sieht. Sag ihm das ...«

All diese freundlichen und liebenswerten Menschen sind offenbar davon überzeugt, dass ich sie bestens kenne, dabei habe ich nicht die geringste Vorstellung, wie sie heißen und welche hohen Funktionen es sind, die sie sicherlich einnehmen. Ich habe das furchtbare Gefühl, an einem langen Gedächtnisschwund zu leiden, und gelegentlich macht mich mein leerer Kopf ganz schwindelig. Wenn sie wüssten, sage ich mir, wie verloren ich bin, wie wenig ich über all die Bande weiß, durch die sie gemeinschaftlich mit Kolumbien verwoben sind, würden sie sich verlegen oder entsetzt von mir abwenden, wie man sich von einem ungebetenen Gast auf einer Familienfeier abwendet.

Aber das Arbeiten macht mir Spaß, und in diesem Wirkungskreis zählen Reflexion und Methode mehr als der gewandte Umgang mit Menschen. Insbesondere bin ich davon überzeugt, dass die einzige Art voranzukommen darin besteht, für jedes Problem eine Lösung vorzuschlagen. Dass man niemals Akten vergraben darf oder ihre Bearbeitung unter dem Vorwand, sie würfen unlösbare Schwierigkeiten auf, hinauszögern, sondern dass man sich in sie vertiefen und, falls nötig, Himmel und Erde in Bewegung setzen muss, um die Antwort auf das Rätsel zu finden, den Knoten zu lösen. Das ist es, was ich starrköpfig in meiner Ecke verfolge, und mein Minister ist empfänglich für dieses Bemühen, Dinge zu erarbeiten und zu entwerfen, ungeachtet der Schwerfälligkeit der Administration.

So entsteht zwischen Rudolf Hommes und mir eine ziemlich freundschaftliche Beziehung, die aus Wertschätzung besteht, aber auch Misstrauen beinhaltet, hält er mich doch für zu unabhängig und folglich imstande, mich in eine Richtung zu bewegen, die nicht unbedingt seine Unterstützung hat. Will er mich vielleicht auf die Probe stellen, als er mir schließlich ein Dossier anvertraut, mit dem sich sonst niemand befassen will?

»Ingrid, ich habe mich gerade vor dem Parlament verpflichtet, einen Entwicklungsplan für die Pazifikküste vorzulegen«, sagt er eines Morgens zu mir. »Das ist eine komplizierte Angelegenheit, bei der wir es mit einer Fülle widersprüchlicher Interessen zu tun haben. Nehmen Sie sich sechs Monate, lassen Sie sich eine Strategie einfallen und machen Sie mir Vorschläge mit genauen Zahlen.«

Die Pazifikküste zieht sich vom Golf von Panama bis Tumaco unmittelbar an der Grenze zu Ecuador. Ich war noch nie dort, mein Minister übrigens auch nicht, und um die Wahrheit zu sagen, es kennen nur wenige Menschen diese Gegend, und zwar weil es nahezu keine Straße gibt, die dorthin führt. Wenn die Region große Begehrlichkeiten erweckt, so deshalb, weil sie von der künftigen Entwicklung eines maritimen Austausches mit der Westküste der Vereinigten Staaten, Japan und China sowie mit unseren lateinamerikanischen Nachbarn Chile, Peru und Ecuador profitieren könnte. Unsere Pazifikküste jedoch ist in ihrem derzeitigen Zustand ein tropischer Regenwald von unschätzbarem ökologischen Wert, die Lunge Kolumbiens. Darf man im Namen wirtschaftlicher Interessen diesen Wald teilweise zerstören? Muss man im Namen des Umweltschutzes dem Druck unserer Unternehmer und unserer habsüchtigen Politiker widerstehen?

Ich finde schnell heraus, dass in der nationalen Planungsabteilung, dem berühmten DNP, bereits zwei junge Fachleute über einem eventuellen Entwicklungsprogramm brüten. Wir beschließen, uns zusammenzutun. Bald ist diese Information in Umlauf, und der Druck auf unser kleines Team wächst. Ein Herr Soundso, der ein riesiges Exportprojekt für Krabben geplant hat, macht uns den Vorschlag, mit ihm vor Ort zu gehen; ein anderer stellt sich uns als Führer zur Verfügung; auch er möchte gern ein Vermögen machen, und zwar mit dem Handel von Ananas oder Bananen ... Die gewählten Vertreter von Cali und Medellin, den beiden großen Städten, die von riesigen Absatzmärkten jenseits des Pazifiks träumen, streiten sich um unsere Aufmerksamkeit. Kein Tag vergeht, ohne dass wir eine neue Einladung erhalten.

Wir sehen die Gefahr auf uns zukommen und machen uns alle drei eines schönen Morgens, um diesen allzu beflissenen Leuten zu entgehen, mit einem Rucksack als Gepäck nach Buenaventura auf. Als Führer haben wir uns für einen alten

Patriarchen aus der Gegend dort entschieden, der keine anderen Ambitionen hat, als vor seinem Tod noch seiner Gemeinde zu dienen. Die Piste Cali-Buenaventura ist unzugänglich (dabei ist sie der einzige Zugang zum Pazifik), und wir müssen ein kleines Flugzeug mieten.

Unser Führer ist am vereinbarten Ort. Wie gedenkt er uns während unserer zehntägigen Expedition zu transportieren? An Bord eines Kahns mit flachem Boden, wie man sie im Bois de Boulogne mieten kann, aber mit einem Außenmotor ausgerüstet. Das Wetter spielt jedoch nicht mit, wie so oft am Pazifik: Das Meer ist schwarz und unruhig, der Himmel bleiern ... Wir gehen an Bord, das Schiff hat ein Leck, und es gibt keine Schwimmwesten. In diesem Moment hätte ich auf unsere Überlebenschance nicht mein Hemd verwettet. Wenig später verlassen wir jedoch die hohe See, um durch ein verzweigtes Flussnetz unter die Mangrovenbäume vorzudringen. Einmal in diesem immergrünen Laubwald, verlassen wir ihn nicht mehr. Hier ist das Wasser niedrig und wimmelt von einem intensiven und geheimen Leben, von dem wir nur ein verschwommenes Echo mitbekommen: Krebse, Langustinen, Fische und Tiere des tropischen Regenwalds kommen dort zusammen. Unser schwacher Motor scheucht Vogelscharen auf, und man muss ihn abstellen, um ein kontinuierliches Rauschen in dieser feucht-warmen und üppigen Vegetation zu vernehmen. Gut, aber wo sind die Menschen? Wie schaffen sie es, in diesen lauwarmen Sümpfen, so weit entfernt von allem, zu überleben?

Nach dreistündiger Fahrt zeichnen sich ein paar Hütten vor einem Hintergrund aus Blättern und Lianen ab. Sie machen einen armseligen Eindruck und scheinen unbewohnt. Aber dann biegt unser Kahn in Richtung auf eine schwarze, morastige Landzunge ab. Ungefähr fünfzehn Kinder tauchen auf. Sie werfen einen Baumstamm auf den Streifen Land, und wir legen an. Zwei Männer beobachten die Szene aus der Ferne.

Sie sind sehr groß und schwarz und nur mit Shorts bekleidet. Als wir uns, von der Begeisterung der Kinder ermutigt, gerade auf den Weg zu ihnen machen, öffnet sich die Tür einer Hütte, und eine Frau erscheint, die an diesem Ort absolut irreal wirkt: Sie ist bewundernswert schön, braunhaarig, mit grünen Augen und trägt ein eng anliegendes makelloses T-Shirt, Hosen und Stöckelschuhe.

»Unsere Lehrerin«, sagen die Kinder.

Offenkundig hat man uns erwartet. Die junge Frau lächelt und bittet uns herein. Behelfsmäßige Pulte, Landkarten. Sieh mal an, der Irak und der Iran. Wir schreiben das Jahr 1991, es herrscht Krieg dort unten ... Und diese Lehrerin im tiefsten Regenwald? ... »Ja«, sagt sie, »egal, wie die Bedingungen, die Entfernungen sind, die Kinder müssen die Welt kennen lernen.« Wir unterhalten uns, und ich finde heraus, wie diese Frau hierher gekommen ist. Sie stammt aus Cali, wo sie vorübergehend Mann und Kinder gelassen hat. Um einen Posten als Lehrerin in Cali selbst zu bekommen, gibt es zwei Methoden: Man überweist einen Teil des Lohns an den Lokalpolitiker, der für einen die Versetzung erreicht hat, oder man schläft mit ihm. Da sie beides verweigerte, hat man sie für ein Jahr in dieses sumpfige Gefängnis verbannt. Anstatt sich unterkriegen zu lassen, hat sie versucht, dieses unmögliche Vorhaben erfolgreich durchzuziehen: die Schule zu erhalten und ein Minimum an Bildung in eine Gemeinschaft zu tragen, die seit langem keinen Lehrer mehr gesehen hat.

»Als ich hier ankam«, erzählt sie mir, »tranken die Kinder das Wasser aus dem Fluss, und viele starben an Diarrhöe. Ich habe die Familien davon überzeugen können, ständig einen Wasserkessel über dem Feuer zu haben ...« Sie geht mit gutem Beispiel voran, hält ihr eigenes Feuer in Gang. Dann hat sie Regeln einführen müssen: dass man Sanitärgruben aushebt, sich gegen Mücken schützt, dass man Respekt vor der Intimsphäre anderer bewahrt, denn anfangs strömten Kinder wie Erwachsene zu dem Schauspiel der sich im Fluss waschenden Lehrerin ... Der kolumbianische Staat hat für dieses Dorf nichts anderes getan, als ihm diese Lehrerin zu schicken, und sie, die diesen Staat eigentlich hassen müsste, macht die Arbeit für ihn ... Eines Tages, das weiß ich, wird Kolumbien wieder erstarken, speziell auf Grund der stummen Bemühungen solcher integren und starken Männer und Frauen, die ich überall in meinem Land getroffen habe. Ihr Blick verfolgt mich unablässig, wie ein Schwur, den man einzulösen hat. Ich werde niemals vergessen, dass sie mich beobachten und dass sie etwas von mir erwarten.

Wir legen in López de Micay an, einem Dorf, dessen Kirchturm Dächer und Mangrovenbäume überragt. Ah, hier hat der Staat wenigstens eine Ambulanz errichtet. Es ist die erste Errungenschaft, die wir besichtigen. Zwei junge Mediziner, die kurz vor dem Examen stehen, sind hier eingesetzt worden, aber sie haben nichts, womit sie arbeiten können, keine Instrumente, keine Medikamente, nicht einmal ein Päckchen Verbandswatte ...

»Wollen Sie sehen?«, fragt der eine mit leichter Verachtung für uns Bürokraten in der Stimme.

»Ja, bitte.«

Er schwenkt eine Aluminiumschachtel und öffnet sie: Darin liegt eine Spritze mit verrosteter Nadel.

»Hier, das ist alles.«

Ein lehrreicher, dramatischer Zufall will es, dass eine Familie in das Zimmer gerannt kommt, in dem wir uns unterhalten. Die Frau steht unmittelbar vor der Niederkunft, die jedoch nur durch einen Kaiserschnitt möglich ist. Nun verfügt die Ambulanz nicht einmal über einen Kahn, um sie bis Buenaventura zu transportieren. Wir leihen ihnen unseren, das ist alles, was wir für diese Leute tun können, in der Hoffnung, dass in Buenaventura ein Arzt die notwendige Ausrüstung besitzt, um diese Frau und ihr Kind zu retten. Was ist das für eine angebliche Demokratie, die die Ihren auf diese Weise sterben lässt?

Die Ambulanz selbst ist noch gar nicht fertig gestellt. Warum? Weil der lokale Volksvertreter, der von der Regierung mit dem entsprechenden Budget ausgestattet worden ist, die Hälfte für seine Getreuen und sich einbehalten hat. Er wird sich damit brüsten können, eine Ambulanz eingerichtet zu haben, obwohl diese zu nichts zu gebrauchen ist. Die gleiche grausame Ironie ist bezüglich einer Zahnarztpraxis festzustellen, deren Stuhl mitsamt elektrischem Bohrer zwar geliefert wurde, nicht jedoch der Strom, mangels Geld für die Anschlussarbeiten.

Die Bevölkerung leidet doppelt: Nicht nur, dass die Regierung ihr nicht zu Hilfe kommt, sie hat auch das Gefühl, dass diese sie an der Nase herumführt, ihre Leichtgläubigkeit ausnutzt und Geld vergeudet, das für sie, die sie nichts besitzt, so wertvoll wäre ...

Wenig später kommen wir in einem Weiler namens El Charco an, in dem die absolute Katastrophe herrscht: Die meisten Häuser haben Feuer gefangen, und die Menschen rennen quer durch den beißenden Qualm in alle Richtungen. Schließlich kommen Wassereimer zum Einsatz. Der Marktflecken ist ziemlich wichtig, besitzt er doch einen richtigen Anlegeponton und eine ordentlich planierte Straße. In der Panik schenkt man uns keinerlei Aufmerksamkeit, und als wieder Ruhe eingekehrt ist, sehen wir Kinder vor einem der wenigen noch stehenden Gebäude Schlange stehen: dem Lebensmittelgeschäft. Der Händler verteilt Gratisnahrung, wie es früher der Staat gemacht hat. Später bereiten die Familien ihre Mahlzeit vor. Sie haben das Dach über ihrem Kopf verloren, scheinen jedoch überhaupt nicht verzweifelt: Man isst, führt heitere Gespräche, und die Kinder lachen. Wir schämen uns fast, ihnen mit leeren Händen gegenüberzutreten, obwohl wir doch aus einem Ministerium kommen. Aber sie sind freundlich und herzlich und sagen, dass sie all diese niedergebrannten Häuser wieder aufbauen werden. Ganz offensichtlich erwarten sie nichts von uns, und als wir ihnen schließlich zu verstehen geben, dass der kolumbianische Staat ihnen ein Minimum an Unterstützung schuldig sei, ist das Einzige, um das sie uns bitten, ein kleiner Motorkahn, um schnell zum Krankenhaus von Buenaventura zu gelangen. Kinder, Schwangere und alte Menschen sterben mangels eines solchen Wasserfahrzeugs ...

Schließlich kommen wir in Tumaco an, unserer letzten Etappe. Und diesmal ist Geld da, greifbar, obszön: Auf Straßen, die nicht einmal asphaltiert sind, stehen Häuser, protzig wie Paläste aus Tausendundeiner Nacht, unglaublich luxuriöse Autos und Privatjachten ... In Tumaco gibt es nämlich große Import-Export-Firmen, und es wird wie wild Schmuggel betrieben, speziell von den gewählten Volksvertretern dieser Gegend. Neben diesem ostentativ zur Schau gestellten Reichtum befindet sich, auf Pfosten über dem Wasser errichtet, ein Elendsviertel. Hier wohnen die Arbeiter und ihre Familien, die in den für ihre Besitzer so profitablen Firmen arbeiten. Dreitausend Menschen in von der Feuchtigkeit angefressene Baracken gepfercht, über einem Haufen Müll, über den unablässig die Wellen hinwegrollen.

Man verspricht ihnen immer wieder, sie in neuen Unterkünften unterzubringen, aber nichts passiert. Der Senator und der Abgeordnete, die Mitglieder desselben Clans sind und für alles, was in Tumaco passiert, eine Provision erhalten, sehen keine Dringlichkeit darin, die Menschen wieder auf festem Boden anzusiedeln. Wir lernen den Pfarrer kennen, der als Einziger für diese verlassene und gedemütigte Gesellschaft kämpft, und bekommen das Ausmaß der kriminellen Sorglosigkeit mit, die die Volksvertreter von Tumaco an den Tag legen: Die Flutwellen sind hier von solcher Macht, dass die klapprigen Häuser ihnen nicht lange standhalten. Alle zehn Jahre wiederholt sich der Schrecken: Diese auf Pfosten errichteten Bauten gehen unter und reißen Männer, Frauen und Kinder mit sich.

Die Überlebenden und neu Hinzugekommenen bauen, getrieben vom Elend und vielleicht auch, weil sie die Brutalität der Natur der Brutalität der Menschen vorziehen, an derselben Stelle die Hütten wieder auf.

Es muss etwas getan werden. Wir werden darüber schreiben, die Regierung alarmieren, an verschiedene Türen anklopfen. Vergeblich. Niemand wird auch nur einen Finger rühren. Jahre nach dieser Reise, als ich bereits ins Parlament gewählt bin, reißt eine Flutwelle das ganze Viertel von Tumaco mit, und es finden mehr als zweitausend Menschen den Tod. An diesem Tag denke ich tränenerstickt, dass der vordringlichste und gerechteste Kampf der ist, dafür zu sorgen, dass Kolumbien Führer bekommt, die diesen Namen verdienen.

Im Bewusstsein der Machenschaften der Volksvertreter und der systematischen Veruntreuung der Gelder sowie in dem Bemühen, die lokale Identität zu erhalten, entwickeln wir einen in erster Linie ökologischen Plan und verfolgen das Ziel, die sie betreffenden Entscheidungen wieder in die Hand der lokalen Bevölkerung zurückzuverlegen. Viel mehr als für die pharaonischen Arbeiten, die Politiker und Geschäftemacher fordern, plädieren wir für Ausbauarbeiten durch die Gemeinde mit Material aus der Gegend, speziell Wasserzuleitungen und die Installierung einer Kanalisation. Wir dringen auf die Entwicklung des Schulwesens und des Gesundheitssystems. Bald fahre ich, die ich allein dieses Programm zu tragen habe, immer häufiger zwischen Bogotá und Cali hin und her. Mein Minister unterstützt mich, und wenn ich auch bestimmte, mit den regionalen Vertretern zu sehr verquickte Funktionäre nicht überzeuge, so gewinne ich doch die Zustimmung eines guten Teils der Presse und vor allem der Bevölkerung.

Eines schönen Tages lädt mich der Gouverneur des Bezirks von Cali zur Einweihung eines Arbeiterwohnviertels ein. Dort treffe ich auf den Entwicklungsminister, der niemand anderes ist als ... Ernesto Samper.

»Oh, Ingrid! Welch hübsche Überraschung! Wie geht es dir? Du siehst großartig aus, ähnelst immer mehr deiner Mutter ...«

Ganz der alte Samper, einschmeichelnd und unbeschwert.

»Und was machst du hier?«

Ich erkläre ihm, dass ich einen Entwicklungsplan für die Pazifikküste erstellt habe, und stelle fest, dass er plötzlich sehr aufmerksam ist für das, was ich erzähle. Ziemlich erstaunlich für ihn, der gewöhnlich nur scherzt und herumscharwenzelt.

»Willst du mir nicht mal eine Kopie zuschicken?«, unterbricht er mich.

»Hör mal zu! Du hast seit fast zwei Monaten eine auf dem Tisch liegen! ... Du kannst dir doch denken, dass du als Entwicklungsminister einer der ersten Adressaten warst ...!«

»Oh, ganz wunderbar, ich werde das nach meiner Rückkehr lesen. Aber erzähl weiter. Du warst bei den Sozialwohnungen ...«

Ich erläutere ihm die einzelnen Vorschläge sowie das vorgesehene Budget. Dann gehen wir auseinander. Er muss am Nachmittag eine Rede halten, und ich habe eine Reihe von Versammlungen.

Wie groß ist jedoch meine Überraschung, als ich am nächsten Morgen die Zeitung aufschlage! Auf der Titelseite lautet die Hauptschlagzeile: »Minister Samper lanciert Pazifik-Plan: eine Millionen-Investition.« Alles, was ich ihm am Vortag gesagt habe, ist, grob zusammengefasst, dort zu lesen. Mein erster Reflex angesichts dieser unglaublichen Dreistigkeit ist es, in lautes Gelächter auszubrechen. Aus einer viertelstündigen Unterhaltung hat er ohne ein Quäntchen eigener Überlegung oder irgendwelche weiteren Besprechungen diese riesige Ankündigung abgeleitet, die mehrere Zehntausend Personen betrifft. Aber der Zorn siegt über das Lachen. Samper hat einen unerträglichen Zynismus unter Beweis gestellt. Indem er sich mit den

Arbeiten des Finanzministers schmückt, fordert er mit Verachtung eine Regierung heraus, die ihn nur toleriert, um eine Spaltung inmitten der liberalen Partei zu verhindern. Auf Grund eines völligen Mangels an Ideen und Überzeugungen gründet sich seine Strategie der Machterlangung ausschließlich auf Bluff …

Für Rudolf Hommes, meinen Minister, der das Projekt von Anfang an stützt, ist es ein Affront, und direkt nach meiner Rückkehr nach Bogotá bekomme ich den Kopf gewaschen wie nie. Aber das Schlimmste ist nicht diese Abreibung, die wir beide schnell vergessen. Das Schlimmste ist, dass Ernesto Samper durch sein Verhalten den Pazifik-Plan im Keim erstickt hat. Warum? Ganz einfach weil der Staatschef, César Gaviria, der Samper hasst, seit man sie in Konkurrenz um die Präsidentschaft hat treten lassen, in keinem Fall möchte, dass sein Minister und Rivale aus diesem Entwicklungsplan irgendeinen Wahlprofit zieht. Gaviria beeilt sich daher, sämtliche Maßnahmen zu minimieren und schließlich zu begraben, auf die die Bevölkerung vor Ort bereits zu hoffen begonnen hatte.

Was mich angeht, so erbe ich weitere Unterlagen, die niemand anfassen möchte: nämlich die zum Thema Schmuggel. Die Sache ist dringend: Infolge der eingeschmuggelten ausländischen Waren, auf die keine Steuern gezahlt werden und die daher auf dem Binnenmarkt deutlich billiger verkauft werden als die lokalen Produkte, steht die kolumbianische Industrie kurz vor der Pleite. Dies gilt speziell für die kolumbianische Tabakindustrie, der durch die amerikanischen Zigaretten der Boden entzogen wird. Unsere Produktion von Textilien, Schuhen, Alkohol ist ebenfalls in Gefahr. Andererseits lebt ein beträchtlicher Teil der Bevölkerung von diesem unerlaubten Handel, und es wäre unverantwortlich, die Dinge von heute auf morgen ändern zu wollen. Unsere Idee ist es daher, geographische Grenzen so genannter »Freihandelszonen« zu ziehen, innerhalb derer die kolumbianischen Erzeugnisse von der Steuer befreit würden, um auf diese Weise den Anreiz zum Schmuggeln zu beseitigen. Warum sollte man illegal amerikanische Zigaretten importieren, wenn die unseren dasselbe kosten, ja vielleicht sogar billiger sind?

Diese Übergangspolitik würde es der lokalen Bevölkerung erlauben, mit dem Handel fortzufahren, und gleichzeitig die Kriminalität beenden, die mit dem Schmuggel verbunden ist. Damit würde auch das Korruptionsnetz, das dieser benötigt, zerschlagen.

Dieser Plan kann allerdings nur bestehen, wenn es gelingt, die Leute zum Mitmachen zu bewegen. Weshalb wir uns zu dritt - drei »Technokraten« - nach Maicao, der Hauptstadt des Schmuggels an der Atlantikküste, aufgemacht haben, eben dorthin, wohin ich meine Mutter in jenem Sommer 1986 auf diese surreale Reise von Parlamentsabgeordneten begleitet hatte. Diesmal herrscht jedoch keine Volksfeststimmung. Ein kleiner Toyota-Lastwagen wartet bei der Landung unseres Flugzeugs auf uns, der eigentümlicherweise mit Schusslöchern übersät ist.

»Was ist denn mit diesem Lastwagen passiert?«, fragen wir.

»Es ist sehr gefährlich hier«, erwidert düster der Fahrer. »Man muss aufpassen, die Leute sind gewalttätig.«

Für den Fall, dass wir zufällig die Botschaft nicht verstanden haben sollten, wird sie uns bei der Einfahrt nach Maicao noch einmal auf einem riesigen Spruchband wiederholt: »Raus mit den Abgesandten des Ministeriums!« Und um dem Empfang die Krone aufzusetzen, haben sämtliche Händler zu unserer Begrüßung ihre Läden heruntergelassen. Also Operation tote Stadt, und überall Flugblätter: »Raus!«

Für siebzehn Uhr ist eine öffentliche Versammlung vorgesehen, im Handelsclub, einer großen Strohhütte auf fest gestampfter Erde, in die fünfhundert Personen passen. Die Atmosphäre ist geladen, als wir dort auftauchen. Männer mit düsterem Blick drängen sich dort - ich sehe nur eine einzige

Frau, die die Tracht der Wayu trägt, der Indianer dieser Region –, und, was beunruhigender ist, es kreisen Whiskyflaschen. Die Luft ist schwül, unsere Haut ist von Schweiß überzogen.

Leonardo, der einzige Mann in unserem Trio, beginnt in die spöttische Stille hinein das Projekt aus technischer Sicht zu erläutern. Dann heben sich Arme, und die Leute geben ihre Meinung zum Besten. Zu dem Zeitpunkt ist es achtzehn Uhr, und sie nehmen das Mikrofon vier Stunden lang in Beschlag. Der Ton wird zunehmend lauter, stimuliert durch den Alkohol, den Zorn, die Hitze, und schwillt bis zu Hassgezeter und Beschimpfungen an. »Die Regierung stellt uns eine Falle«, »Das alles heißt nur mehr Steuern«, »Die Leute von der Regierung kommen nur, um uns Probleme zu machen …«

Als Leonardo versucht, die Dinge wieder unter Kontrolle zu bekommen, nähern sich uns völlig betrunkene Männer, spucken uns an und drohen uns mit erhobener Faust: »Lügner! Beamtenfuzzis! Ihr wisst gar nichts über dieses Land, haut ab!«

»Ja, hauen wir ab«, flüstert mir meine Kollegin ins Ohr, »die bringen uns noch um.«

Wenn wir die Flucht ergriffen, wäre das meiner Ansicht nach eine Katastrophe für das Bild des Staates, das schon jetzt nicht glänzend ist. Ich beschließe daher, die einzige Saite anzuschlagen, die uns noch bleibt, nämlich die der Galanterie, die im Herzen der Kolumbianer stets gegenwärtig ist. Ich ergreife das Mikrofon und erhebe mich.

»Ich sehe nur Männer hier«, sage ich mit ernster Stimme. »Wir sind nun bereits seit Stunden zusammen, und während all der Zeit habe ich vergeblich darauf gewartet, dass einer von Ihnen wenigstens die Höflichkeit hat, uns auch ein Wort sagen zu lassen. Aber niemand hat so viel Takt bewiesen …«

Stille. Als machten diese Worte sie wieder nüchtern. Sie drängen sich zusammen, murmeln und schweigen daraufhin. Ich brauche nur fortzufahren.

»Wofür treten Sie ein? Für ein Land, in dem man sich gegenseitig umbringen muss, um Handel zu treiben? Man hat uns mit einem von Kugeln durchlöcherten Auto hierher gefahren. In diesem Klima lasst ihr eure Frauen leben, eure Kinder groß werden? Aber welche Vorstellung habt ihr dann von Familie, Glück, dem Leben? Die Reichsten unter euch verbarrikadieren sich hinter Stacheldrahtzäunen, Gittern, Kameras und können nie sicher sein, abends zum Schlafen nach Hause zu kommen. Was nützt es euch, reich zu sein, wenn ihr inmitten des Terrors lebt? Die Wahrheit ist die, dass ihr alle Gefangene der Korruption und des Schmuggels seid. Überlegt mal einen Moment, ob eure Frauen und Kinder nicht lieber neben einem normalen, ehrbaren Händler leben wollen, den der Erfolg nicht zu einer Zielscheibe macht ... Ich werde euch eins sagen: Wir sind nicht gekommen, um euch um jeden Preis irgendetwas zu verkaufen. Diese Freihandelszone ist für uns alle von Vorteil. Aber wir führen sie nicht gegen euch ein. Niemals. Wenn ihr sie wollt, wunderbar. Wenn ihr sie nicht wollt, dann bleibt ihr in diesem rechtsfreien Zustand, der jedes Jahr Dutzenden von euch das Leben kostet. Ich persönlich habe bei all dem nur das Interesse eurer Kinder im Blick.«

Sie sehen einander an, murmeln, verstummen. Ihr Argwohn schwindet. Aber es ist bereits spät, und wir kommen überein, uns am folgenden Tag wieder zu treffen, nicht mit den fünfhundert, sondern mit einer aus diesen gebildeten Delegation. Sechs Monate später werden per Dekret die Handelsfreizonen von Maicao, Urabá und Tumaco ins Leben gerufen.

Ich werde zu dem jungen Minister für Außenhandel, Juan Manuel Santos, gerufen. Sein Ministerium ist geschaffen worden, um sich für die wirtschaftliche Öffnung des Landes einzusetzen, und Santos symbolisiert die Generation der Politiker von morgen: Er hat sein Diplom in Harvard gemacht und ist begeistert von der Globalisierung und über die Spitzenwirtschaft im Bilde. Der Erbe einer vornehmen kolumbianischen Familie hat auf die Leitung von *Tiempo*, der ersten landesweiten Tageszeitung, verzichtet, um dieses Ministerium zu übernehmen. Er ist sich bewusst, dass Kolumbien nicht länger von der Außenwelt abgeschottet leben kann, hinter seine Grenzen verschanzt, dass es sich jedoch, um auf den Handelszug aufzuspringen, beeilen muss, die internationalen Regeln zu akzeptieren, vor allem die eine: Respektierung industriellen Eigentums, das heißt, der Patente. Um diese Gesetzgebung in die Wege zu leiten, lässt Santos mich kommen.

Ich entdecke nun einen der wesentlichen Gründe für den Rückstand Kolumbiens: Da wir uns konstant geweigert haben, irgendwelche Abkommen hinsichtlich der Anerkennung von Patenten zu unterschreiben, kehren uns internationale Industrie, Forschung und Innovation ostentativ den Rücken. Schlimmer noch, wir haben den Ruf von Räubern und Dieben. Wenn ein pharmazeutisches Produkt auf dem Weltmarkt erscheint, dann kopieren wir es, anstatt es legal zu importieren. Ich besichtige heruntergekommene Garagen, in denen man ohne Kontrolle, ohne ein Minimum an Hygiene Medikamente fabriziert, die vorgeblich mit denen der europäischen oder nordamerikanischen Labors identisch sind, von denen man jedoch ahnt, dass sie häufiger die gesundheitlichen Störungen verschlimmern, ja zum Tode führen, statt heilend zu wirken. Wir haben eine Bastler- und Pfuschermentalität. Wir wollen schlauer sein als die anderen und sehen dabei nicht, dass unsere Respektlosigkeit, unsere zum System erhobene Trickserei uns aller Früchte der in der Industrie angewandten Forschung beraubt haben. Das Ergebnis ist, dass unsere Produkte »made in Colombia« gegenüber den anderswo hergestellten veraltet und folglich nicht exportierbar sind.

Unmittelbar danach unternehme ich eine Reise in Länder des Pazifikgebietes – Japan, Hongkong, Korea, Taiwan usw. –, um zu erfahren, wie sie ihren internationalen Handelsverkehr entwickelt haben, und ihnen ein erneuertes Bild von Kolumbien zu präsentieren, einem Kolumbien, das darauf bedacht ist, sich an Spielregeln zu halten und sich dem gemeinsamen Ethos zu unterwerfen. Ich werde in meinen Bemühungen von unseren besten Industriellen unterstützt, speziell den Blumenzüchtern, für die diese neue Gesetzgebung zwingend notwendig ist, um neue Sorten, vor allem aus den USA und Holland zu importieren. Aber auch, um mit ausländischen Märkten konkurrenzfähig zu sein.

Nahezu zwei aufregende Jahre gehen auf diese Weise dahin, als mich eines Tages Juan Manuel Santos darum bittet, ihn in den Ministerrat zu begleiten. Eine meiner befreundeten Kolleginnen, Clara, kommt mit uns. Santos muss dort eine Mitteilung machen, und wir sind da, um ihn diskret zu unterstützen. Ich stelle fest, wie der Rat funktioniert, und bin auf Anhieb verblüfft über die Intelligenz, die Schnelligkeit und die exzellente Kenntnis der Akten, die Präsident Gaviria an den Tag legt. Bei jedem Problem, das es zu lösen gilt, weiß er genau, worum es geht, und lässt ein umfassendes Verständnis für die Mechanismen der Weltwirtschaft sowie eine immense Bildung erkennen, und dennoch, als es um die Entscheidung geht, verlässt er abrupt die Schiene ambitionierter Argumentation, um sich für einen Kompromiss stark zu machen, der mir mittelmäßig vorkommt. Claras Eindruck ist derselbe. Wir haben das Gefühl, dass Gaviria und seine Minister eine klare Vorstellung davon haben, was man tun müsste, dass sie aber einem obskuren Druck ausgesetzt sind, einer geheimen Treuepflicht, die sie jedes Mal zum Rückzug nötigt, um sich dann mit Lösungen zu begnügen, die unvereinbar sind mit der Modernisierung, von der wir träumen.

Clara und ich verlassen den Präsidentenpalast sehr verwirrt, und bevor wir ins Ministerium zurückkehren, gehen wir noch in ein Café, um ein zweites Frühstück einzunehmen. Angesichts der soeben gehörten Debatte wird uns klar, dass das Interesse des Landes konstant an die zweite Stelle gerückt wird, um die Interessen irgendwelcher Leute zu befriedigen, die vermutlich hinter den Kulissen von Gewicht sind.

»Es ist grauenhaft«, sagt Clara zu mir, »weil alles, was wir vorschlagen, stets an denselben Leuten scheitert, für die es von Vorteil ist, wenn sich nichts ändert.«

»Außer, wir entschließen uns, richtig in die Vollen zu gehen …«

»Wie, in die Vollen zu gehen?«

»Wir sind nur Technokraten, Clara. Wir haben das Recht und sogar die Pflicht, Lösungen vorzuschlagen. Aber wir haben nicht die Macht, diese umzusetzen. Wir haben in Wirklichkeit keinerlei Macht. Die wirkliche Macht liegt in den Händen der Politiker.«

Mit dieser Feststellung gehen wir auseinander. Eine Woche später essen wir zusammen und nehmen das Gespräch an der Stelle wieder auf, wo wir es unterbrochen hatten.

»Ich habe nachgedacht, und ich weiß nicht, was es mir bringen soll, mich unter diesen Bedingungen weiter abzuschuften.«

»Willst du in die Privatwirtschaft gehen? Es stimmt, wir würden besser verdienen …«

»Lass gut sein, du weißt genau, dass wir das nicht des Geldes wegen machen! Nein … Was, wenn wir uns da richtig hineinstürzen, Clara?«

»In was hineinstürzen? Was meinst du damit?«

»Na, in die Politik selbstverständlich!«

»Ich habe auch schon daran gedacht, stell dir vor, aber es ist verboten. Man kann nicht als Regierungsbeamter tätig sein und sich um ein Mandat bemühen.«

»Bist du sicher?«

»Praktisch ja.«

»Wir erkundigen uns, in Ordnung?«

An diesem Nachmittag schreiben wir einen langen Brief an den Wahlvorstand. Clara ist Abteilungsleiterin im Ministerium, und ich bin Fachberaterin des Ministers. Haben wir das Recht, in diesen Funktionen beispielsweise bei der Wahl zum Abgeordnetenhaus zu kandidieren?

Wir schreiben August 1993, und die Parlamentswahlen sollen im März des darauf folgenden Jahres stattfinden.

Und wir vergessen diesen Brief.

Einen Monat später schneit die Antwort herein: Wir dürfen kandidieren. Aber es gibt eine Bedingung, die für uns, die wir keinen Pfennig persönliches Vermögen besitzen, nicht unwesentlich ist: Wir müssen vorher den Ministeriumsposten aufgeben.

5

»Versuch dein Glück, Ingrid! Das ist der richtige Moment. Du hast Erfahrungen mit der Regierung und ein Alter, das es dir erlaubt, die Erneuerung zu verkörpern. Ich war immer der Ansicht, dass du dafür geschaffen bist. Und du kannst sicher sein, ich werde dich nicht in den Schatten stellen, ich ziehe mich zurück. Ich habe seit Galáns Tod keine Energie mehr und auch keinen Glauben ... Versuch dein Glück!«

»Gut, in Ordnung, Mama. Aber wie stell ich das bloß an?«

»Was soll ich dir sagen? Schau, bei mir war es ein Sonderfall, ich war schon bekannt, bevor ich in die Politik ging. Ich weiß nicht, wie man es macht. Aber geh mal mit einem schönen Gruß von mir zu José Blackburn, das ist ein Freund von mir, er ist in dieser Materie bestens beschlagen.«

José Blackburn ist ein mächtiger Industrieller aus der Generation meiner Mutter. Er hat in den Reihen der Galanisten gekämpft und sich erst zum Abgeordneten, dann im Namen des Neuen Liberalismus zum Senator wählen lassen. Er hört mir freundlich zu und versucht, da er mein Vater sein könnte, mich zunächst taktvoll auf einen vernünftigeren Plan hin zu orientieren, wahrscheinlich, damit ich am Wahltag nicht so tief falle.

»Abgeordneter zu sein ist hart, Ingrid. Warum gehst du nicht erst einmal in den Stadtrat von Bogotá?«

»Nein, ich will für das Land arbeiten, die Dinge oben ändern, sonst ändert sich nie etwas.«

»Du bist sehr ehrgeizig. Und sehr idealistisch ... Gut, warum nicht, du bist ein junges, neues Gesicht in einem Panorama, das sich nicht häufig erneuert. Außerdem bist du eine Frau, das ist ein Trumpf ... Hör zu, als Erstes gilt es, ein Minimum an Geld aufzutreiben, um deine Kampagne zu finanzieren. Als Zweites musst du dir ein Büro einrichten, in dem du deinen Mitarbeiterstab unterbringst. Und als Drittes musst du Leute mobilisieren, so viel Leute wie möglich. Du nimmst dein Adressbuch, rufst alle an, selbst Leute, denen du erst einmal begegnet bist, und überzeugst sie, dass sie dir helfen sollen. Du brauchst Unterstützer, Ingrid. Allein kommst du zu nichts. Oder du kaufst Stimmen, wie es die anderen machen, aber dafür brauchst du Knete ...«

»Du bist wohl nicht ganz bei Trost! Eben um mit diesen Mafia-Methoden aufzuräumen, kandidiere ich ja. Ich will beweisen, dass man Politik machen kann, ohne die Menschen kaufen zu müssen, ohne sie zu verderben ...«

»Sehr gut! Sehr gut! Du hast schon mal ein Programm.«

Am selben Abend treffe ich mich wieder mit Clara. Wir haben eine gegenseitige moralische Verpflichtung unterschrieben: Wir stürzen uns gemeinsam in die Sache oder gar nicht. Im Moment stehen wir Hand in Hand am Rande des Abgrunds. Das macht herrlich schwindelig, aber noch ist nichts Endgültiges passiert, noch können wir brav wieder in unsere trauten ministeriellen Amtsstuben zurückkehren.

»Geld?«, sagt Clara zu mir. »Weißt du was, wir organisieren eine Arbeitssitzung, wie wir es hier gelernt haben: Wir laden Leute aus der Wirtschaft ein, die uns seit der Geschichte mit den Patenten kennen, und spielen mit offenen Karten. Sie haben sicher Ideen, jedenfalls ist das ein guter Test.«

Wir organisieren also unser erstes Frühstück als potentielle Kandidatinnen und laden zehn Firmenchefs ein, zu denen wir im Ministerium für Außenhandel besonders engen Kontakt hatten, darunter speziell die Blumenzüchter. Ich weiß, dass sie unsere beruflichen Fähigkeiten geschätzt haben, sodass uns schon Respekt und Wertschätzung miteinander verbinden.

»Also«, sage ich zu ihnen, »ich arbeite jetzt seit drei Jahren hinter den Kulissen der Regierung. Ich habe bei allen von mir bearbeiteten Vorgängen Lösungen vorgeschlagen und dabei ausschließlich an das Wohl des Landes gedacht. Meine Vorschläge sind jedoch immer wieder beschnitten und in eine andere Richtung gelenkt, ja schlicht und einfach beiseite gelegt worden wie etwa der Pazifik-Plan, und zwar durch eben die, die wir gewählt haben, damit sie Reformen durchführen: die Politiker. Das Land, das kolumbianische Volk, hat heutzutage das Gefühl, gegenüber diesen korrupten Volksvertretern ohnmächtig zu sein, die es unter dem Vorwand, sein Schicksal in die Hand zu nehmen, konfisziert haben. Ich beabsichtige den Kolumbianern zu zeigen, dass dies nicht unvermeidbar ist, dass man Politik auch anders betreiben, sich auch auf ehrliche Weise wählen lassen kann, wie in Europa mit Hilfe der eigenen Ideen, mit Plakaten, Reden, einem Programm. Ich will damit sagen: ohne jemanden zu kaufen oder sich selbst zum Verkauf anzubieten. Kurzum, ich habe vor, aus dem Ministerium auszuscheiden, um mich für die Parlamentswahlen zu bewerben. Dafür brauche ich Geld. Aber es muss von vornherein klar sein: Ich gebe nichts im Gegenzug für die finanzielle Unterstützung. Ich werde nur am Aufbau einer Demokratie arbeiten, die diesen Namen verdient. Und das wird ein langer Weg sein.«

Großes Schweigen. Ist es nicht illusorisch, ja lächerlich, mit zweiunddreißig Jahren vorzugeben, allein ein System reformieren zu wollen, das jahrzehntelange Wurzeln hat? Werden diese Männer, die größtenteils zwanzig oder dreißig Jahre älter sind als ich, es auf sich nehmen, mir zu helfen, werden sie an mich glauben? Einige haben ein amüsiertes, vielleicht ungläubiges Lächeln auf den Lippen, aber es ist noch niemand gegangen. Im Gegenteil, sie scheinen sich durch Blicke zu verständigen, und die ersten Fragen werden gestellt.

Sie sind äußerst bewegend, da hinter aller Skepsis das fast irrationale Verlangen durchzuhören ist, daran zu glauben, der verrückte Wunsch, dass es funktioniert, dass wir es schaffen, trotz unserer Naivität und unserer extrem schwachen Mittel ... Diese erfahrenen Geschäftsleute, die sich im Wirtschaftskrieg auskennen, wollen uns in Wahrheit mit ihren Fragen vor den Klippen warnen, die es zu umschiffen gilt, vor den Anfängerfehlern. Sie wollen uns mit der Nase auf das Wesentliche stoßen, kurz gesagt auf die Frage, wie wir die Kolumbianer davon überzeugen wollen, uns zu wählen. Wir haben umso weniger Zeit, als wir unbekannt sind. Das ist es vor allem, was ihnen Sorgen macht. Sie gehen grob mit uns um, zwingen uns, unsere Vorstellungen besser zu formulieren, und schon bald nimmt dieses Frühstück die Züge einer mündlichen Zulassungsprüfung an. Aber mittags steht unser Programm, ein durchschlagendes Glaubensbekenntnis gegen die Korruption. Und diese zehn Männer, die dabei Geburtshilfe geleistet haben, stellen uns noch im selben Moment, ohne dass wir eine entsprechende Bitte formuliert hätten und ohne dass sie etwas dafür fordern, einen Scheck aus, mit dem wir unsere Kampagne im Wesentlichen finanzieren können. Es ist ein unglaublicher, ein magischer Moment, und sie verlassen uns ernst, wie sie gekommen sind. Sämtliche Arbeit liegt noch vor uns, aber wir sind nicht mehr allein.

Jetzt muss ich nur noch kündigen. Ich mache dies im November, nachdem ich eine Reihe von Wirtschaftsverhandlungen mit den Vereinigten Staaten geführt habe. Ich denke, mein Minister wird mir Mut machen. Letztlich hat auch er politische Ambitionen – er sieht sich noch vor Ablauf von zehn Jahren als Präsident der Republik – und kann sich also vorstellen, was in meinem Kopf vorgeht. Aber ich erhalte eine kalte Dusche.

»Du bist ja komplett verrückt, Ingrid! Was du erzählst, ergibt keinen Sinn. Wer kennt dich denn? Du bekommst nicht eine Stimme ... Ich bin mir sicher, dass nicht einmal dein Hausmeister weiß, wer du bist und wo du arbeitest. Das ist grotesk. Außerdem brauche ich dich ... Denk noch einmal in Ruhe darüber nach, wir sprechen uns später.«

»Ich habe schon über alles nachgedacht, ich gehe.«

Er schüttelt mit ehrlich betrübter Miene den Kopf.

»Letztlich ist es dein Problem, wenn du an die Front willst ... Ich werde dennoch etwas für dich tun: Am Tag nach der Wahl stelle ich dich wieder im Ministerium ein, dann bist du nicht arbeitslos.«

»Am Tag nach der Wahl werde ich Abgeordnete sein.«

»Natürlich, klar. Wir sprechen uns wieder.«

In Wahrheit bin ich mir gar nicht so sicher, aber ich stelle mir nicht mehr die Frage. Ich habe noch vier Monate, um einen Sieg vorzubereiten, und von diesen vier Monaten muss ich die Ferien am Ende des Jahres abziehen, die in Kolumbien den Sommerferien in Europa entsprechen. Das heißt, wir beginnen mit der Kampagne erst nach dem 15. Januar. Also verfüge ich alles in allem über acht Wochen ...

So, nach dem Geld das Büro. »Ein Büro einrichten«, hatte der Freund meiner Mutter gesagt. Die Sache eilt in der Tat, nach dem Ferienende im Januar müssen wir ein Domizil haben. Clara und ich fahren die Calle Séptima ab, eine der Hauptverkehrsstraßen von Bogotá, auf der Suche nach einer Räumlichkeit, die es wahrscheinlich gar nicht gibt. Schließlich, als wir eines Nachmittags zum hundertsten Mal suchend herumfahren, bleiben wir vor einem dieser luxuriösen Paläste im Louisiana-Stil aus dem letzten Jahrhundert stehen, der die Abrisswelle der Siebzigerjahre überstanden hat. Dieses herrschaftliche Stadthaus mit Säulenfront ist jetzt leer, und der Putz bröckelt. Wir parken.

»Das Haus«, sagt uns ein Arbeiter, »gehört der Notarin, die gleich in der Straße dahinter wohnt.«

Also, auf zu dieser Notarin! Träumen wir? Ja, aber warum nicht? Die Kanzlei ist sehr alt und düster und wimmelt von Menschen.

»Können wir die Notarin sprechen?«

»Wen darf ich melden?«

»Ingrid Betancourt. Wir brauchen nur eine Minute.«

Wenig später lässt man uns eintreten. Pyramiden aus vergilbtem Papier und, schwach beleuchtet im hinteren Teil des Zimmers, das ebenfalls pergamentene Gesicht einer alten Frau, die dort über ihre Unterlagen gebeugt sitzt. Sie lässt mich reden und antwortet trocken:

»Dieses Haus ist nicht zu vermieten, Madame.«

»Verstehe. Man hat uns gesagt, dass Sie Ihre Kanzlei dorthin verlegen möchten. Wir könnten Ihnen beispielsweise einen Teil der Renovierungsarbeiten bezahlen ...«

»Insistieren Sie nicht, es tut mir Leid.«

»Hören Sie, für uns wäre dies ein unverhofftes Glück! Wir ziehen in den Parlamentswahlkampf ... Wollen Sie uns nicht ein wenig dabei helfen? Es handelt sich nur um drei oder vier Monate.«

Wir vernehmen daraufhin ein Lachen.

»Du bist nicht zufällig eine von *den* Betancourts? Dein Vater heißt wie?«

»Gabriel.«

»Aha, das dachte ich mir schon, du bist die Tochter von Gabriel ... Und weißt du was? Auch ich habe Politik gemacht, mit Dolly ...«

»Papas Schwester?«

»Genau. Deiner Tante Dolly. Hier, komm her und sieh dir das an ...«

Und sie zeigt mir ein Foto, auf dem ich Dolly wieder erkenne und daneben sie selbst, damals jung und schlank. Sie tragen alle beide die blaue Uniform der konservativen Partei. Dolly, die schon lange tot ist, die mich als Kind gehätschelt hat und die ich in angenehmer, ferner Erinnerung habe ... Dolly hat sich in den Sechzigerjahren zur Senatorin wählen lassen.

»Was willst du in dieser Galeere tun?«, herrscht sie mich an. »Es ist schwierig, weißt du ... Vor allem für eine Frau.«

Ich erkläre es ihr. Ich sage ihr, dass wir nicht resignieren, dass wir unseren Weg bis zum Ende gehen, gegen die Korruption, gegen die Beherrschung der Institutionen, der Demokratie durch die Mafia, bis zum Ende.

Sie hört zu und lächelt, fast liebevoll.

»Gut, ich tu was für euch, auch für das Land. Im Namen der Solidarität zwischen Frauen. Hier hast du dieses Haus. Los, geh! Über Geld reden wir später.«

Als wir die Kanzlei verlassen, haben wir ein Gefühl, als zerspringe uns gleich das Herz, wir möchten laut aufheulen vor Lachen und Weinen, und wir sagen uns, wenn wir dieses Haus haben, dann wird es unmöglich sein, nicht gewählt zu werden. Unmöglich! Diese wunderbare alte Dame glaubt an uns und macht uns ein solches Geschenk, zehn bedeutende Industrielle haben uns ihr Vertrauen geschenkt und tief in ihren Geldbeutel gegriffen ... Das nennt man Glück, oder nicht? Clara und ich umarmen uns, und verdutzte Autofahrer hupen.

Eine Stunde später erkunden wir fieberhaft unseren neuen Palast. Zwei große Räume im Erdgeschoss, die beide je hundert Menschen für unsere öffentlichen Versammlungen fassen können, gut fünfzehn Büros auf den oberen Etagen ... Wir wollen nur eines für zwei Personen, sonst verlieren wir die Gewohnheit, miteinander zu reden, hier bringen wir unseren zukünftigen Presseattaché, eventuell eine Frau, unter, hier die Buchhaltung, hier die Telefonzentrale ... ja, ja, aber erst einmal sind die Zimmer leer. Wir brauchen Hunderte von Stühlen, Schränke, Lampen, Schreibtische ... Aber wir können uns das unmöglich alles kaufen, unser Budget würde kaum dafür reichen. Schnell, das Telefonbuch. Hier sieh, Möbelfabrikation, das ist gleich um die Ecke, lass uns sofort hingehen ...

Der Mann hat die nüchterne Miene eines alten Zimmermanns, der schon ganz andere Dinge gesehen hat und den unsere Aufregung nicht im geringsten aus dem Konzept bringt.

»Geben Sie mir Ihre Adresse, ich komme morgen vorbei.«

Er hat weder ja noch nein gesagt, uns nicht einmal ein Lächeln geschenkt. Hat er wenigstens verstanden, dass wir kein Geld haben, um Möbel zu kaufen?

Am nächsten Tag schreitet er durch unsere Räume und Etagen.

»Ein Schloss wie dieses für eine Wahlkampagne«, brummelt er, »das wird sehr teuer ...«

Er lächelt, und als wolle er das Märchen fortführen, sagt er:

»Gut, ich vermiete Ihnen Möbel, mit denen Sie das hier möblieren können, für einen, sagen wir ... sehr interessanten Preis. Aber zu einer Bedingung: Sie zahlen die Instandsetzung jedes abgenutzten Möbelstücks.«

Vielleicht weiß mein Hausmeister tatsächlich nichts von mir, vielleicht lassen sich unsere potentiellen Wähler wirklich noch an einer Hand abzählen, aber das ändert nichts daran, dass wir am Vorabend der großen Wahlen mit Sicherheit das schönste Wahlkampfbüro aller Kandidaten haben werden. Einen Monat später stelle ich tatsächlich fest, dass das Büro der liberalen Partei, der der Präsident der Republik angehört, dem unseren nicht das Wasser reichen kann ...

Dann fahren wir erst einmal in die Ferien. Genau wie Europa im August, findet sich Kolumbien im Dezember an den heißen Sandstränden des Atlantiks wieder. Ich fahre mit meinen Kindern nach Cartagena. Ihr Vater lebt mittlerweile seit mehr als zwei Jahren in Bogotá, wir haben den auf die Scheidung folgenden Schmerz überwunden, und Mélanie und Lorenzo haben es gelernt, mal bei Fabrice, mal bei mir zu leben. Wir sehen diesen Ferien ungeduldig entgegen, denn ich hatte im Ministerium für Außenhandel wenig Zeit zum Luftholen.

Eines Morgens, während ich die Strandtasche packe, geistesabwesend vom Radio eingelullt, schnappe ich diese ungewöhnliche Nachricht auf: »Gestern war der letzte Einschreibungstag für die Parlamentskandidaten. Die Listen sind nunmehr geschlossen usw.« Mein Gott, welche Einschreibung? Man musste sich also einschreiben, wenn man kandidieren wollte? Entsetzliche Panik ergreift mich. Nein, das ist unmöglich, wir haben das alles nicht für nichts und wieder nichts getan! ... Himmel und Erde in Bewegung gesetzt, versucht, diese großartigen Leute für uns zu gewinnen, um am Ende aufgeben zu müssen, weil wir kein Formular ausgefüllt haben! Schnell, Clara anrufen! Aber Clara ist ebenfalls im Urlaub, und ich weiß nicht, wo, sie ist nicht erreichbar. Also die Verwaltung in Bogotá. Sie können mir sicher sagen ... Aber es ist unglaublich, warum hat uns niemand Bescheid gesagt, nicht einmal Mama ... Und das Telefon klingelt ins Leere ... Warum nimmt niemand ab in Bogotá? Warum ...

»Vielleicht liegt es daran, dass heute Samstag ist, Mama ...«

»Aber natürlich, Mélanie. Natürlich. Alles ist zu. Ich verliere den Kopf, entschuldige, aber weißt du ...«

Mélanie weiß nichts, nein. Sie ist acht Jahre alt und würde jetzt gerne zum Strand gehen.

Ich verbringe eines der furchtbarsten Wochenenden meines Lebens damit, mir sämtliche möglichen Szenarien auszumalen, mir vorzustellen, dass wir geschlagen sind, bevor wir noch begonnen haben. Das ist erbärmlich. Lächerlich.

Am Montag keimt wieder Hoffnung auf: Auf Grund mehrerer Proteste ist die Einschreibungsfrist um vierzehn Tage verlängert worden.

Die unvergessliche Einschreibung, die noch reich an weiteren Lehren ist. Als Erstes gilt es, sich die Akkreditierung in einer Partei zu verschaffen. In Kolumbien ist man entweder konservativ wie mein Vater oder liberal wie meine Mutter. Ideologisch sind die Unterschiede gering. In der Praxis zählen beide Parteien gleich viele korrupte Mitglieder. Da Mama weiterhin eine Persönlichkeit in der liberalen Partei ist und letztere sich traditionellerweise stärker um soziale Belange kümmert, beschließe ich, mich dort um eine Aufstellung zu bemühen. Ich habe die Vorstellung, dass man mich einer strengen Zulassungsprüfung unterzieht, und bereite mich darauf vor. Mama hat mir versprochen, da zu sein, um mir die Dinge zu erleichtern. Aber nichts läuft so, wie ich es mir vorgestellt habe. Wir geraten in ein unentwirrbares Durcheinander. Überall schubsen sich Leute, reden laut miteinander, lachen, schreien sich an ... Das Büro des Generalsekretärs? Die offene Tür links. Er sitzt da, inmitten des permanenten Trubels. Meine Mutter will ihm erklären, um was es geht, mich vorstellen, woraufhin der grobschlächtige Flegel sagt:

»Sehr gut, sehr gut, hier ist die Akkreditierung.«

Und schon spricht er mit anderen. Kein guten Tag und kein auf Wiedersehen. Mir wird daraufhin klar, dass er diese Investitur jedem ermöglicht, der darum bittet, ohne eine Frage zu stellen, ohne das geringste Glaubensbekenntnis des Kandidaten, der unter der Flagge der Partei ins Rennen geht.

All das erscheint mir ziemlich seltsam, und dennoch bin ich stolz darauf, volles Mitglied dieser Vereinigung zu werden.

Bleibt nur noch, sich offiziell als Kandidat in diese berühmten Listen einzutragen. Clara und ich gehen am nächsten Tag gemeinsam dorthin, jede in Begleitung eines Zeugen, wie die Regel es vorschreibt (für mich noch einmal Mama).

Und dort erkennen wir, welch tiefe Kluft zwischen uns und den anderen Kandidaten besteht. Denn während wir uns dort melden, kommen weitere an, diese jedoch an der Spitze eines regelrechten Gefolges mit massenhaft Transparenten, die von erregten Aktivisten mit dem Bild des Kandidaten auf ihren T-Shirts geschwenkt werden, mit Blasmusik und umringt von

Fotografen und Kameraleuten ... Und wir? Armselig. Nicht einmal eine Plakette am Knopfloch! Falls ein Elektroschock nötig war, um uns den riesigen Rückstand deutlich zu machen, den es für uns noch aufzuholen gilt, dann hat es sich gelohnt, der Schock hat gewirkt.

Clara und ich verlassen den Ort fiebrig und betäubt. Es ist bereits Mitte Januar, und wir haben keinen Slogan, kein Plakat ... Da erinnere ich mich, dass ich einen netten Kontakt mit einem jungen Werbefachmann hatte, als ich an Mamas Seite an der Wahlkampagne des späteren Präsidenten Gaviria teilnahm. Wie hieß er noch? Ach ja, German Medina. Ich verabrede mich mit ihm für den nächsten Tag, wir dürfen keine Zeit mehr verschwenden.

»Ich helfe dir, Ingrid, über Geld reden wir später. Aber wo ist dein Programm? Ohne Programm kann ich nichts für dich konzipieren.«

»Es lässt sich in vier Worten zusammenfassen: Kampf gegen die Korruption.«

»In Ordnung, aber du kandidierst in Bogotá, du musst deine Ziele für die Hauptstadt benennen.«

»Den Bau der Metro, auf den wir schon ein halbes Jahrhundert warten, den Schutz der Luft, die wir atmen, die nirgendwo auf der Welt so verschmutzt ist wie hier, und die Unterstützung von Familien und Kindern ... Aber nichts davon ist möglich, solange die Korruption die Hälfte des Budgets aufzehrt. Finde etwas für mich, das meinen Kampf gegen dieses wuchernde Geschwür symbolisiert.«

Zwei Tage später bringt German uns ein ... Präservativ! Clara ist entrüstet, ich bin ... hingerissen. Augenblicklich erfasse ich, wie sehr dieses Symbol trägt, gerade weil es schockiert, weil es unmöglich ist, ihm gegenüber gleichgültig zu sein. Für uns zu stimmen bedeutet in gewisser Weise, politisch ausgedrückt, ein Präservativ zu benutzen. Wir schreiben das Jahr 1994, befinden uns mitten im Aidszeitalter; das Präservativ stellt also unmittelbar den Bezug zwischen Korruption und Aids dar. Ja, ich bin absolut dafür.

»Das ist eine geniale Idee, German! Großartig! Das ist es! Ja, ja, ja! Leg los!«

Er hat bereits unser Plakat entworfen – mein Foto neben einem Präservativ und diesen Slogan: »Die Beste, um uns vor der Korruption zu schützen.«

Da schießt mir eine Idee durch den Kopf.

»Und weißt du was? Ich werde Präservative verteilen ... Auf der Straße. Nach dem Modell der Anti-Aids-Kampagnen. Die Korruption ist die Aidskrankheit der Kolumbianer, eine andere Form von Aids, eine zusätzliche zu der eigentlichen, die uns auch nicht verschont.«

Ich bin dem Rat des Freundes meiner Mutter gefolgt und habe alle Namen in meinem Adressbuch angerufen. Ich rufe diese Leute, die zu einem großen Teil bereit sind, mir zu helfen, ein weiteres Mal an und sage ihnen: »Tut mir einen Gefallen und bringt mir Präservative. Ich brauche Hunderte, Tausende Präservative. Ihr werdet später erfahren, wozu, habt Vertrauen in mich.«

Ich stelle mich an die rote Ampel und klopfe an die Fahrertüren.

»Mein Name ist Ingrid Betancourt, ich kandidiere für die Parlamentswahlen, und ich glaube, dass die Korruption in der Politik mit Aids gleichzusetzen ist. Hier, ich schenke Ihnen ein Präservativ, auf diese Weise werden Sie am Wahltag an mich denken.«

Die Leute pflichten mir bei, sicherlich schockiert, aber auch bestürzt und verwirrt. Die Frauen sagen: »Es stimmt, was Sie sagen, Sie sind mutig.« Und die Männer, bald verlegen, bald spöttisch: »Mit diesem Ding hier kann man Sie wahrlich schlecht vergessen.«

Aber schnell erfährt mein Vater davon, und das ist ein Drama. Er ruft mich eines Abends verstört zu Hause an.

»Ein Freund von mir hat dich an einer Kreuzung gesehen, Ingrid. Du hast nicht das Recht, mir das anzutun ... Meine eigene Tochter verteilt ... Das ist nichtswürdig und erniedrigend ... Wie kannst du nur? ... Ich schäme mich für dich, Ingrid ...«

Und meine Mutter, von der ich Worte des Zuspruchs erwartet habe, sagt:

»Dein Vater ist verletzt, zutiefst verletzt, und im Grunde genommen verstehe ich ihn. Du machst die Kampagne, zu der dich dein Alter und dein Ungestüm verleiten, aber es ist widerlich, diese Dinger zu verteilen, was soll ich dazu sagen ...«

Zwei Tage nach diesem kleinen Familien-Erdbeben bin ich zu einem dieser Abendessen eingeladen, die dazu dienen, mich den Journalisten bekannt zu machen. Einer von ihnen, ein gewisser Luis Enrique, auf den ich noch zurückkommen werde und den ich als Pressereferenten eingestellt habe, hat diesen Empfang für mich organisiert. Noch erschüttert von Papas Worten treffe ich dort ein. Felipe Lùpez ist da, der Herausgeber von *Semana*, der großen kolumbianischen Wochenzeitung. Spürt er, dass ich nicht in Bestform bin? Jedenfalls streckt er mir die Hand hin.

»Na, wie läuft die Kampagne?«

»Eher schlecht, ehrlich gesagt. Mein Vater erträgt es nicht, dass ich Präservative an den Straßenkreuzungen verteile ...«

Er lacht laut heraus, fragt mich aus, richtet mich auf. Aus seiner Sicht ist dies ein reiner Generationenkonflikt, denn im Grunde erscheint ihm die Idee bestens geeignet, um die Kolumbianer aufzurütteln.

In der darauf folgenden Woche erscheint in der Rubrik »Vertraulich«, der meistgelesenen in der *Semana*, eine Notiz. Dort steht, dass ich eine offensive Kampagne gegen die Korruption führe, die »Ingrids Papa, den ehemaligen Minister Betancourt, zutiefst schockiert«.

Mit einem Schlag entdecken die Medien, dass eine junge Frau von dreiunddreißig Jahren, Tochter eines Ministers, es wagt, Pariser gegen die Korruption in den Straßen von Bogotá zu verteilen. Sie stürmen auf mich ein. Das Fernsehen filmt mich in voller Aktion, mein Foto erscheint in sämtlichen Zeitungen. Ich werde der Anonymität entrissen und zum Phänomen. Man erkennt mich auf der Straße, ich muss nicht mehr an die Türen klopfen, man lässt die Fensterscheibe herunter und lächelt mich an ...

Mama ruft mich wieder an.

»Es ist unglaublich. Dein Vater beginnt, deine Geschichte mit den Präservativen eher amüsiert zu betrachten. Einige unserer Freunde gehen sogar so weit, die Sache intelligent zu finden, und sagen, dass du die Leute zum Nachdenken bringst ...«

Sie haben geglaubt, sie würden in Misskredit gebracht, stattdessen sehen sie sich bewundert und sind heimlich stolz auf meine »skandalöse« Initiative.

Zu diesem Zeitpunkt geschieht etwas ganz Unerwartetes: Der Star des kolumbianischen Fernsehens, Yamid Amat, lädt mich in seine große abendliche Nachrichtensendung ein. Ich habe eine Riesenangst, ich weiß, dass dies eine einmalige Chance ist und dass ich, wenn ich meinen Auftritt verpatze, völlig in der Versenkung verschwinden werde. Ich rechne mit dem Schlimmsten, da Yamid Amat Wert auf seine Reputation als erbarmungsloser Interviewer legt.

»Niemand kennt Sie in Kolumbien«, beginnt er. »Sagen Sie uns, wer Sie sind und warum Sie sich um einen Sitz im Abgeordnetenhaus bemühen.«

»Ich möchte die Korruption bekämpfen.«

Ich sehe, wie er sichtlich ein wildes Lachen unterdrückt.

»Die Korruption bekämpfen? Aber was wollen Sie gegen die Korruption tun?«

»Die Korrupten von der Rednertribüne des Parlaments aus anprangern.«

»Ach so! Weil Sie welche von diesen korrupten Leuten im Parlament kennen?«

»Ich kenne viele davon, ja. Und ich denke, Sie auch.«

»Richtig«, erwidert trocken Yamid Amat, »aber ich verrate nicht ihre Namen. Sind Sie denn dazu in der Lage, sie öffentlich zu denunzieren?«

»Ja.«

Und dann werfe ich die fünf Namen hin, die mir in den Sinn kommen, die fünf in meinen Augen korruptesten Politiker.

Yamid Amat ist sprachlos. Er hält einen Moment lang inne und ändert dann unvermittelt den Tonfall:

»Diese Geschichte mit den Präservativen, also wissen Sie, die Kolumbianer sind schockiert ...«

Ich halte meine Wahlkampfrede, und wir gehen.

Luis Enrique, mein Pressereferent, ist begeistert über den letzten Teil mit den Präservativen. Da es keine Direktsendung ist, ist er davon überzeugt, dass Amat meine namentliche Denunzierung, die »für mich einer Verurteilung zum Tode gleichkommt«, herausschneiden wird. Wir lachen.

Ich rufe meine Eltern an und all meine Unterstützer, damit sie die Abendnachrichten nicht verpassen. Dann setze ich mich vor den Fernseher. Und da, es ist nicht zu fassen: Amat hat nur meine Namensnennung übrig gelassen! Das ist eine Bombe!

Ich bin sprachlos und wie vor den Kopf geschlagen. Allerdings nicht lange, denn schon zwanzig Sekunden später klingelt das Telefon.

»Du warst großartig, Ingrid! Großartig! Aber du schaffst es noch, dass die dich abknallen. Du bist dir nicht darüber im Klaren, dass diese Typen kriminell sind ...«

Dutzende begeisterter, aber gleichzeitig auch angsterfüllter Anrufe, und mitten in dieser Woge der Begeisterung die schöne, tiefe Stimme eines einhellig in Kolumbien verehrten Mannes, nämlich des Großindustriellen und ehemaligen Finanzministers Hernán Echavarría:

»Ingrid, ich habe dich gerade gehört. Ich bin auf deiner Seite und möchte dir helfen. Brauchst du Geld?«

Selbstverständlich brauche ich Geld. Wir besitzen keinen Sou mehr, alles ist für Plakate draufgegangen.

»Ja.«

»Wie viel willst du?«

»Ich weiß nicht ... Fünf Millionen.«

Und ich denke: Das ist der reine Wahnsinn, er wird den Hörer auf die Gabel knallen.

»Ich schick dir den Scheck morgen früh.«

Zu diesem Zeitpunkt meiner Kampagne benennt die liberale Partei ihren Kandidaten für die Präsidentschaftswahlen: Ernesto Samper. Die Wahl für das oberste Staatsamt findet zwei Monate nach den Wahlen zum Abgeordnetenhaus statt. Meine Mutter drängt mich daraufhin, mit der liberalen Partei wieder in Kontakt zu treten. Ich bin dort seit dem Tag, an dem ich mich um meine Akkreditierung bemüht habe, nicht wieder gewesen. Ich habe meinen Wahlkampf ohne ihre Unterstützung geführt, sie nicht einmal wegen meiner Slogans befragt.

»Lass uns wenigstens Samper guten Tag sagen«, schlägt mir Mama vor. »Er ist ein Freund und hat sicher Ratschläge für dich.«

Ratschläge von Samper? Von ihm erwarte ich nichts. Sein Zynismus und seine Verantwortungslosigkeit haften mir noch zu frisch im Gedächtnis. Aber ich sage nicht nein. Samper hat die besten Aussichten, Präsident der Republik zu werden, und wenn ich gewählt werde, muss ich wohl oder übel mit ihm zusammenarbeiten.

Wir treffen ihn in dieser überhitzten Wahlkampfatmosphäre an, in der übernervöse Leute in alle Richtungen rennen. Er ist ganz der Alte, locker, freundlich, unbekümmert und zu Späßen aufgelegt. Er macht sich auch gleich über mich lustig:

»Du glaubst doch nicht, dass du gewählt wirst, indem du Pariser verteilst! Also, Ingrid! Wenn das Politik wäre, dann befände sich sonst wer im Parlament ...«

Er lacht, wirbelt herum.

»Ernesto, Ingrid will es wirklich wissen, berate sie, sei ernst ...«

»Sie verdient sich die Sporen, Yolanda, das ist sehr gut. Man kann den Beruf nicht besser erlernen, als wenn man auf die Schnauze fällt. Hilf du ihr! Los! Ich kann mir euch beide gut vorstellen ... Oh! Oh! Oh! Aber rechnet nicht mit mir, wenn es um die Verteilung eurer Pariser geht ... Übrigens, wirst du täglich jünger, meine liebe Yolanda!«

Er begleitet uns zur Tür, die Gedanken unvermittelt woanders.

Mama ist verletzt, gekränkt.

»Er war abscheulich.«

»Was hätte er sagen sollen? Es ist doch offensichtlich, dass ich in seinen Augen keine Chance habe. Eine Wahl, bei der man keine Stimmen kauft, ist für ihn unbegreiflich! Er kann nicht verstehen, dass ich auf das Vertrauen der Kolumbianer zähle, auf ihren Bürgersinn, auf ihren Willen zur Demokratie. Er ist davon überzeugt, dass alle bestechlich und käuflich sind. Für ihn ist alles eine Frage des Geldes. Ich werde ihm beweisen, dass er sich irrt. Du wirst sehen, eines Tages wird er es sein, der zu mir kommt, der mich braucht.«

Die Vorzeichen sind schlecht, am Tag der Wahlen regnet es in Bogotá. Der Regen ist ein Feind der Demokratie, wie man weiß. Er nimmt den freien Menschen die Lust, wählen zu gehen, während er keinerlei Einfluss auf diejenigen hat, die für ihre Stimme Geld erhalten haben: Diese Leute würden auf Knien rutschen, da sonst ihre Angehörigen Strafen ausgesetzt wären. Clara, die ausgebildete Rechtsanwältin ist, hat die Dinge bestens organisiert: Wir haben in jedem Wahllokal Leute von uns postiert, denen sie beigebracht hat, wie man Betrug aufdeckt, und die sie über die juristischen Konsequenzen in Kenntnis gesetzt hat. Ich habe die Aufgabe übernommen, den ehrenamtlichen Helfern Sandwiches zu bringen; so kann ich sie moralisch unterstützen und gleichzeitig die Stimmung in den Wahllokalen erfassen. In den südlichen Vierteln der Stadt sind es Mamas Kinder, mittlerweile erwachsen geworden, die über unsere Interessen wachen. Dort ist die Welt wie auf den Kopf gestellt, dort sind sie es, die mich aufbauen, umarmen, mir ein unglaubliches Fest bereiten. Ich bin umso mehr gerührt, weil sie wissen, dass sie für ihre Unterstützung nichts als Gegenleistung bekommen, während ihren Nachbarn, die für meine Konkurrenten stimmen, ein kleiner Job, ein Umschlag, eine Bevorzugung versprochen worden ist.

Um sechzehn Uhr schließen die Wahllokale. Ich kehre zu unserem Wahlbüro zurück. Clara ist bereits da. Wir schließen uns ein, machen das Radio an und sitzen niedergeschlagen da, unfähig, ein Wort zu wechseln. Meine Eltern, die den ganzen Wahlkampf über nicht da waren, haben sich nicht vom Fleck bewegt. Allgemeiner gesagt, um uns herrscht Leere, als warte jeder zu Hause für sich, um nicht seine Befürchtungen auf die anderen zu übertragen. Hunderte Kandidaten haben monatelang miteinander um die achtzehn Abgeordnetensitze von Bogotá rivalisiert. Clara und ich waren zwei winzige Stimmen in diesem Konzert von Märchenerzählern, die zu jeder Schiebung bereit sind, jeglichem Abkommen, um ins Parlament zu gelangen. Hat man uns gehört? Das erscheint uns plötzlich höchst unwahrscheinlich. Wenn wir nicht so nervös wären, würden wir darüber Scherze machen.

Um neunzehn Uhr dreißig gibt es die ersten Hochrechnungen. Namen fallen, und da, nicht zu fassen, der meine an fünfter Stelle unter den achtzehn Kandidaten mit den meisten Stimmen. Ich glaube, wir kreischen. Ja, wir sind aufgesprungen und kreischen: »Aber das gibt es nicht! Das gibt es nicht! Sie machen sich über uns lustig, oder sie irren sich ... Ingrid Betancourt! Ingrid Betancourt!«

Wir wiederholen und schreien meinen Namen, als sei er der von jemand anderem. Aber nein, es ist meiner, es ist tatsächlich meiner. Im Übrigen ist der Journalist ebenso sprachlos wie wir. Er sagt, ich sei die große Wahlüberraschung, und er ist ein wenig kurz angebunden, da er zu meiner Person keinen Zettel hat. Ich gehörte nicht zu den Favoriten, man weiß nahezu nichts über mich. Wer ist denn das? Woher kommt sie? Dann fangen die Telefone um uns herum zu klingeln an. Die Anhänger lassen ihrem Glück freien Lauf. Sie lachen, weinen, nehmen sich gerade noch die Zeit, alles Trinkbare im Haus zusammenzusammeln, und tauchen bei uns auf. Dutzende weiterer Anrufe kommen und natürlich die Zeitungen, die das Porträt einer Frau zu schreiben haben, von der sie nichts wissen, außer dass sie es gewagt hat, Präservative gegen die Korruption zu verteilen.

Die Fassungslosigkeit schlägt in Wahnsinn um, als verkündet wird, dass ich das beste Wahlergebnis der liberalen Partei erzielt habe. Wie soll man an dieses Wunder glauben? Ich, die ich von dieser Partei keine Unterstützung bekommen habe, bin die Kandidatin mit den meisten Stimmen in Bogotá. Es ist der schönste Sieg meines Lebens, da er zu den größten Hoffnungen berechtigt. Und das sage ich den Journalisten an diesem Abend: »Wir haben unter Beweis gestellt, dass Kolumbien reif ist, der Korruption ein Ende zu setzen. Es hat sich für Ethik und Demokratie und gegen Bestechlichkeit entschieden. Es hat dieser politischen Schicht, die das Land nicht respektiert, die es seit Jahrzehnten betrügt und ausplündert, klar den Rücken gekehrt. Diese politische Schicht, die nicht einen Augenblick an meinen Sieg gedacht hat und die es von nun an mit mir zu tun haben wird.« Mit mir allein leider, denn Clara ist nicht gewählt worden.

In dieser Nacht strömen unsere Freunde und Unterstützer von überall herbei. Und dieses unendlich große, wunderschöne Büro, das wir den ganzen Wahlkampf über nicht voll bekommen haben, quillt endlich über von Menschen, die ganz aus dem Häuschen sind. Meine Eltern und Astrid kommen. Sie strahlen. Schließlich kommt Fabrice. Er hat Lorenzo auf dem Arm, damit das Kind nicht getreten wird, an der anderen Hand zieht er Mélanie hinter sich her. Vier Jahre sind seit dem Bruch zwischen uns, seit meinem Weggang von Los Angeles vergangen. Ich habe das Risiko auf mich genommen, Unglück in mein Privatleben zu bringen, um meine Identität als Kolumbianerin wiederzugewinnen. Kolumbien hat seine Arme weit für mich ausgebreitet, und meine Familie kommt herbeigeeilt, ein wenig baff zwar angesichts dessen, was mit mir geschieht, aber liebevoll, treu und verständnisvoll.

6

Ich bin noch keine acht Tage zur Abgeordneten gewählt, als mich der Präsidentschaftskandidat, Ernesto Samper, anruft. Er möchte mich dringend sehen. Sein Ton ist nicht mehr spöttisch, sondern warmherzig und zuvorkommend, und er gratuliert mir herzlich im Namen der liberalen Partei, die mir kein Wort des Glückwunsches hat zukommen lassen. Ich denke an Mama. Samper hat schneller nach mir schicken lassen, als sie es sich vorgestellt hat.

Diesmal empfängt er mich mit Respekt, meine Kondom-Verteilung lässt ihn nicht mehr losbrüllen vor Lachen. Hat er vielleicht das Gefühl, dass ein neuer Wind weht, für den er vielleicht bezahlen muss? Mit Sicherheit. Und es ist ganz klar, dass er mich als moralische Integrationsfigur braucht. Die Präsidentschaftswahl findet in zwei Monaten statt – das ist die kurze Frist, die ihm bleibt, um den Kolumbianern zu beweisen, dass er nicht nur ein fähiger Politiker ist, sondern auch für einen Verhaltenskodex steht. Also ist es höchste Zeit ... etwas zu erfinden.

»Ingrid, die liberale Partei braucht unbedingt einen Moralkodex. Ich werde daher innerhalb von vierundzwanzig Stunden eine Kommission bilden, die mit dessen Abfassung beauftragt wird. Es versteht sich von selbst, dass ich Wert auf deine Ansichten lege ...«

Ich sehe in diesem Vorschlag die unverhoffte Möglichkeit, der Sache meinen Stempel aufzudrücken, und akzeptiere das Angebot. Für Samper ist meine Beteiligung ein rein wahltaktischer Schachzug, das weiß ich wohl, aber ich hoffe, dass ich ihn unter den Augen der Kolumbianer, die mich gewählt haben, mit seinen eigenen Mitteln schlage.

Die »Kommission liberaler Erneuerung«, das Schaufenster des Kandidaten Samper, besteht aus zehn Mitgliedern, die aus den begabtesten und jüngsten Volksvertretern des Parlaments sowie denen mit den meisten Stimmen ausgewählt worden sind. Von der ersten Zusammenkunft an habe ich den Eindruck, dass diese Leute, die hocherfreut und geschmeichelt sind, dazu zu gehören, offenkundig nicht die geringste Absicht haben zu arbeiten. Wie oft in Kolumbien ersetzt die Ankündigung das Programm, das Volk glaubt, dass sich etwas ändern wird, und dann entdeckt man ein paar Jahre später, dass die berühmte Kommission, die unter großem Getöse eingesetzt worden ist, keinen Vorschlag für irgendetwas produziert hat und man daher von vorne beginnen muss. Im Übrigen sind wir ab der nächsten Zusammenkunft nur noch zu zweit: ein eher reservierter Parteifunktionär und ich. Schade, aber was soll's, auf diese Weise verlieren wir weniger Zeit mit Palaver, und ich für meinen Teil mache mich an die Arbeit.

Vier Wochen lang schreibe ich einen Artikel nach dem anderen, ein Kapitel nach dem anderen, einen wirklichen Moralkodex. Der zentrale Punkt ist selbstverständlich die strikte Regelung der Finanzierung. Von meinen Reisen in die Gebiete des Schmuggels habe ich noch im Gedächtnis behalten, dass die Volksvertreter von der Mafia finanziert werden, um deren Interessen zu dienen, und jetzt habe ich tatsächlich einen Sitz neben Abgeordneten, die die berühmtesten Schmuggler von Maicao sind. Aus meiner Wahlkampfzeit weiß ich, dass bestimmte Kandidaten Kampagnen für sechshundert Millionen Pesos führen, während andere, wie ich, mit zwanzig Millionen zurechtkommen. Ich mache die Transparenz der Konten für jeden der von der Partei akkreditierten Kandidaten zur Pflicht und sehe, da ich mir bewusst bin, dass Prinzipien in Kolumbien nicht sehr schwer wiegen, drakonische Strafen für die Betrüger vor, im Besonderen den definitiven Ausschluss aus der Partei. Kurz, gemäß meinem Kodex können nur durch sauberes und offen deklariertes Geld finanzierte Volksvertreter Anspruch auf die Zugehörigkeit zur liberalen Partei erheben.

Jetzt muss nur noch der Text von der Kommission verabschiedet werden. Aber dort erhebt sich Protestgeschrei. Einige sind verstimmt und enttäuscht, weil sie nicht an der Ausarbeitung eines Kodex' mitgewirkt haben, für den sich mit einem Mal die Presse interessiert – weil einmal eine Kommission etwas zustande bringt! Aber die meisten brechen vor allem deshalb in Panik aus, weil sie sich bereits die Sanktionen vorstellen können, die über sie hereinbrechen werden, falls besagter Kodex zum Parteigesetz wird. Zwei Wochen lang trifft sich die Kommission täglich, und, oh Wunder!, kein Mitglied fehlt. Ich sorge anfangs allein für die Verteidigung meiner Prinzipien, bald jedoch gesellt sich ein Mann von Gewicht zu mir, Humberto de la Calle, der Ernesto Sampers Vizepräsident werden soll. De la Calle ist kein politisches Unschuldslamm, wie ich später entdecken werde, aber er ist zu einer großen intellektuellen Strenge in der Lage, und im vorliegenden Fall teilt er meine Sorge um die Transparenz. Obwohl er vom System profitiert, ist er der Ansicht, dass man es reformieren muss, weil Kolumbien sonst seine Seele verliert, und er meint auch, dass man die Gelegenheit zu diesem Kodex unbedingt nutzen sollte. Ahnt er, dass dieser bald eine Waffe werden wird, die bumerangartig auf Samper zurückschlagen wird? Wahrscheinlich. Aber was mich betrifft, so kann ich mir noch nicht vorstellen, dass die »Narcos« den Wahlkampf des künftigen Präsidenten im großen Stil finanzieren ...

Mein Kodex ist dank Humberto de la Calle annähernd gerettet, und jetzt ist der Moment da, ihn Samper vorzulegen. Zu meinem großen Erstaunen – und dabei ist mir der Mann mittlerweile vertraut - beobachte ich, wie er seine Zustimmung erteilt, ohne sich auch nur die Mühe zu machen, die Absätze zu überfliegen.

»Großartig! Hervorragend!«, ruft er. »Genau das braucht die Partei! Das kolumbianische Volk ...«

Und während er mit der Hand auf einen Text schlägt, den er nicht einmal aufgeklappt hat, setzt er zu einer hochtrabenden Tirade über Vertrauen, Offenheit und seinen neuerlichen Kreuzzug wenige Tage vor der Wahl an. Die Moral hat Eingang in seine Rede gefunden.

Für den nächsten Tag wird eine Pressekonferenz einberufen. Der gesamte Führungsstab der liberalen Partei, Minister und ehemalige Minister, drängt sich hinter den Kandidaten. »Samper führt Moralkodex der liberalen Partei ein«, titeln die Zeitungen. Die Wirkung auf die Bevölkerung ist zweifellos beachtlich, umso mehr, als die Sanktionen peinlich genau benannt werden. Die Journalisten berichten über die kurze Eröffnungsansprache Ernesto Sampers. Sie erwähnen nicht, dass der Kandidat sich vor dem Ansturm der Fragen verdrückt und es Humberto de la Calle überlassen hat, darauf zu antworten. Er wäre dazu überhaupt nicht in der Lage gewesen.

Mein Ruf ist mir ins Abgeordnetenhaus vorausgeeilt. Ich bin die Frau, die im Fernsehen die Namen der fünf korruptesten Parlamentarier genannt hat, die »unmögliche Person« mit den Parisern, die Verfasserin des Moralkodex der liberalen Partei (die Zeitungen, die sich keiner Täuschung hingeben, sprechen regelmäßig von »Ingrids Kodex«) und trotz dieser Kompromisslosigkeit, oder vielleicht gerade wegen ihr, die Kandidatin mit den meisten Stimmen. Man zeigt mir die kalte Schulter und meidet mich in dieser Versammlung, in der jeder geschickt von allen Tricks des Systems profitiert hat, um sich wählen zu lassen. Aber eines Tages, als ich wie gewöhnlich allein in einer Ecke des Plenarsaals sitze, kommt ein etwas seltsam aussehender Typ auf mich zu. Er ist kräftig, hat einen Schnurrbart, ein freundliches Gesicht und trägt an jedem Finger einen Ring.

»Guillermo Martínez Guerra«, stellt er sich vor, »ich bin ein ehemaliger Luftwaffenpilot und neu ins Parlament gewählt, genau wie du. Hier sind komische Leute, stimmt's? Mir ist aufgefallen, dass auch du nicht viel mit ihnen zu tun hast ... Hör zu, ich veranstalte nächstes Wochenende ein kleines Fest bei mir, komm doch, ich finde, wir sollten uns besser kennen lernen. Es werden ein paar unabhängige Geister von unserem Schlag da sein.«

Ich sage mir, ja, da werde ich hingehen, und sei es auch nur, um im Plenarsaal zwei oder drei Leute zu haben, mit denen ich mich grüße, da es doch ziemlich deprimierend ist zu sehen, wie alle ihren Blick abwenden, wenn ich auftauche, und diskret den Platz wechseln, um nicht in meiner Nähe gesehen zu werden.

Was die Fete anbetrifft, so sind dort außer Guillermo Martínez Guerra, unserem Gastgeber, nur zwei Personen: eine Frau, María Paulina Espinosa, deren geistige Unabhängigkeit, die sie allerdings auch gern zur Schau stellt, mir in der Tat bereits aufgefallen ist und die meine einzige Freundin im Kongress werden wird. Und dann ein Mann, der wegen seiner moralischen Unbeugsamkeit geschätzt wird: Carlos Alonso Lucio, von dem man weiß, dass er zur M 19 gehört hat, der Guerillabewegung, die sich am stärksten für die Errichtung einer wirklichen Demokratie eingesetzt hat.

Wir finden uns also zu viert um einen Tisch zum Mittagessen wieder. Irgendwann während der Unterhaltung erwähnt Guillermo Martínez Guerra einen gigantischen Vertrag zum Kauf von Waffen, den die kolumbianische Regierung offenbar im Begriff ist, mit dem Staat Israel abzuschließen. Ein irrsinniger Vertrag über veraltete und ungeeignete Waffen, »Galil« genannt, aber ein Vertrag, der seinen Unterzeichnern ein komfortables Trinkgeld einbringen würde.

»Wir sollten die Sache untersuchen, und wenn es sich tatsächlich um eine Korruptionsaffäre handelt, dann organisieren wir zu diesem Thema eine Debatte im Parlament«, schlägt Lucio vor. »Wir müssen den Kolumbianern sehr schnell deutlich machen, dass sie uns nicht umsonst gewählt haben, dass sich die Dinge ändern werden.«

Wir sind tatsächlich dieser Meinung und alle in der Lage, schnell zuverlässige Auskünfte einzuholen. Lucio, weil die Guerillabewegung, aus der er hervorgegangen ist, den perversen Betrieb der kolumbianischen Armee genau kennt. Guillermo, weil er sich Kontakte bis in die höchsten Ränge der militärischen Führungsspitze erhalten hat. María Paulina, weil ihr Mann Hubschrauber an die Armee verkauft und sie selbst Reservistin ist. Und schließlich ich, weil ich einen Freund habe, der gut im Waffenhandel platziert ist, Camilo Ángel. Sein Vater ist Vertreter der amerikanischen Marke Colt in Kolumbien, und bei ihm habe ich Felipe López kennen gelernt, jenen Journalisten, der mir die Strategie mit den Präservativen nahe gebracht hat. Ich denke, auf ihn rechnen zu können, um mir Klarheit in dieser Galil-Affäre zu verschaffen.

Ich täusche mich. Camilo weigert sich, mir präzise Auskünfte zu geben, weil Colt zugunsten der Galil übergangen worden ist und er sich folglich nicht für »objektiv« hält. Er sagt mir nur eins: »Legt los, grabt nach, das ist ein miserabler Vertrag, eine Katastrophe für Kolumbien.«

Also beschließen wir, vom Verteidigungsminister sämtliche in Zusammenhang mit dem Vertrag stehenden Akten anzufordern, wozu uns unsere Position als Parlamentarier ein Recht verleiht, und wir kommen der Sache auf die Spur: Kolumbien kauft den Israelis eine alte Fabrik zur Herstellung von Galil-Waffen ab. Die Israelis modernisieren ihre Ausrüstung und haben offenkundig niemand anderen als die kolumbianische Armee gefunden – mittels Verhandlungen unter dem Tisch –, um sich ihres völlig veralteten Materials zu entledigen. Aber schlimmer noch: Das Galil-Sturmgewehr ist für die Wüste konzipiert, und es hat sich herausgestellt, dass es in der Feuchtigkeit Ladehemmung hat und das tropische Klima nicht aushält. Unsere Soldaten damit auszurüsten ist daher Selbstmord, denn die Guerilla ist mit modernen und perfekt der Umgebung angepassten Waffen bestückt.

Auf diese Informationen gestützt geben wir unsere erste Pressekonferenz. Die Journalisten strömen herbei, die Resonanz ist enorm. »Vier Abgeordnete decken einen Fall von außergewöhnlicher Korruption auf«, titeln die Zeitungen am anderen Tag. Man nennt uns »die vier Musketiere gegen die Korruption«. Schließlich verkörpern wir, wie wir es uns gewünscht und unseren Wählern versprochen haben, eine neue Generation, die mit den käuflichen Methoden der alten politischen Schicht bricht.

Aber unser Ziel ist es, noch weiter zu gehen, noch stärker zuzuschlagen, indem wir eine große parlamentarische Debatte zu diesem Thema vom Zaun brechen, bei der das ganze Volk Zeuge ist. Da der Galil-Vertrag von der vorherigen Regierung in die Wege geleitet worden ist, besitzen wir die Naivität zu glauben, dass Ernesto Samper, der soeben zum Staatschef gewählt worden ist, und seine frisch nominierten Minister nichts Eiligeres zu tun haben, als uns zu unterstützen, um der Nation zu beweisen, dass sich die Zeiten geändert haben. War es nicht Samper, der den neuen Moralkodex der liberalen Partei initiiert und marktschreierisch an das Land »verkauft« hat? Zum Glück ist der neue Verteidigungsminister, Fernando Botero, ein guter Mann. Zumindest bin ich dieser Ansicht. Er ist der Sohn des Malers Botero, eines Freundes meiner Eltern.

Er empfängt mich herzlich.

»Ingrid, ich bin schockiert über das, was du mir da erzählst. Ich wusste nichts und entdecke jetzt, dass es sehr schlimm ist. Ich werde unverzüglich darauf drängen, dass Ermittlungen aufgenommen werden. Du kannst auf mich zählen, ich bin auf deiner Seite, um den Skandal aufzudecken.«

In den Augen von uns Vieren steht also die große parlamentarische Debatte, die wir vorbereiten, unter den besten Vorzeichen.

Doch die Presse, die uns freundlich gesinnt war, ändert schon bald radikal ihren Ton uns gegenüber. Sie behauptet, dass Lucio und Guillermo Martínez Guerra sich für diesen Vertrag interessieren, weil sie selber Waffenschieber seien. Man gibt zu verstehen, dass María Paulina von ihrem Mann ferngesteuert sei. Über mich schreibt man, dass mein Informant, Camilo Ángel, mich von Anfang an in der heimlichen Hoffnung manipuliert habe, den Galil-Vertrag doch noch zugunsten von Colt abzuändern. Auf diese Weise werden wir, die wir uns als die jungen Kreuzritter der politischen Moral präsentiert haben, mit einem Schlag auf den Rang der Politiker herabgewürdigt, die wir anklagen und die stets nur aus persönlichem Interesse handeln.

Wir sind bestürzt und nicht in der Lage herauszufinden, wer die Presse zu diesem Kurswechsel veranlasst hat. Ich erfahre später, dass es militärische Spezialeinheiten waren, die bestimmte Journalisten auf ministerliche Anweisung von Fernando Botero hin indoktriniert haben. Im Moment sind wir noch sehr naiv und haben die Vorstellung, dass es reicht, uns mit diesen Journalisten zu treffen, um sie von unserer Aufrichtigkeit zu überzeugen. Aber keine unserer Erklärungen trägt. Es tritt sogar der umgekehrte Effekt ein: Je mehr wir versuchen, uns zu rechtfertigen, Beweise zu erbringen, die Dinge zu erhellen, desto schuldiger und erbärmlicher erscheinen wir in den uns gewidmeten Artikeln.

Dann plötzlich verschärft sich die Kampagne und konzentriert sich diesmal allein auf mich, als habe man hinter den Kulissen sehr wohl verstanden, dass man mich, das Symbol der Antikorruption, zu Boden strecken muss, um die drei anderen

»Musketiere« gleichermaßen unschädlich zu machen. Man sagt nicht mehr, dass ich von Camilo Ángel manipuliert worden sei, man schreibt knallhart, meine Wahlkampagne sei von Colt finanziert worden, und mein Angriff auf den Galil-Vertrag sei in Wahrheit nur meine Gegenleistung gegenüber Colt gewesen, um ihnen zu ermöglichen, an diesen Vertrag heranzukommen. Man behauptet gleichermaßen, ich handele in der Absicht, mir einen Anteil an diesem Auftrag zu erschleichen, indem ich Strohmänner benutze, speziell Freunde von mir, und siehe da, nun werden auch sie von der Presse verfolgt. Meine Rolle in der Presse wechselt vom armen Dummchen, das überhaupt nichts versteht, zu der einer ganz gerissenen Person, die keinerlei Skrupel kennt, wenn es darum geht, ihren Willen durchzusetzen. Man karikiert mich als Ingrid »Betancolt«, und ich werde innerhalb von vierundzwanzig Stunden zum gefundenen Fressen sämtlicher Redaktionen des Landes. Um das wahre Ausmaß dieses Medienwirbels zu ermessen, muss man sich die Erleichterung vorstellen, die jene Journalisten empfunden haben, die seit Jahren die Korruption mit keinem Wort erwähnen und nun feststellen, dass die Person, die behauptet hat, ihnen allen eine Lektion in punkto Standespflicht zu erteilen, genauso korrupt ist wie die anderen ...

Zu dieser Zeit habe ich noch keinerlei Erfahrung mit der Presse; ich weiß nicht, wie man mit einer solchen verleumderischen Lügenkampagne umgeht. Nicht nur, dass ich mich darauf einlasse, Dutzende von Journalisten an der Strippe zu haben, die mich von morgens um sechs an zu Hause anrufen, sondern ich beantworte ihnen auch noch ausführlich ihre Fragen, und da ich nervös bin und ziemlich verschreckt, rede ich spontan und viel zu viel, denn im Grunde bin ich davon überzeugt, dass meine Aufrichtigkeit ans Licht kommen wird.

»Sie sind doch mit Camilo Ángel befreundet, stimmt's?«

»Ja sicher! Ich werde Ihnen gegenüber nicht das Gegenteil behaupten.«

»Sein Vater verkauft Waffen. Kennen Sie ihn?«

»Durchaus! Und Camilo arbeitet für ihn, das sage ich Ihnen gleich, falls Sie es nicht bereits wissen.«

»Für die Firma Colt! Die den Auftrag an Galil verloren hat ... Und nach all dem wagen Sie zu behaupten, es sei purer Zufall, dass Sie so kurz nach Ihrer Wahl gleich einen Feldzug gegen die Firma Galil angetreten haben ...«

»Es ist reiner Zufall, das schwöre ich Ihnen.«

»Es heißt, Colt habe drei Viertel Ihrer Kampagne bezahlt ...«

»Das stimmt nicht! Ich habe von ihnen nicht einen Pfennig erhalten, ich habe meine Konten offen gelegt.«

»Hören Sie, Sie müssten doch am besten wissen, was diese Art von Veröffentlichung wert ist ...«

»Ganz genau, deshalb habe ich ja einen Feldzug für die Transparenz geführt.«

»Welches Interesse sollte dann Camilo Ángel gehabt haben, Sie zu unterstützen?«

»Aber er hat mich nicht unterstützt, er hat mich nicht finanziert; er ist ein Freund, das ist alles.«

»Das ist ein bisschen einfach, finden Sie nicht?«

Ich schlafe nicht mehr, ich bin völlig erschöpft, und jeder neue Artikel trägt dazu bei, dass ich durch eine Anhäufung von intelligent ausgeschlachteten Dummheiten und Ungeschicklichkeiten meinerseits immer stärker kompromittiert werde. In der Zwischenzeit muss ich die Parlamentsdebatte vorbereiten, die wir gefordert haben und deren Datum näher rückt. Ich muss mich konzentrieren, die Beweise zusammenzustellen, aufzeigen, dass alles, was wir von Beginn an gesagt haben, wahr ist: Der Vertrag mit Galil stinkt und ist katastrophal für unsere Soldaten.

In diesem Moment verpasst mir jemand einen herben Schlag: Das Magazin *Cambio 16* veröffentlicht auf der Titelseite ein Foto, auf dem Camilo Ángel und ich zu Pferde sind. Und was trägt Camilo ganz offenkundig? Eine Mütze mit der Aufschrift Colt. Der Text gibt klar zu verstehen, dass das Foto in der Zeit meines Wahlkampfes gemacht worden ist ...

Als ich es entdecke, bin ich wie versteinert. Ich kann es nicht glauben. Wie ist das möglich? Ich erinnere mich ganz genau an diesen Ausritt. Wir hatten in der heißen Phase des Wahlkampfes all unsere Freunde zur Verstärkung angerufen, um an einem Sonntag einen »ökologischen« Ausflug in Bogotá zu machen. Das Foto ist verheerend. Es lässt alle möglichen Vermutungen zu. Wie sind sie an das Bild gekommen?

Luis Enrique! Mein Pressereferent. Er hatte mir seine Dienste angeboten – die im Übrigen sehr nützlich waren – und mir dabei erklärt, dass ich ihn erst dann zu bezahlen hätte, wenn ich vom Staat meine Wahlkampfkosten zurückerstattet bekäme. Jetzt fällt mir ein, dass er mitten in meinem ganzen Arbeitswahn schon zwei- oder dreimal dieses Geld von mir gefordert hat. Nun habe ich ihn dabei vielleicht ein wenig rüde hinauskomplimentiert, da der Staat mir gegenüber noch keine Kostenerstattung vorgenommen hat. Genau, er ist es. Er hat Hunderte von Fotos während meiner Kampagne gemacht, und jetzt rächt er sich und holt sich das Geld, indem er sie teuer verscherbelt.

Ich bin niedergeschlagen und am Boden zerstört. Dieses Foto ist der pure Mord. Wie kann man nur? Wie kann jemand, der mit mir gearbeitet hat, der meine Integrität kennt, meine Ideen, so etwas tun? Für Geld. Für Geld, das er zwei Monate später erhalten hätte. Jetzt geht das Telefonieren erst richtig los. Das große abendliche Nachrichtenjournal will mich als Gast. Ich erwäge eine Sekunde lang abzulehnen, weil sie sich mir gegenüber stets ekelhaft verhalten haben, aber gleichzeitig scheint es mir unmöglich zu schweigen, und ich sage ja. Unter einer Bedingung: dass das Gespräch direkt übertragen wird. Ich habe diese Forderung aus einer plötzlichen Eingebung heraus gestellt, ohne dass ich mir bewusst war, dass ich damit die erste intelligente Initiative ergriffen habe in dieser ganzen

Periode, in der ich wie ein gehetztes Tier gelebt und eine Dummheit nach der anderen begangen habe.

Die Stunden, die meiner Verteidigungsrede vorausgehen, verbringe ich zutiefst deprimiert zu Hause und frage mich, wie ich den Kolumbianern kurz und klar erklären kann, dass diese Geschichte eine Falle ist. Während ich überlege, blättere ich geistesabwesend *Semana* durch und stoße auf einen Artikel, der darüber berichtet, dass der Moderator des abendlichen Nachrichtenjournals, der mich eingeladen hat, und seine Co-Moderatorin ein Paar sind. Sie haben sich ineinander verliebt, das ist eine nette Anekdote. Gut, sage ich mir, ich werde die Geschichte verwenden, und die Kolumbianer werden es verstehen. Diese Idee verleiht mir eine außergewöhnliche Energie, und daher rufe ich meine Eltern an, die seit Wochen in Stillschweigen verharren, erschüttert über das, was ich durchmache.

»Seht mir heute Abend zu.«

»Oh, Ingrid! Du weißt gar nicht, was sie dir da Schlimmes antun. Die Leute glauben dir nicht mehr, das ist eine Katastrophe. Das Bild, das die Leute von dir ...«

»Mama, ich werde mich verteidigen, sieh mir zu, vertrau mir.«

Der Moderator greift mit Emphase an:

»Ingrid Betancourt, seit Tagen die Nummer eins in der gesamten Presse, ist heute Abend bei uns. Knalleffekt heute früh: *Cambio 16* widmet ihr die Titelseite.«

Und die Titelseite erscheint auf dem Bildschirm.

»Frau Betancourt, das sind doch Sie, oder, mitten im Wahlkampf?«

»Ja, das bin ich.«

»Und dieser Mann mit der Colt-Mütze, ist doch Camilo Ángel? Ohne eine schmutzige Phantasie zu haben, besteht da doch ein Zusammenhang ... Kurzum, Sie sollten den Kolumbianern eine glaubwürdige Erklärung dafür liefern, denken Sie nicht?«

»In der Tat, aber das ist nicht leicht; ich muss nämlich nachweisen, dass etwas, das völlig klar zu sein scheint, nicht der Wahrheit entspricht. Ich werde Ihnen ein Beispiel nennen, damit Sie mich besser verstehen: Ich habe vorhin in *Semana* gelesen, dass Sie sich in die hier anwesende Inés María Zabarraín verliebt haben und Sie beide jetzt ein Paar sind. Nun, nachdem ich diese Information gelesen habe, könnte ich daraus ableiten, dass Sie auch zusammenleben. Das wäre leichtfertig von meiner Seite, da ich denke, dass Inés María abwarten wird, bis Sie verheiratet sind, um mit Ihnen zusammenzuleben. Tja, und mit mir ist es dasselbe: Sicher, diese Colt-Mütze scheint ein Beweis dafür zu sein, dass zwischen mir und dem Haus Colt eine Verbindung besteht, dabei ist da gar nichts ...«

Ich sehe, wie der Typ scharlachrot wird. Man lässt mich kaum zu Ende reden, und schon sendet man Werbung. Die Journalisten sind schockiert, ja entrüstet. In Kolumbien gilt ein Zusammenleben außerhalb der Ehe als verwerflich. Meine Attacke scheint überzogen, ebenso wie die Vorwürfe mir gegenüber.

Aus der Betroffenheit der Moderatoren schließe ich, dass die Kolumbianer jetzt endlich verstanden haben müssten, was ich ihnen zu erklären versuche.

Und tatsächlich, kaum bin ich wieder zu Hause, bestätigen mich die Anrufe: »Wir haben verstanden«, sagen mir die Leute. »Bravo, du hast dich prima verteidigt.«

In zehn Tagen ist die parlamentarische Debatte. Auf Grund dieses ersten Erfolgs fasse ich wieder Mut. Und genau in diesem Moment erhalte ich eine wichtige Unterstützung, nämlich die eines Mannes, auf die ich seit Wochen vergeblich gewartet habe. Dieser Mann heißt Agustín Arango. Er ist der Vertreter des französischen Waffenherstellers Famas in Bogotá, und ich habe erfahren, dass auch er bei der berühmten Ausschreibung dabei war, die am Ende Galil gewonnen hat. Ich habe daher mehrfach bei ihm um Hilfe nachgesucht, und er hat jedes Mal abgelehnt, getreu der Diskretionsverpflichtung, die er gegenüber der kolumbianischen Regierung eingegangen ist. »Und außerdem, ganz unter uns«, sagte er wiederholt zu mir, »wenn ich rede, bin ich ein toter Mann.«

Am Tag nach meinem Fernsehauftritt ruft Agustín Arango mich an.

»Ingrid, es ist furchtbar, was sie mit dir machen. Ich habe es mir überlegt, ich werde dir alles erklären, dir die Unterlagen zeigen und dir die Namen von den Typen nennen, die bis zum Hals darin verwickelt sind. Aber schwör mir eins: Erzähle niemals, dass du mich getroffen hast.«

Ich habe es ihm geschworen. Wenn ich mir heute erlaube, unsere heimliche Zusammenarbeit zu enthüllen, so darum, weil Agustín Arango kurz nach der parlamentarischen Debatte über die Galil-Waffen tödlich verunglückt ist. Der Hubschrauber, mit dem er geflogen ist, zerschellte. Ich habe gute Gründe anzunehmen, dass es kein Unfall war.

Schließlich wird die Debatte im brechend vollen Plenarsaal eröffnet. Minister Fernando Botero, der sich verpflichtet hatte, mich zu unterstützen, hat sich in Wahrheit eine groteske Parade zugunsten von Galil ausgedacht. Zur angegebenen Stunde bekommen wir eine Modenschau zu sehen: Amazonen in Miniröcken und Lederstiefeln schlagen unter unseren Augen Rad und schwingen dazu das zu trauriger Berühmtheit gelangte israelische Gewehr. Die Abgeordneten schmelzen dahin, applaudieren, wie sie es im Crazy Horse tun würden, und ich denke: Was für eine Scheindemokratie sind wir, um uns solch einem unwürdigen Affenzirkus hinzugeben? Ich schäme mich für Kolumbien, schäme mich für uns Volksvertreter und für die etwa zwanzig hochrangigen Offiziere, die dem Schauspiel in den ersten Rängen beiwohnen, die Brust mit Orden behangen und sichtlich entzückt. Umso mehr, als die gesamte Presse da ist, speziell das Fernsehen. Welches Bild mögen die Kolumbianer wohl von Männern haben, die einem solchen Spektakel applaudieren?

Ich bin dreiunddreißig Jahre alt und werde zum ersten Mal als Abgeordnete vor meinen Kollegen reden, und auf dieses Ereignis wartet das ganze Land. Die Presse hat aus dieser Debatte ein Duell zwischen Fernando Botero und mir gemacht und hält den Minister im Voraus weitestgehend für den Sieger. Der Druck auf den Neuling, der ich bin, ist groß, so groß, dass ich psychosomatische Störungen habe und am Ende regelrecht krank bin. Ich bin am Morgen mit hohem Fieber aufgestanden und wohne jetzt schweißgebadet, mit Medikamenten voll gepumpt und mit Herzklopfen dem Bauchtanz der Galil-Girls von Herrn Botero bei.

Manchmal gibt es im Leben Momente von außergewöhnlicher Intensität, in denen man deutlich den Eindruck hat, sein Schicksal herauszufordern. Ich habe dieses Gefühl, und mir wird daher ganz schwach in den Knien, als ich an der Reihe bin, ans Rednerpult zu treten. In der Regel hört im kolumbianischen Parlament niemand zu: Die Leute schwatzen, stehen auf, kommen und gehen, es geht zu wie auf dem Basar, sodass man den Eindruck hat, ins Leere zu reden. Diesmal macht sich bei meinen ersten Worten eine beeindruckende Stille breit.

»Es ist unglaublich«, sage ich, »dass ein Minister der Republik, der aus einer angesehenen kolumbianischen Familie stammt, kraft seiner Autorität und seiner jämmerlichen Dekorationen einen Vertrag deckt, von dem er genau weiß, dass er anrüchig ist. Man muss sich fragen, warum er dies tut, welches persönliche Interesse er daran hat, dass unsere Soldaten mit Waffen ausgerüstet werden, die nicht nur viel zu teuer bezahlt sind, sondern auch technisch überholt und die ihnen beim ersten Regen um die Ohren fliegen werden.«

Fünfundvierzig Minuten lang enthülle ich, gestützt auf Beweise, wie die Regierung dazu gekommen ist, diese veraltete Waffe, die Kolumbien bereits jetzt teurer bezahlt hat als die ultramodernen deutschen, französischen oder amerikanischen Gewehre, als die leistungsstärkste hinzustellen. Ich schwenke ein Dokument nach dem anderen, klage den Minister an, und man könnte eine Stecknadel zu Boden fallen hören. Ich merke, dass ich Punkte mache, dass ich Schlag für Schlag zurückzahle, was ich seit Wochen habe einstecken müssen. An diesem Tag erlange ich, ohne mir dessen bewusst zu sein, eine Reputation als Rednerin, die ich seitdem nicht wieder verloren habe: Jedes Mal, wenn ich von nun an rede, ob im Abgeordnetenhaus oder später im Senat, wird man mir in gespannter und oft hasserfüllter Stille zuhören.

Habe ich gewonnen? Ganz offensichtlich ja, wenn auch alles versucht werden wird, mir diesen Sieg zu stehlen. Ich habe die Journalisten überzeugt, darunter die Autorin des Artikels in *Cambio 16*, María Teresa Arrazola, die sich entschuldigen kommt, kaum dass ich wieder auf meinem Platz sitze. »Ich hoffe«, sagt sie, »eines Tages die Gelegenheit zu haben, das Unrecht wieder gutzumachen, das man dir zugefügt hat. Ich bin mir bewusst, dass wir uns total haben manipulieren lassen.« Dieses Unrecht machen die Zeitungen zu einem Teil wieder gut, indem sie Bruchstücke der Untersuchung veröffentlichen, auf die sich meine Aussagen gestützt haben. Dadurch sind die Kolumbianer endlich über das Maß der Staatskorruption informiert und zu deren Zeugen gemacht. Gleichzeitig können sie aber feststellen, dass dieser Staat sich wunderbar aus der Affäre zieht, da die Abgeordneten wie ein Mann für Botero gestimmt haben. Warum haben sie kein Misstrauensvotum ausgesprochen? Warum haben sie nicht gefordert, dass eine Untersuchung eingeleitet wird? Weil sie ebenfalls korrupt sind. Haben die Leute das kapiert? Ich hoffe es.

Wir schreiben das Jahr 1994. Zwei Monate später gibt mir der Finanzinspektor im Nachhinein recht: Er eröffnet ein Ermittlungsverfahren gegen die Unterzeichner des Galil-Vertrages. Der

Skandal ist nicht mehr zu verschleiern: Die bezahlte und gelieferte Fabrik hat nicht ein Gewehr produziert und wird auch nie eins produzieren. Das ist eine gigantische Geldverschwendung. »Wir konnten bei drei hohen Funktionären betrügerisches Verhalten nachweisen«, versichert der Inspektor. Er nennt die Namen dieser drei Männer, die als Sündenböcke herhalten. Wie oft in Kolumbien ist dies in Wahrheit nur ein Manöver, um den Skandal zu begraben, ohne die wirklich Verantwortlichen, die zu wichtig, zu unantastbar sind, dafür bezahlen zu lassen.

Und einmal mehr scheut die Presse die Verantwortung. Es erscheint kein einziger Artikel, in dem anerkannt wird, dass wir Recht hatten, wir, die »vier Musketiere«, wie die Journalisten gesagt haben, bevor sie sich haben hinters Licht führen lassen. Kein Artikel, in dem man sich über die schändliche Blindheit der Abgeordneten gewundert hätte. Kein Wort, um diese Regierung, diese Militärs anzuprangern, die bis über die Ohren kompromittiert sind. Als die Journalisten in Fernando Boteros Büro strömen, spielt er den Überraschten und hüllt sich hochmütig in beleidigtes Staatsschweigen. »Es ist unabdingbar, dass die Justiz ihre Arbeit tut«, wagt er zu erklären. »Dass sie die Schuldigen findet und sie ihrer Verantwortung entsprechend bestraft.« Aber der Vertrag wird aufrechterhalten und die Schmiergelder werden verteilt.

Schlimmer noch, dieselbe Justiz, die beflissen einen Skandal begräbt, eröffnet gegen mich ein Ermittlungsverfahren, und zwar auf Grund von anonymen Briefen, die dem Staatsanwalt zugegangen sind. Es sind die Journalisten, die mir diese Neuigkeit mit sichtlicher Schadenfreude mitteilen, und ich rücke genau an dem Tag wieder ins Zentrum des Interesses – sonderbarer Zufall! –, an dem man die Affäre Galil begräbt, so als müsse man eiligst die Aufmerksamkeit der Kolumbianer in eine andere Richtung lenken.

Die Schlagzeilen auf der Seite eins der Zeitungen, die die Verfahrenserhebung enthüllen, sind ein neuer schwerer Schlag für mich. Ich erlebe zum zweiten Mal, wie weit die Mittel eines korrupten Staates gehen, um den zu vernichten, der sich ihm in den Weg stellt. Ich habe gesehen, wozu ein solcher Staat imstande ist, und ich habe Angst. Meine Freundin María Paulina Espinosa macht sich ebenfalls große Sorgen um mich und vermittelt mir die Bekanntschaft mit einem Mann, der fortan jedes Mal an meiner Seite sein wird, wenn die Justiz versucht, mich unschädlich zu machen: Hugo Escobar Sierra, ein betagter Anwalt und ehemaliger Justizminister, der sämtliche Mechanismen des Systems kennt, dem er selbst angehört.

Er empfängt mich. Ich bin so verletzt, so verängstigt, dass ich mich sogar schon schuldig fühle, weil ich während des Wahlkampfes auch nur einen Waffenhändler getroffen habe. Ist das verboten? Muss ich dafür mit einer Bestrafung rechnen? Vielleicht. Ich weiß es nicht, ich kenne das Gesetz nicht.

»Meine Kleine«, sagt er, »du weißt gar nicht, welchem Monster du da die Stirn geboten hast. Sie wissen, dass sie nichts gegen dich in der Hand haben, aber sie schrecken vor nichts zurück, um dich in den Schmutz zu ziehen. Das Problem mit ehrlichen Menschen wie dir ist, dass sie unablässig dazu neigen, sich schuldig zu fühlen. Du hast nichts Schlechtes getan. Du musst Vertrauen zu mir haben, ja, aber vor allem musst du Vertrauen in dich selbst haben.«

Er begleitet mich jedes Mal, wenn ich eine Aussage zu machen habe, und ich stelle fest, dass seine Anwesenheit die Beamten einschüchtert. Ich fasse wieder Mut. Das Ermittlungsverfahren zu dem Galil-Vorgang hat zwei Monate gedauert, das gegen mich eröffnete wird sich länger als ein Jahr hinziehen. Hugo Escobar Sierra wird mir dabei konstant die Hand halten, aufmerksam, wach und bereit, sämtliche Tiefschläge zu parieren. Und er will dafür nicht das geringste Honorar. »Ich verteidige dich, weil ich Lust habe«, sagt er immer wieder. »Und damit basta.«

Schließlich vernehme ich aus dem Mund meines Anklägers die unglaublichen Worte: »Wir werden das Ermittlungsverfahren einstellen, da wir nichts gefunden haben. Ich werde Ihnen eine Bestätigung zukommen lassen, dass das Verfahren geschlossen ist, jedoch unter einer Bedingung: dass Sie der Presse davon nichts mitteilen. Sie müssen wissen, dass wir das Untersuchungsverfahren jederzeit wieder eröffnen können.«

Eine kaum verhüllte Drohung. Noch am Abend schicke ich eine Kopie der Bescheinigung an sämtliche nationalen Zeitungen. Nicht ein Wort davon wird in der Presse abgedruckt, deren Unabhängigkeit man doch auf der ganzen Welt rühmt.

7

Ernesto Samper wird am 19. Juni 1994, zwei Wochen nach meiner Wahl ins Abgeordnetenhaus, zum Präsidenten der Republik gewählt. Ich habe Samper unterstützt - speziell indem ich den Moralkodex der liberalen Partei verfasst habe -, obwohl ich ihn nicht sonderlich schätze. Ich will zu dieser Zeit gerne glauben, dass seine Worte in punkto Moral aufrichtig sind, und ich befürworte das Programm der liberalen Partei, das sozialer ist und sich mehr um die Benachteiligten kümmert als das der konservativen Partei, das der unglückliche Gegner Sampers, Andrés Pastrana, vertritt.

Der Skandal um Samper platzt am 21. Juni, zwei Tage nach seiner Wahl in das höchste Amt, wie eine Bombe. Angezündet hat die Lunte Andrés Pastrana, der geschlagene Kandidat. Während er seine Niederlage eingesteht, ruft er aus: »Ich verlange von Samper nur eins: Kann er bei seiner Ehre und vor dem kolumbianischen Volk schwören, dass er kein Geld von der Drogenmafia bekommen hat, um seinen Wahlkampf zu finanzieren?« Samper geht nicht darauf ein, und man entdeckt gleichzeitig in der Presse die Mitschrift einer Tonkassette, auf der die Brüder Rodríguez, die auf traurige Weise berühmten Chefs des Cali-Kartells, von Samper sprechen und das Geld erwähnen, das sie in seine Kampagne investiert haben.

In der Folge kommt heraus, dass diese Kassette während des Wahlkampfes von amerikanischen Beamten der Drug Enforcement Administration (DEA) aufgenommen und eine Woche vor der Abstimmung an Pastrana ausgehändigt worden ist, mit dem offenkundigen Ziel, sie gegen Samper zu verwenden. Aber Pastrana macht sie erst bekannt, als er geschlagen ist ...

Die Information erzielt jedoch nicht die volle Wirkung. Weil man sie mit der Enttäuschung eines geschlagenen Mannes verbindet? Nicht nur. In diesem Frühling 1994 sind die Kolumbianer nur mit Ach und Krach einem Bombenkrieg entronnen, der von dem schrecklichsten aller Mafiosi, Pablo Escobar, dem gefürchteten Chef des Medellin-Kartells, geführt worden ist. Escobar, der für Hunderte von Mordanschlägen und den Tod von Luis Carlos Galán verantwortlich ist, wird selbst nach monatelanger Treibjagd erschossen. Das Land atmet auf. Es möchte gerne glauben, dass ein blutiges Kapitel sein Ende gefunden hat, dass die Mafia den Volksvertretern nie mehr ihre Gesetze aufzwingen wird. Also, was erzählt man uns da über diesen neuen Präsidenten, und das noch bevor dieser den Palacio de Nariño bezogen hat? Dass er von den neuen Königen des Kokains, den Brüdern Rodríguez, finanziert worden ist? Soll das heißen, dass alles von vorne losgeht? Die Leute können nicht mehr. Sie fordern ganz einfach das Recht auf Hoffnung, das Recht, sich in Illusionen zu wiegen. Sie bringen das auf ihre Weise zum Ausdruck, indem sie verschämt den Blick von den Unglücksprophezeiungen abwenden, die sich in den Zeitungen breit machen.

Schlimmer noch, oder besser: Statt dem mutmaßlichen Schuldigen Erklärungen abzuverlangen, schieben sie die Schuld demjenigen zu, durch den der Skandal droht, Andrés Pastrana. Angeklagt, das vorgeblich wiederhergestellte Ansehen Kolumbiens in den Augen der Welt beschmutzt zu haben, wird Pastrana schon bald »el Sapo« genannt, die Kröte, und als solche auch in den Zeitungen und an den Wänden der Stadt karikiert. Geschmäht und geächtet, beschließt dieser Mann, der vier Jahre später zum Präsident gewählt werden wird, Kolumbien fluchtartig zu verlassen, um dem Groll seiner Landsleute zu entgehen.

Ernesto Samper schweigt. Warum sollte er mit einem Volk, das nichts anderes verlangt, als an seine Unschuld glauben zu können, über diese düstere Affäre reden? Mit einem Volk, das ihm ganz und gar ergeben ist? Am 15. Juli jedoch greift er in dem Gefühl, es könne sich seitens der Vereinigten Staaten ein ungünstiger Wind erheben, zu einer mutigen Maßnahme: Er richtet einen Brief an die amerikanischen Senatoren, und nicht an die Kolumbianer, um ihnen zu erklären, dass diese Kassette die Frucht eines Komplotts des Cali-Kartells ist, um seine Regierung zu destabilisieren, und er bittet die amerikanischen Volksvertreter, ihm im Kampf gegen die Drogenschieber zu helfen. Das ist zynisch, aber äußerst intelligent und nach zwei Seiten hin wirksam: Zum einen bringt er die Regierung der Vereinigten Staaten in Verlegenheit, indem er ein Bündnis mit den Senatoren schließt, zum anderen stellt er auf meisterliche Weise den Kolumbianern gegenüber seine Aufrichtigkeit unter Beweis. Zu unserer Kenntnis fügt er noch die folgende Botschaft hinzu: Das Cali-Kartell will mir an den Kragen, wie das Medellin-Kartell Galán an den Kragen gegangen ist.

Und ich gehe ihm wie alle Kolumbianer auf den Leim. Ich bringe es nicht fertig zu glauben, dass Samper in der Lage ist, eine derartige Geschichte einzufädeln. Weil ich glaube, dass seine Regierung ein Interesse daran hat, energisch gegen die Korruption anzutreten, bin ich vollkommen fassungslos angesichts der Haltung, die Botero in der Galil-Affäre an den Tag legt. Mir fällt ein Abendessen im Haus meiner Eltern ein. Wie zu dieser Zeit sicherlich in allen Haushalten, dreht sich die Unterhaltung um die Geschichte mit der Kassette. Papa sagt: »Die Geschichte ist fadenscheinig. Wer nimmt heute noch Geld von der Mafia an? Samper ist zu gewieft, um so etwas zu machen ... Also bitte! Ganz offensichtlich stecken da die Brüder Rodríguez dahinter ... Ich mag Samper nicht, mir wäre Pastrana lieber gewesen, aber in der Sache agiert er gekonnt: Da die amerikanische Regierung die Kolumbianer aller erdenklichen Laster bezichtigt, ist es klug, einen Appell an die Senatoren zu richten, damit die amerikanische Öffentlichkeit sich dessen bewusst wird, was hier bei uns vorgeht.«

Ja, wir sind allesamt Opfer eines kleinen Nationalismusschubs angesichts der Verdächtigungen durch die Clinton-Regierung, die uns der Beweis für eine Form der Missachtung unseres neuen Präsidenten zu sein scheint, eine Form des Imperialismus uns gegenüber.

Im Übrigen erklärt am 16. August der öffentliche Ankläger der Nation, Gustavo de Greiff, nach einer Untersuchung der den Brüdern Rodríguez unterstellten Äußerungen, dass er keinen Anlass habe, ein Ermittlungsverfahren gegen Samper zu eröffnen. Ich werde bald schon verstehen, warum de Greiff, der bereits weiß, dass er gehen muss, diese Entscheidung so überstürzt getroffen hat, exakt achtundvierzig Stunden vor der Ankunft seines Nachfolgers Alfonso Valdivieso. Im Moment hege ich keinen Argwohn, und als ich an einem dieser Augusttage eine Einladung von Ernesto Samper in den Palacio de Nariño erhalte, kann ich es eigentlich kaum erwarten, ihn wieder zu sehen, und bin voller Neugier. Man sagt, die Aufgabe prägt den Menschen. Sollte das höchste Staatsamt ihn verwandelt haben?

Nein, er ist ganz der alte Charmeur, oberflächlich und stets zum Lachen bereit. Ich habe sogleich das Gefühl, dass ihn alles interessiert außer den Sorgen des Landes. Wir erwähnen weder die Affäre Galil, an der ich arbeite, noch die der berüchtigten Kassette, es sei denn in Form eines gezwungenen Scherzes ganz in seiner typischen Art: »Red nicht so laut, Ingrid, die Gringos haben mein Büro mit Wanzen gespickt ...« Nach ein paar launigen Äußerungen geht er dazu über, mich nach dem Wohlergehen meiner Eltern zu fragen. Wenn ich an dieser Stelle über eine augenscheinlich so uninteressante Unterhaltung berichte, so weil sie für mich eine unvermutete Bedeutung annehmen wird, indem sie mich bald an den Rand einer Verurteilung bringt, die meinem politischen Leben hätte ein Ende setzen können.

»Erzähl mir, wie es Yolanda geht.«

»Mama geht es gut. Ich glaube, sie ist nicht böse, der Politik definitiv den Rücken gekehrt zu haben. Sie widmet sich dem *Albergue*, ihren Kindern.«

»Schön, schön ... Und deinem Vater?«

»Es geht. Papa hat Geldprobleme, aber nicht wirklich schlimme. Wir reden ein andermal darüber. Aber es ist schon unglaublich: Seine Pension ist seit zwanzig Jahren nicht erhöht worden ... Er hat mir gesagt: ›Ich habe mein ganzes Leben gearbeitet, und jetzt sieh mal, was ich zum Leben habe, drei Pesos ...‹ Wenn man bedenkt, dass er Botschafter war, Minister, es ist absolut grotesk! Was muss das für die anderen heißen ...«

»Ja, das muss man sich alles noch einmal ansehen ... Nun ja, wenn ich irgendetwas für deinen Vater tun kann, es würde mich freuen.«

Hierbei bleibt es. Ich bitte selbstverständlich um nichts für Papa und werte Sampers Angebot als höfliche Aufmerksamkeit. Im Hinausgehen erfahre ich, dass er seine sämtlichen Nachmittage dafür reserviert hat, die Parlamentarier zu empfangen, und ich sage mir, dass er nicht Unrecht hat, sich zu Beginn seiner Amtszeit der positiven Stimmung seiner Mehrheit zu versichern ... Dann vertiefe ich mich wieder in die Galil-Akten. Die parlamentarische Debatte rückt näher, und ich befinde mich im Zentrum des politischen Sturms, wie man weiß.

Ende November 1994 haben wir die Sache mit den israelischen Gewehren abgeschlossen, und meine drei Mitstreiter und ich haben endlich in den Augen der Bevölkerung an Glaubwürdigkeit gewonnen. Man sieht mittlerweile, dass wir ein wirklich heikles Thema angeschnitten haben, es ist ein erster Schritt in unserem Kampf gegen die Korruption und für einen Mentalitätswechsel an der Spitze des Staates. Warum beschließen wir dann, uns mit den geheimen und schrecklichen Verbindungen zu befassen, die zwischen den »Narcos« und unseren Politikern bestehen? Weil wir das Gefühl haben, dass eben diese Verbindungen die kolumbianische Gesellschaft zersetzen und keine Neuerungen vorgenommen werden können, solange man dieses Geschwür nicht verödet, diese Infektion nicht beseitigt hat. Die verbitterte Reaktion der Kolumbianer in der Kassetten-Affäre zeigt, wie sehr dieses Geschwür schmerzt: Wir ziehen es sämtlich vor, Pastrana zu verdammen, der den Finger auf das Übel legt, als Samper, der diesem vielleicht Nahrung gibt. Und was erzählt man sich nicht über die finsteren Machenschaften, die Pablo Escobar mit Präsident Gaviria, dem Vorgänger von Ernesto Samper, verbanden, bevor Gaviria sich entschloss, Escobar erschießen zu lassen? Was erzählt man sich nicht in der geheimen Hoffnung, dies alles möge nicht stimmen, denn wenn es wahr wäre, würde Kolumbien seine Seele verlieren. Kurzum, die Wahrheit herauszufinden erscheint uns eine unverzichtbare Vorbedingung für die Erneuerung des Staates.

Unsere erste Initiative besteht darin, eine Debatte im Parlament zum Thema nationale Sicherheit herbeizuführen. Auf diese Weise können wir noch einmal auf den von Pablo Escobar ausgeübten Terrorismus zurückkommen, uns öffentlich fragen, wie so etwas hat geschehen können, und zu verstehen versuchen, wie der Staat diesen Krieg geführt hat. Die Kolumbianer müssen die Wahrheit gesagt bekommen, und diese Wahrheit entdecken wir bei der Vorbereitung auf die Debatte: Escobar lässt Galán 1989 erschießen, weil dieser für die Auslieferung der »Narcos« in die Vereinigten Staaten ist und im Falle seiner Wahl zum Präsidenten der Republik die Auslieferung durchgesetzt und ausgeführt worden wäre. Gaviria, der sich als Erbe Galáns präsentiert und sich an dessen Stelle wählen lässt, nimmt unverzüglich Abstand von der Auslieferung. Das ermöglicht es ihm, die Übergabe Escobars zu erreichen und dem Bombenkrieg ein Ende zu setzen. Man schreibt ihm einen großen Sieg zu, während in Wahrheit der Staat vor Escobar kapituliert hat. Weshalb? Weil Escobar absolut nicht der Gefangene ist, den man sich vorstellt. Er residiert in einem luxuriösen Gefängnis, das man »Kathedrale« getauft hat, umgeben von seinem Führungsstab von etwa zwanzig Männern. Mehr denn je ist er im internationalen Kokainhandel tätig. Tatsächlich hat sich seine Situation verbessert, seit er »im Gefängnis« ist. Da er speziell bei seinen früheren Bundesgenossen, den Brüdern Rodríguez aus dem Cali-Kartell, fürchterliche Hassgefühle geweckt hat, riskiert er, eingesperrt in die »Kathedrale« und geschützt durch die Staatspolizei, jetzt weniger. Ich sage »geschützt«, denn man entdeckt, dass Escobar Schlüssel zu seinem vorgeblichen Gefängnis hatte und, schlimmer noch, dass er dessen Eigentümer war, da es eigens für ihn, mit seiner Erlaubnis, seinem Geld, und auf seinem eigenen Gelände errichtet worden war ...

Wir entdecken auch, warum Escobar aus seinem goldenen Gefängnis geflohen ist. Nicht nur, dass er dort seinen Kokain-Export weiter betrieb, er hielt dort auch in seiner Mafiaart Gericht, was sogar so weit ging, dass er Todesurteile verhängte. Dem Staatsanwalt Gustavo de Greiff kommt zu Ohren, dass ein Massaker innerhalb der Mauern der »Kathedrale« stattgefunden hat. Die Untersuchung bestätigt, dass zwei von Escobars Leuten, die Brüder Galiano, die ihn bestohlen haben sollen, auf monströse Art und Weise getötet worden sind: Sie wurden bei lebendigem Leib mit einer Elektrosäge in Stücke geschnitten und anschließend gegrillt und den Hunden vorgeworfen, um die Spur ihrer Leichen zu verwischen. Entsetzt und mit Sicherheit auch besorgt um den Ruf der Justiz, bittet der Staatsanwalt Präsident Gaviria, Pablo Escobar in ein Gefängnis verlegen zu lassen, das diesen Namen verdient. Aber Escobar hat mit Gaviria eine Vereinbarung getroffen: Er hat sich nur unter der Bedingung ergeben, in der »Kathedrale« untergebracht zu werden. Gaviria weiß, dass sich Escobar, wenn er ihn in einen richtigen Knast schickt und damit ihren geheimen Vertrag verletzt, rächen wird. Gaviria selbst lässt ihn also von seinem Transfer wissen und fordert ihn damit stillschweigend auf, die Flucht zu ergreifen, was Escobar problemlos gelingt.

Unter welchen Umständen kommt er wenige Monate später zu Tode? Wir erfahren es nach der parlamentarischen Debatte anlässlich einer ungewöhnlichen Begegnung mit ... den Brüdern Rodríguez.

Am Abend der Debatte beschließen die Abgeordneten tatsächlich, eine »Kommission zur nationalen Sicherheit« einzurichten, deren Aufgabe es ist, die Untersuchung der Affäre Escobar durchzuführen. Mehrheitlich Anhänger von Samper, sehen die Abgeordneten darin eine Möglichkeit, Gaviria eins auszuwischen und dabei von den Verdächtigungen gegen Samper, die immer massiver werden, abzulenken. Die »Musketiere« treten dieser Kommission von etwa zehn Mitgliedern bei.

Im Februar 1995, während einer Arbeitskonferenz in der Präfektur von Cali, bittet man uns, einen Moment herauszukommen. Ein Mann erwartet uns, geschickt von den Rodríguez-Brüdern, wie er sagt. Sie hätten, erklärt er, die Debatte im Parlament verfolgt und dabei unsere Ausführungen über die Haftbedingungen von Escobar gehört; sie hätten diesbezüglich weitere Informationen für uns. Könnten wir ein Treffen mit ihnen akzeptieren? Wir müssen uns schnell entscheiden, die einzige Bedingung, die sie uns stellen, ist, dass wir unverzüglich diesem Mann folgen, ohne jemandem Bescheid zu sagen. Außer mir und Lucio ist da noch ein dritter Abgeordneter aus der Kommission. Wir verständigen uns mit Blicken.

»In Ordnung. Gehen wir.«

Wir werden in ein Auto verfrachtet, dessen Fenster verhangen sind, sodass wir nichts sehen. Eine Stunde lang scheint es uns, dass unser Fahrer mehr oder weniger im Kreis herumfährt, um uns jeglicher Orientierung zu berauben und uns daran zu hindern, im Anschluss die Adresse zu identifizieren, zu der wir fahren. Als man uns auszusteigen bittet, befinden wir uns in der Tiefgarage eines Hochhauses. Wir nehmen den Aufzug und werden in eine Wohnung geleitet, eine sorgfältig möblierte Wohnung, der man jedoch deutlich anmerkt, dass sie nicht bewohnt ist. Eine schwarze Hausangestellte mit gestärktem Kragen und gestärkter Schürze, wie in »großen Häusern« üblich, fragt uns, was wir zu trinken wünschen.

Stunde um Stunde verrinnt, und der Tag verstreicht, ohne dass irgendetwas passiert. Der einzige Mensch außer uns in dieser Wohnung scheint diese lächelnde, dienstbeflissene Frau zu sein, die uns in regelmäßigen Abständen eine Stärkung bringt. Haben wir Angst? Nein. Aber da ich durch die Galil-Affäre ein gebranntes Kind bin oder, genauer gesagt, durch die Art und Weise, in der es Presse und Staatsmacht fast gelungen wäre, mich zu vernichten, indem sie die »Affäre Colt« aufgebracht haben, befürchte ich, in eine Falle getappt zu sein. Wer sagt uns, dass wir nicht gefilmt werden, wenn wir uns mit den Brüdern Rodríguez unterhalten, und dass diese Filme nicht in den Fernsehnachrichten ausgestrahlt werden? Wäre dies nicht die beste Methode, uns zum Schweigen zu bringen, uns, die wir die Verbindungen der Politiker mit den »Narcos« anprangern? Ich rede mit den anderen und sage ihnen: »Sobald wir hier raus sind, erzählen wir alles der Presse. Allein die Transparenz bewahrt uns vor zukünftigen Fallen.«

Endlich – es ist schon mitten am Abend – kommt Bewegung in die Dinge. Türen schlagen, Stimmen hallen. Unsere Betreuerin bittet uns, ihr zu folgen, und führt uns in ein kleines Zimmer, in dem ein Tisch und sechs Stühle stehen, jeweils drei auf einer Seite. Man bittet uns, in einer Reihe Platz zu nehmen. Eine weitere Viertelstunde verstreicht. Dann treten sie ein, und mein Herzschlag beschleunigt sich, da ich diese so häufig in den Zeitungen als Symbol des Schreckens veröffentlichten Gesichter wieder erkenne. Zunächst Gilberto, der älteste, kurz gewachsen, mit weißer Mähne, der direkt mit ausgestreckter Hand auf mich zugeht und mir als Zeichen von Respekt und Hochachtung ein »Doctora« gewährt.

»Guten Abend, Doctora!«

Dann Miguel, jünger und höher aufgeschossen. Und schließlich José Santacruz, ein Kleiderschrank, der dritte Mann an der Spitze des Cali-Kartells.

Gilberto Rodríguez hat unsere Überraschung bemerkt, vielleicht auch unsere Unbehaglichkeit, und seine ersten Worte sollen die Situation entschärfen.

»Sie sind erstaunt, uns leibhaftig vor sich zu sehen, aber, was Sie vor allem überrascht, ist die Feststellung, dass wir normale Menschen sind. Sehen Sie uns an, wir tragen weder Ringe noch Goldketten ...«

Ich denke bei mir: In der Tat, man könnte sie für bescheidene Kaufleute halten. Offenes Hemd, marineblaue Hose, Mocassins – wie man sich in Cali, der ewig frühlingshaften Stadt, kleidet. Nichts übertrieben Protziges.

»Warum wollten Sie sich mit uns treffen?«, unterbricht ihn Lucio.

Daraufhin ergeht sich Gilberto in einer seltsamen Rede, in der es um all das Gute geht, das sie in Kolumbien tun, die vielen legalen Unternehmen, die sie gegründet haben und die der halben Stadt Arbeit geben, um die Belästigung durch die Richter, deren Opfer sie ganz ungerechterweise seien, da sie für das kolumbianische Volk doch nichts als Glück und Reichtum wollten. Und plötzlich schwillt mir der Kamm: Wie können diese Gangster, diese Kriminellen es wagen, sich als Robin Hoods auszugeben?

»Wissen Sie eigentlich, dass man Ihretwegen nicht mehr ins Ausland reisen kann, ohne sofort verdächtigt zu werden, ein Drogenschieber zu sein?«, sage ich nervös. »Sie haben das internationale Ansehen Kolumbiens ruiniert und, was die Arbeit betrifft, so haben Sie dieses Volk in den Terror gestürzt, in die

Instabilität. Ihretwegen glauben die Kolumbianer nicht mehr an die Zukunft.«

Bei diesen Worten wird Miguel knallrot. Er stößt heftig seinen Stuhl zurück, knurrt unverständliche Worte und verlässt, da er sich nicht mehr in der Gewalt hat, das Zimmer. Meine beiden Kollegen schweigen konsterniert, und ihr Gesichtsausdruck sagt mir: Bravo, Ingrid, das fängt ja gut an, und was machen wir jetzt?

Aber Gilberto ergreift wieder das Wort, heiter, als sei das Hinausgehen seines Bruders geplant gewesen.

»Nun, wir wollten gern, dass Sie auch wissen, wie unsere Vereinbarung mit dem ehemaligen Präsidenten Gaviria hinsichtlich des Todes von Pablo Escobar ausgesehen hat.«

Escobar ist der Teufel für die Brüder Rodríguez. Wir bemerken, dass Gilberto mit einem Anflug von Furcht von ihm spricht, er, der schließlich auch kein Unschuldslamm ist. Sie waren lange verbündet und sind miteinander in den Krieg getreten, als Escobar von den Rodríguez' gefordert hat, ihm einen ihrer Leute auszuliefern, der ihm angeblich keine Steuern gezahlt und den er zum Tode verurteilt hat. Die tief gekränkten Rodríguez-Brüder lehnen das ab, was der Anfang eines Krieges ohne Zugeständnisse ist.

Als Escobar in der Zeit, als er in der »Kathedrale« untergebracht ist, die Brüder Galiano mit der elektrischen Säge umbringt, sucht die Familie Galiano, in Angst und Schrecken versetzt, bei den Rodríguez' Zuflucht. Gilberto überzeugt sie, dass sie dem öffentlichen Ankläger de Greiff von dem Massaker erzählen sollen. Nach der phantastischen Flucht von Pablo Escobar versammelt de Greiff an einem Tisch, der *mesa di diablo*, dem Tisch des Teufels, all diejenigen, die ein Interesse daran haben, dass Escobar rasch aus dem Weg geräumt wird: einen Vertreter von Präsident Gaviria, der jetzt in der Angst lebt, Escobar könne das frühere Abkommen mit ihm hinsichtlich seiner Übergabe öffentlich machen, die Brüder Rodríguez, die befürchten, dass Escobar sie ermorden wird, und schließlich die kolumbianische Polizei, die Dutzende ihrer Leute durch die Sicarios von Escobar verloren hat und die diesem Mann gegenüber einen unerbittlichen Hass empfindet. Folglich sitzen die Vertreter der höchsten Institutionen ohne schlechtes Gewissen an der Seite des organisierten Verbrechens. Mehr als alle faulen Kompromisse, deren Zeugin ich war, symbolisiert diese Versammlung in meinen Augen, wie krank Kolumbien ist, wie zersetzt durch die Mafia.

Am Ende dieses Treffens verpflichten sich die Brüder Rodríguez, Escobar ausfindig zu machen und ihn den Eliteschützen der Polizei zu überstellen. Ein Dutzend Männer wurde für diese Tötung auserwählt, und die Rodríguez' versprechen jedem von ihnen eine Million Dollar. Sie werden ihr Versprechen halten. Sie werden, erzählt uns Gilberto, ein Vermögen ausgeben, um Escobar zu jagen, und vor allem finanzieren sie die Entwicklung einer elektronischen Lokalisierungstechnik, einer Art Telefonabhörsystem. Die Brüder Rodríguez wissen, dass Escobar, dieses Monster, das seinem vierzehnjährigen Sohn beigebracht hat, seinen Opfern mit Hilfe eines rotglühenden Löffels die Augäpfel auszustechen, eine wahre Leidenschaft für seine letzte Enkelin hegt. Sie sind davon überzeugt, dass er versuchen wird, mit ihr zu telefonieren, und stellen alles bereit, um diesen Anruf abzuhören. Escobar tappt in die Falle. Er wird Anfang Dezember 1993 geortet und beim Versuch, über das Dach des Hauses, in dem er sich versteckt gehalten hat, zu fliehen, erschossen.

Seine Hinrichtung wird im ganzen Land und auf Seite eins der Zeitungen gefeiert und als Leistung von Präsident Gaviria und seiner Polizei hingestellt. Meine Kollegen und ich stellen fest, in welchem Maße wir, die Kolumbianer, einmal mehr getäuscht und manipuliert worden sind. Diesen Sieg über den gefürchtetsten Mafioso verdanken wir nicht unseren Institutionen, sondern anderen Mafia-Mitgliedern ... Der Wundbrand setzt also seine langwierige Zerstörungsarbeit fort, denn selbstverständlich haben die Brüder Rodríguez für ihre Mitwirkung einen hohen Preis ausgehandelt. Das wird uns in unserem weiteren Gespräch mit Gilberto, seinem wütend entschwundenen jüngeren Bruder Miguel, der schließlich auf seinen Platz zurückgekehrt ist, und José Santacruz klar.

Die Rodríguez' sind Multimilliardäre und müssen einen Schlussstrich unter ihre Vergangenheit ziehen und ihr schmutziges Geld waschen, um ihre Kinder in den Genuss desselben kommen zu lassen. Das geschieht, indem sie sich stellen und verurteilen lassen, und das sind die Bedingungen dieser vorgeblichen Unterwerfung unter die Justiz, die verhandelt werden müssen: Nach dem Beispiel Escobars, der sich erst gestellt hat, nachdem man wieder von dem Auslieferungsprinzip abgekommen war und ihm eine Inhaftierung im Drei-Sterne-Hotel versprochen wurde, haben die Brüder Rodríguez unter dem komplizenhaften Auge de Greiffs mit Gaviria verhandelt. Gilberto, der Älteste, war bereit, sich zu stellen, um es den Seinen in den kommenden Jahrzehnten zu ermöglichen, hoch erhobenen Kopfes in Reichtum zu leben. Ja. Aber Gaviria stand am Ende seiner nicht verlängerbaren Amtszeit ...

An dieser Stelle unserer Unterhaltung schießt mir plötzlich die Kassetten-Affäre in den Sinn. Auf dem Tonband hört man die Rodríguez-Brüder in extrem freundlichem Ton von Ernesto Samper, dem Nachfolger Gavirias, reden. Ich erahne, dass die Rodríguez' offenbar auch mit Samper gesprochen haben, für den Fall, dass sich ihre Überstellung nicht in den letzten Monaten von Gavirias Amtsführung bewerkstelligen ließ. Und wie zufällig ist es der Generalstaatsanwalt de Greiff, der, kaum dass Samper gewählt ist, erklärt hat, er sehe keine Veranlassung, ein Untersuchungsverfahren wegen dieser berühmten Kassette einzuleiten. De Greiff, Schiedsmann bei den schlimmsten Kompromissen in der Auslieferungsgeschichte und dann bei der Liquidierung Pablo Escobars ... Schlagartig scheint mir alles entsetzlich klar, und, eine neuerliche Nervenkrise von Miguel riskierend, schleudere ich unseren drei Gesprächspartnern ins Gesicht:

»Okay, wie viel haben Sie Samper für seinen Wahlkampf gegeben?«

»Pffft! Zwölf Milliarden Pesos«, erwidert wie aus der Pistole geschossen Miguel mit arroganter Miene.

Daraufhin Gilberto, das Ausmaß des Fauxpas ermessend, betreten:

»Das stimmt, aber Samper weiß nichts davon, das lief nicht über ihn, er hat nie davon erfahren.«

Ich lächle ungläubig:

»Verzeihen Sie mir, aber das ist schwer zu glauben. Wenn man einem Kandidaten Geld gibt, ist die Idee doch die, dass dieser sich, wenn er einmal gewählt ist, dafür revanchiert, oder?«

Gilberto tut so, als sei er in seiner Ehre verletzt.

»Doctora«, erwidert er ein wenig spitz, »auch wir haben das Recht auf politische Überzeugungen. Haufenweise Leute spenden anonym für diesen oder jenen Kandidaten, warum sollten wir das nicht auch tun?«

In diesem Moment klopft jemand, und man bittet uns, in den Salon zurückzukehren, in dem wir den ganzen Tag gewartet haben: Die drei Bosse des Cali-Kartells haben Besuch. Wir hören Schritte, eine gedämpfte Unterhaltung, und plötzlich, als sämtliche Männer hinter der doppelten Mattglastür stehen bleiben, stellen wir verblüfft fest, dass die Besucher der Brüder Rodríguez uniformierte Polizisten sind. Werden sie nicht vorgeblich von der gesamten Polizei des Landes gesucht?

Als wir unsere Unterhaltung wieder aufnehmen, bekunde ich mein Erstaunen:

»Haben Sie nicht vorhin gesagt, Sie würden gejagt, aber die Polizei scheint Ihnen gegenüber eher verständnisvoll zu sein …«

Gilberto gibt uns zu verstehen, dass er in der Tat einen großen Teil der Polizei kontrolliert. »Ich habe gute Verbindungen«, sagt er. Da wir verblüfft wirken, fügt er mit einem Hauch von Selbstgefälligkeit hinzu:

»Dasselbe gilt fürs Parlament! Die meisten Ihrer Abgeordnetenkollegen werden von uns bezahlt.«

»Wie dies, die meisten?«, sage ich perplex.

»An die hundert Abgeordnete und mehr als die Hälfte der Senatoren, Doctora, wollen Sie die Namen?«

Ohne dass ich darum bitte, gibt er ein Dutzend Namen preis. Ich denke bei mir: Wenn mehr als die Hälfte der Abgeordneten ihnen ergeben ist (wir sind insgesamt 186), dann regieren eher sie das Land als der Präsident ...

Mit diesen Gedanken endet der Abend, und in den darauf folgenden Tagen kommt mir die Idee, dass die Brüder Rodríguez uns eine goldene Brücke bauen wollten: Warum sich nicht ihnen anschließen, da sie doch den gesamten Staatsapparat in der Hand halten? Warum sie weiter bekämpfen, weiter gegen die Korruption angehen?

Am übernächsten Tag teilen wir wie geplant der Presse mit, was die Rodríguez' uns über ihren Anteil an der Liquidierung von Escobar enthüllt haben. Wir treten daraufhin dafür ein, vor einem internationalen Gerichtshofs die Straflosigkeit der kolumbianischen Drogenschieber anzuprangern. Aber das Wesentliche, das wir aus dieser Begegnung gelernt haben, behalten wir für uns – es nährt meine Überlegungen und meinen künftigen Kampf. Das Wesentliche ist diese Beherrschung aller Institutionen einer Nation durch die Mafia: vom Parlament, der Brutstätte der Gesetze, über die Justiz und die Polizei, die den Auftrag haben, für die Respektierung dieser Gesetze zu sorgen. Mehr denn je bin ich der Ansicht, dass allein die Auslieferung der »Narcos« diese für Kolumbien tödliche Spirale durchbrechen kann. Luis Carlos Galán hat das gewusst, er kämpfte für die Auslieferung und hat dies mit seinem Leben bezahlt.

Was das Geständnis der Brüder Rodríguez betrifft, Sampers Wahlkampf finanziert zu haben – für Kolumbien eine wahre Atombombe –, so wäre es unverantwortlich, sich darauf zu beziehen. Man darf sich vor allem nicht manipulieren lassen. Auf der einen Seite kann dies, wie Samper vorgibt, ein gegen ihn gestarteter Versuch der Destabilisierung sein (obwohl Gilberto vielmehr den Eindruck machte, als wollte er ihn schützen). Auf der anderen Seite muss man die Sache untersuchen und, wenn es über die Kassette hinaus Beweise gibt, diese ausfindig machen. Erst dann kann und muss der Kampf aufgenommen werden.

Am 1. März, also wenige Tage nach unserer Begegnung mit den Dreien aus dem Cali-Kartell, veröffentlichen die Vereinigten Staaten eine reservierte Stellungnahme hinsichtlich der »Zertifizierung« Kolumbiens. Die USA maßen sich das Recht an, die Länder zu benoten, denen sie ihre ökonomische Hilfe gewähren, und diese Noten besagen, ob man ein gutes Führungszeugnis erhalten hat oder eben nicht. Sie gestehen Kolumbien unter der Führung von Samper nur eine »bedingte Zertifizierung« zu, das heißt, sie fordern einen überzeugenderen Kampf gegen die Drogenhändler.

Dies ist eine deutliche zweite Warnung an die Adresse von Präsident Samper, acht Monate nach der Verbreitung der Kassette. Aber für die Kolumbianer, die an die Integrität ihres Präsidenten glauben wollen, ist diese Botschaft ein neuerlicher Affront der »Gringos«: Mit welchem Recht richten sie über uns, heißt es entrüstet, wo sie doch die Haupt-Drogenkonsumenten sind, während wir, die wir die »Narcos« bekämpfen, dafür mit dem Blut unserer Leute bezahlen? Ein nationalistischer, antiamerikanischer Wind fegt durchs Land, der von den chauvinistischen Zeitungsschlagzeilen aufgegriffen und verstärkt wird.

Am darauf folgenden Tag, dem 2. März – welch seltsame Koinzidenz –, wird Jorge Eliécer Rodríguez, der kleine Bruder von Gilberto und Miguel, von der Polizei festgenommen. Samper hat offenbar gegenüber den Vereinigten Staaten ein Zeichen setzen und sein Ansehen in der Öffentlichkeit stärken wollen, das er sich nicht besser wünschen konnte. Ah! Ah!, spotteten die Zeitungen, gestern noch haben uns die »Gringos« angeklagt, nicht genug gegen die »Narcos« zu tun, und jetzt sieht man das Resultat! Jetzt haben sie eine ordentliche Abreibung bekommen! Das ist seltsam, sage ich mir, während ich über die guten Beziehungen zur Polizei nachdenke, die der älteste der Rodríguez-Brüder zugegeben hat, das trifft sich ein wenig zu gut, um allein ein Produkt des Zufalls zu sein, aber gut ...

Hinter den Kulissen dieser Aktion kündigt sich eine Justizbombe gegen Präsident Samper an, der zu dem Zeitpunkt weder die Kolumbianer noch unsere Antikorruptionsgruppe Aufmerksamkeit schenken. Ich habe weiter oben gesagt, dass Mitte August 1994 der Staatsanwalt seinen Platz einem gewissen Alfonso Valdivieso überlassen musste. Der neue Ankläger der Nation ist ein Cousin von Luis Carlos Galán, und er ist wie dieser von einer Ethik, einer Moral erfüllt. Nun ist eine Gruppe von ihm unmittelbar unterstellten Polizisten bei einer Hausdurchsuchung auf eine Liste mit Persönlichkeiten gestoßen, die großzügige Zuwendungen vom Rodríguez-Clan erhalten haben. De Greiff hätte aus solch einem Dokument eindeutig nichts gemacht. Alfonso Valdivieso eröffnet diskret ein Untersuchungsverfahren. Wir schreiben Ende 1994. Am 30. Januar 1995 veröffentlicht das Magazin *Cambio 16*, eine undichte Stelle in der Untersuchungskommission ausnutzend, eine Liste leitender Politiker, die für ihre Kampagne T-Shirts vom Cali-Kartell, also den Rodríguez-Brüdern, erhalten haben. Sieh mal an, sagt man sich, dieser Alfonso Valdivieso arbeitet also ...

Er arbeitet, ja, aber diese von der Presse enthüllte T-Shirt-Geschichte ist quasi nebensächlich verglichen mit der Untersuchung, die seine Leute anstellen, von denen man in der Folge erfährt, dass sie diskret von den Vereinigten Staaten gelenkt werden. Die Konten der glücklichen T-Shirt-Profiteure werden von den Polizisten unter die Lupe genommen. Zufälligerweise sind diese Leute im Besitz beträchtlicher Summen, die in keinem Zusammenhang mit ihren deklarierten Einkünften stehen. Alles ist da, genau beziffert. Die Volksvertreter haben nichts verschleiert, da sie nicht daran gewöhnt sind, dass die Justiz ihre Arbeit tut. Sie leben in dem großartigen Gefühl, nicht bestraft werden zu können. Und selbst als die Untersuchungsbeamten sie nach der Herkunft dieser 150 Millionen Pesos fragen, die auf ihrem Konto ruhen, glauben sie sich leicht aus der Affäre ziehen zu können, indem sie vorgeben, ein Kunstwerk verkauft zu haben. Niemals haben unsere leitenden Politiker so viele Kunstwerke verkauft wie Anfang dieses Jahres 1995 ...

Am 21. April eröffnet Alfonso Valdivieso ein Verfahren, bei dem er sich auf Unterlagen stützt, die für die politische Schicht ziemlich explosiv sind. Dieses Verfahren geht als »Prozess 8000« in die Geschichte des Landes ein. (In Kolumbien trägt jeder Prozess eine Nummer, und wahrscheinlich hat Valdivieso mit Blick auf die Nachwelt für eine runde Zahl gesorgt.) In dieser Phase hat der Staatsanwalt bereits einen der Führer der liberalen Partei, Eduardo Mestre, gefangen gesetzt, und die Liste der Parlamentarier, die in Gefahr sind, ihm im Gefängnis Gesellschaft zu leisten, umfasst ungefähr zehn Personen.

Die Ankündigung dieses Prozesses ruft im Land beträchtliche Emotionen hervor. Niemals bisher hat die Justiz sich um die Politiker gekümmert. Die Leute fragen sich, wie sie dieses plötzliche Umschwenken beurteilen sollen. Umso mehr, als Valdivieso nicht die Unterstützung Sampers zu haben scheint, da die meisten der in die Sache verwickelten Volksvertreter dem Präsidenten nahe stehende Personen sind. Welchen geheimen Plan verfolgt also Valdivieso? Handelt er einzig aus moralischen Beweggründen? Man verliert sich in Mutmaßungen. Es ist schwer zu verstehen, dass ein aus den politischen Institutionen hervorgegangener Mann plötzlich ganz allein gegen die Korruption des Systems zu Felde ziehen soll. Später werde ich die Lösung für dieses Rätsel erfahren: Selbst von Präsidentschaftsambitionen getrieben, sichert sich Alfonso Valdivieso durch seine Integrität und seinen unbestreitbaren Mut die Unterstützung der Vereinigten Staaten. Unverblümt gesprochen: Er kommt ihren Wünschen entgegen.

Am 9. Juni 1995 der Donnerschlag: Man verkündet die Festnahme von Gilberto Rodríguez nach einer langen Hetzjagd! Mir wird allmählich etwas bewusst, was mich Schritt für Schritt in das sich anbahnende Drama hineinziehen wird. Was, sie sollen Gilberto Rodríguez »verhaftet« haben, den Mann, den sie an die *mesa del diablo* gebeten haben, den Mann, der die Polizei von Cali beherrscht, den Mann, der die Hälfte der Parlamentarier finanziert? Aber das ergibt keinen Sinn! Dieses Mal weiß ich zu viel, um mich wie sämtliche Kolumbianer an der Nase herumführen zu lassen. Gilberto Rodríguez hat sich nicht versteckt, er hat seine Überstellung mit dem Präsidentenpalast abgesprochen! Nein, ich bin davon überzeugt: Sie haben ihn nicht verhaftet. Er hat sich ergeben. Warum? Natürlich, um Samper Schützenhilfe zu geben! In dem Moment, in dem Valdivieso die Freunde des Präsidenten dezimiert, in dem die Bedrohung naht, was macht da der Präsident? Er gönnt sich einen spektakulären Sieg: Seine Polizei schaltet endlich den gefürchtetsten Mafioso nach Escobar aus. Wer will jetzt noch die Behauptung wagen, der Präsident habe Geld von Rodríguez erhalten? Abgeordnete haben welches erhalten, ja, vielleicht, aber nicht der Präsident. Seht her, ich werfe den alten Gilberto ins Gefängnis, das ist doch wohl der Beweis ...

Ich beschließe daraufhin, gewissenhaft sämtliche Ereignisse zu notieren, um eines Tages den Verlauf eines Skandals rekonstruieren zu können, den ich für gigantisch halte. Und ich beginne mit diesen beiden »Zufällen«, die mir fadenscheinig vorkommen: Am Tag nach dem nur bedingt guten Zeugnis der Vereinigten Staaten wird Jorge Eliécer Rodríguez »verhaftet«; am Tag nach der Eröffnung des Prozesses 8000 wird Gilberto Rodríguez »festgenommen«. Wann findet diese seltsame Ping-Pong-Partie ihre Fortsetzung?

Die USA führen einen stummen Kleinkrieg gegen das Regime, gegen die an exponiertester Stelle stehenden Parlamentarier wird gerichtlich ermittelt, die schwierige Lage von Präsident Samper ist offensichtlich: In diesem Frühjahr 1995 wird das Klima in Kolumbien auf seltsame Weise drückender. Ich bin nicht die Einzige, die ahnt, dass ein schreckliches Unwetter bevorsteht. Es scheint, als halte man überall den Atem an und warte auf die ersten Anzeichen des Ausbruchs.

In dieser Atmosphäre von Desillusionierung und schlechten Vorzeichen deckt das Magazin *Semana* auf, dass für den 22. Juni ein Militärputsch in Vorbereitung sein soll. Die Menschen seien auf das Schlimmste gefasst; ist das nun dieser Staatsstreich? Die Ankündigung spricht jedenfalls Bände, was die Schwäche der Regierung Samper nach nur einem Jahr Amtszeit betrifft.

Wie ich erwartet habe, nimmt die Ping-Pong-Partie ihren Fortgang: Als Echo auf dieses Putschgerücht wird nun auch José Santacruz, den ich an der Seite der Brüder Rodríguez getroffen habe, am 4. Juli »verhaftet«. Samper will offenbar der kolumbianischen Öffentlichkeit, den Militärs und den Amerikanern beweisen, dass er das Ruder in der Hand hält, dass er mit der Situation umzugehen weiß. Aber für mich wird deutlich, dass die Bosse des Cali-Kartells, was diese Verhaftung betrifft, Ernesto Samper zu Hilfe eilen, indem sie sich liebenswürdigerweise seiner Polizei ausliefern ...

Am 26. Juli nimmt die Affäre jedoch eine für den Präsidenten üble Wendung: Alfonso Valdivieso klagt den für die Finanzen seiner Wahlkampagne zuständigen Santiago Medina an und lässt ihn inhaftieren. Die Nachricht löst Entsetzen im Land aus. Medina hat zugegeben, mit Zustimmung Ernesto Sampers und dessen rechter Hand, dem jetzigen Verteidigungsminister Fernando Botero, beträchtliche Summen vom Cali-Kartell kassiert zu haben. Seine Aussage ist der Öffentlichkeit noch gar nicht vollständig zugänglich gemacht worden, aber man kann den Ernst der Situation an der Ankündigung ablesen, dass sich der Staatschef noch am selben Abend an sein Land wenden wird.

Samper erscheint vollkommen verändert im Fernsehen. Er hat nichts mehr von dem Charmeur an sich, den ich gekannt habe. Er ist aufgedunsen, wirkt verkrampft, und in seinem Blick liegt immer wieder ein ängstliches Flackern. Wenn sich in meine Kampagne Geld der Mafia geschlichen hat, sagt er im Wesentlichen, so ist dies hinter meinem Rücken passiert, durch Menschen, die mein Vertrauen missbraucht haben. Ein Jahr zuvor hatte er behauptet, an dieser Beschuldigung sei nichts Wahres dran, es handele sich dabei um ein Komplott der Rodríguez-Brüder, um seine Regierung zu destabilisieren. Diesmal gibt er zu, dass es womöglich wahr sei, er aber nichts davon gewusst habe.

Am 28. Juli, das heißt zwei Tage nach diesem ersten Erdbeben an der Spitze des Staates, ergreift das Abgeordnetenhaus, in dem in der Mehrzahl Samperisten sitzen, eine augenscheinlich paradoxe Initiative: Es autorisiert seine Untersuchungskommission, gegen den Präsidenten der Republik zu ermitteln. Die Kommission soll nicht über den Staatschef richten, sondern feststellen, ob es angesichts der Aktenlage einen Anlass gibt, ein juristisches Verfahren gegen ihn zu eröffnen. Der Präsident der Republik genießt Immunität, und darum kann Valdivieso nichts gegen ihn unternehmen. Stellt die parlamentarische Untersuchungskommission aber strafbare Handlungen bei ihm fest, so kann sie ihn vor den obersten Gerichtshof bringen.

Die Anrufung der Kommission hat den Vorzug, die Gemüter zu beschwichtigen. Die Kolumbianer sagen sich, dass sie endlich wissen werden, ob ihr Präsident einen Teil der Verantwortung an der Finanzierung seiner Kampagne durch das Geld der Drogenmafia trägt. Ich für meinen Teil bin davon überzeugt, dass die Kommission in erster Linie in Erscheinung tritt, um Samper zu rehabilitieren, um unter allen Umständen die drohende Katastrophe aus der Welt zu schaffen.

Aber sie hat noch nicht die Zeit gehabt, an die Arbeit zu gehen, da gibt es einen zweiten Brandherd. Am Wochenende des 29. und 30. Juli haben die beiden engsten Mitarbeiter Ernesto Sampers, sein Verteidigungsminister Fernando Botero und sein Innenminister Horacio Serpa, den Präsidenten an seinem Zweitwohnsitz aufgesucht, um das Dossier, das Staatsanwalt Valdivieso gegen Medina, den inhaftierten Schatzmeister, zusammengetragen hat, unter die Lupe zu nehmen. Am 31. Juli berufen Botero und Serpa eine Pressekonferenz ein, um zu erklären, dass die Anschuldigungen von Medina weder Hand noch Fuß hätten und dieser Kerl den Präsidenten allein in der Hoffnung denunzierte, für sich eine Strafminderung zu erwirken, usw.

Darauf erfolgt ein wahrer Theaterdonner.

»Sie sagen, Medina habe dies und das gestanden«, sagt erstaunt ein Journalist. »Aber woher haben Sie das, da das Dossier doch der Geheimhaltung von Ermittlungsakten unterliegt?«

Die Szene im Fernsehen ist unglaublich.

»Wir haben diese Informationen ...«, setzt Botero an, »der Herr Innenminister wird Ihnen sagen, wie ...«

Und schon reicht er das Mikrofon an Serpa weiter, dessen Gesicht rot anläuft. Sie können natürlich nicht zugeben, dass sie die Ermittlungsakten für ein Wochenende gestohlen haben.

Serpa zögert und stottert dann:

»Im Innenministerium ist eine anonyme Quelle aufgetaucht«, sagt er schließlich betreten und mit stockender Stimme.

Die Lüge ist so offensichtlich, dass am nächsten Tag die Leitartikler im Namen der Unabhängigkeit der Justiz den Rücktritt dieser Oberschlaumeier fordern. Auf diese Weise wird ein untergeordneter Skandal (die Verletzung der Geheimhaltung der Untersuchung durch zwei Minister) innerhalb des übergeordneten Skandals (der Finanzierung des Präsidentschaftswahlkampfes) ruchbar.

Am 2. August nimmt der Starminister Fernando Botero seinen Hut.

Ein weiteres Mal geht es darum, eilends die Gemüter zu beschwichtigen. Für mich liegt es auf der Hand, dass Botero sich als ergebener Blitzableiter opfert, um Samper zu schützen. Es gilt um jeden Preis zu vermeiden, dass der Name des Präsidenten in diese schmutzige, erbärmliche Geschichte verwickelt wird.

Am 4. August begibt sich die parlamentarische Untersuchungskommission offiziell an die Arbeit. Der Ankläger Valdivieso hat ihr die Unterlagen zukommen lassen, damit sie sich eine Meinung über den Grad der Verantwortung des Staatschefs in der rätselhaften Finanzierung seiner Kampagne bilden kann.

Die Kommission hat jedoch kaum Platz genommen, als ihr durch das Fernsehen eine erste explosive Antwort auf ihre Fragen offeriert wird: Am 5. August wird die Existenz der äußerst kompromittierenden Aufnahme eines Gesprächs mit den »Narcos« gemeldet. Es handelt sich dabei um eine telefonische Unterhaltung zwischen Samper und einer gewissen Elisabeth Montoya, einem Mitglied der Mafia, die Samper Besucher ankündigt. Es ist eine Sensationsmeldung der Zeitschrift *Semana*, die einen vollständigen Abdruck dieser Konversation publiziert. Der Ton lässt keinerlei Zweifel hinsichtlich der Intimität der Verbindung zwischen Samper und dieser Frau zu – mehrfach nennt sie ihn »Ernestico« ... –, aber es wird vor allem klar, dass die besagten Mafia-Besucher dem Mann, der zu dem Zeitpunkt nur Präsidentschaftskandidat ist, Geld bringen.

Die Verbreitung dieses Dokuments ist nach den Bekenntnissen des Schatzmeisters Medina tatsächlich katastrophal für Samper. Sie kommt in dem Moment, in dem die Spitze des Staates mit dem Rücktritt Boteros den Eindruck vermittelt, sich nicht mehr zu helfen zu wissen und ins Trudeln zu geraten.

Was wird Samper sagen? Was kann er noch erfinden, um diesem Wirbelsturm zu entkommen, den niemand mehr zu kontrollieren scheint?

Am Folgetag, das heißt am 6. August, wird Miguel Rodríguez, der aufbrausende Miguel, gefasst! Ich erinnere mich, wie Miguel, als er seinen Bruder Gilberto von seiner freiwilligen Aufgabe und von seinen Jahren im Gefängnis sprechen hörte, ausgerufen hat: »Ich gehe jedenfalls nie in den Knast. Lieber kratze ich ab.« Er hat sich aber ganz offenkundig gestellt, da allein die spektakuläre Verkündung seiner Verhaftung Samper noch retten, die öffentliche Meinung noch beeinflussen kann. Man präsentiert ihn, wie er mit einer Mafiafrau herumschäkert? In Ordnung, aber das hindert ihn nicht daran, die Bosse eben dieser Mafia einzusperren! Und weshalb eilen ihm die Brüder Rodríguez zur Hilfe? Ganz einfach, weil sie mit Samper die Vereinbarung getroffen haben, die zu schließen sie mit seinem Vorgänger Gaviria nicht mehr die Zeit hatten: Überstellung ohne Auslieferung, ein paar Jahre Gefängnis, um den Schein zu wahren, und dann das Glück im Reichtum für den gesamten Clan. Samper hat den Brüdern Rodríguez als Gegenleistung für die Bezahlung seiner Kampagne Schutz angeboten. Samper ist der Retter der Rodríguez'. Wenn er stürzt, befinden sie sich wieder mitten im Sturm, bedroht von einer wirklich lebenslangen Inhaftierung, und zu allem Überfluss wird man wahrscheinlich auch zur Auslieferung zurückkehren. Das ist der Grund, warum sie diesem Präsidenten die Hand reichen und sich einer nach dem anderen zum Geschenk machen, in der Hoffnung, schnell davonzukommen, wenn Samper wieder Boden unter den Füßen hat.

Die angebliche Verhaftung von Miguel Rodríguez produziert im Übrigen den erhofften Medieneffekt: Sie füllt alle Titelseiten der Zeitungen und verbannt die Kommentare zum Telefongespräch des Präsidenten mit Elisabeth Montoya auf die Innenseiten.

Ernesto Samper kann sich zugute halten, das Cali-Kartell seiner Köpfe beraubt zu haben. Lässt sich das Volk täuschen? Man hat das Gefühl, die Leute leben in Anspannung, das Ohr ans Radio gepresst, in der allmorgendlichen Erwartung, dass ihnen ein neues Stück Himmel auf den Kopf fällt. Was können sie unternehmen, um ihr Schicksal wieder in die Hand zu nehmen? Nichts. Man hat sie gegen ihren Willen auf ein Schiff verladen, das mit hoher Geschwindigkeit auf eine Nebelbank zurast.

Am 15. August ein neuer Donnerschlag: Exminister Fernando Botero wird von Alfonso Valdivieso der falschen Zeugenaussage und unerlaubter Bereicherung angeklagt und inhaftiert. Mit seinem Rücktritt dreizehn Tage zuvor hatte er in der Tat seine ministerielle Immunität verloren. Der Fall des Mannes, der ein Jahr zuvor die Verkörperung des Galil-Skandals gewesen ist, scheint mir ein Werk der Vorsehung zu sein. Aber angesichts des Ausmaßes der Krise, die sich quer durch den kolumbianischen Staat zieht, ist Botero nur ein Dominostein unter anderen. Ich denke an seinen Vater, den Maler Fernando Botero, der sein Leben lang ein Ausbund an Güte und Altruismus war und bei allen für seine Integrität bekannt, und ich leide mit ihm. Ich liebe und verehre diesen Mann. Das ist nicht gerecht, das hat er nicht verdient.

Ein Dominostein, habe ich gesagt, den man jedoch trotz allem äußerst rücksichtsvoll behandelt. Botero ist nicht mit den Dieben und Verbrechern inhaftiert, man hat für ihn die Militärische Reitschule beschlagnahmt, und das Fernsehen präsentiert ihn uns in seinem goldenen Gefängnis, wie er im Park ein Pferd reitet, mit seinen Kindern spielt ... Wie er genießen auch die anderen im Verlauf des Prozesses 8000 inhaftierten Parlamentarier Vergünstigungen, auch die Rodríguez', die von unverschämtem Luxus umgeben sind, während die anderen Gefangenen in ihren überfüllten Gefängnissen einen täglichen Alptraum erleben, der so weit geht, dass sie für das »Privileg«, liegend schlafen zu dürfen, zahlen müssen. Was mögen die Kolumbianer wohl denken? Es ist klar, dass das System nicht dazu gemacht ist, diese schamlose Ehe zwischen der politischen Klasse und der Mafia zu lösen. Selbst im Gefängnis kommen sie auf ihre Kosten.

Am nächsten Tag, dem 16. August, ereignet sich ein Drama, das mir das Blut in den Adern gefrieren lässt: Der Fahrer von Innenminister Horacio Serpa wird auf offener Straße ermordet, und zwar nur zwanzig Meter vom Büro des Staatsanwalts Valdivieso entfernt, zu dem er unterwegs war. Diese Ermordung ist für mich auf entsetzliche Weise aufschlussreich: Sie haben diesen Mann in dem Moment umgebracht, in dem er aussagen wollte. Und woher wussten sie, dass er eine große Bedrohung für sie bedeutete? Durch die Lektüre der Untersuchungsunterlagen von Valdivieso an dem berühmten Wochenende? Wer sind »sie«? Ernesto Samper, Fernando Botero, Horacio Serpa? Erstmalig komme ich zu der Überzeugung, dass sie ganz zweifellos schuldig sind, Geld von der Mafia angenommen zu haben; dass sie aber auch bereit sind zu töten, um sich aus der Affäre zu ziehen. Und dass Ernesto Samper, der Freund meiner Mutter, das oberflächliche Individuum, an dessen Seite wir gelacht haben, bereit ist zu töten, um seine Macht und seine Reputation zu retten. Ja, dieser Mord ist für mich ein Alarmsignal: Es sagt mir, dass die Affäre nunmehr eine kriminelle Wendung nehmen wird.

8

In dem Moment, als ich von der Ermordung von Horacio Serpas Chauffeur erfahre, fasse ich den Entschluss, jede Verbindung zu Ernesto Samper abzubrechen. Ich erscheine von nun an nicht mehr bei den vom Präsidentenpalast organisierten Parlamentarierversammlungen und lehne sämtliche Einladungen zu privaten Gesprächen ab. Es ist zwingend notwendig, dass sich die Justiz zu der Verantwortlichkeit dieses Mannes äußert, und meine Aufgabe als Volksvertreterin ist es, ihr dabei zu helfen.

Ja, wenn ich jetzt eine Rolle in dieser sich abzeichnenden nationalen Tragödie zu spielen habe, dann kann sie nur so aussehen, dass ich, wann immer ich Beweise dafür habe, systematisch die Lügen der Staatsgewalt und ihre Verschleierungstaktik anprangere und mit lauter Stimme verkünde, was die bestürzten, gedemütigten und zum Schweigen gebrachten Kolumbianer im Stillen denken. Aufmerksamer denn je notiere ich weiterhin Tag für Tag alles, was die Männer, die uns regieren, tun und lassen. Ich bin mir bewusst, dass ich zur einzigen wirklichen Opposition dieses Regimes werde.

Und die Ereignisse überschlagen sich in Schwindel erregender Geschwindigkeit.

Am 31. August dieses Jahres 1995, also zwei Wochen nach der »Inhaftierung« von Exminister Botero, fasst die liberale Partei auf Verlangen Sampers hin einen Beschluss, der der Gipfel an Zynismus ist: Im Namen des Moralkodex, dessen Autorin ich bin, schließt sie Fernando Botero und den Exschatzmeister Santiago Medina aus. Samper versucht auf diese Weise seine letzte Version zu untermauern, nach der seine beiden Mitarbeiter »hinter seinem Rücken« Geld von der Mafia angenommen hätten.

Am 4. September jedoch wird diesem erbärmlichen Manöver der Boden entzogen, da mehrere Zeitungen einen ersten unwiderlegbaren Beweis gegen Samper veröffentlichen: Das Faksimile eines Schecks über 32 Millionen Pesos, unterzeichnet von ... Elisabeth Montoya, der Frau, die den Präsidenten einen Monat zuvor mehrfach im Rundfunk mit dem zärtlichen Diminutiv Ernestico angeredet hatte.

Gehen die Kolumbianer auf die Straße und fordern die Abdankung dieses Präsidenten, dessen Nichtswürdigkeit auf das ganze Land abstrahlt? Nein, sie schweigen, wie versteinert vor Entsetzen. Ein Jahr zuvor hatte die Veröffentlichung der Kassette, auf der man die Brüder Rodríguez Samper über den grünen Klee loben hörte, ihre Empörung geweckt – sie wollten an die Integrität ihres Präsidenten glauben. Angesichts der Anhäufung des belastenden Materials wissen sie nun nicht mehr, wie sie reagieren sollen und auf wen sie sich verlassen können. Sie sind, möchte man sagen, deprimiert und aufs Tiefste resigniert, wie diese gemarterten Völker, über deren Tote man Buch führt, deren Stimme uns aber seltsamerweise nicht mehr erreicht ... Ich empfinde Mitleid für diese Leute, die man mit Füßen tritt, und fühle in mir eine gewaltige Empörung aufsteigen.

Das Erdbeben hört nicht auf: Am 19. September wird bekannt, dass der Buchhalter des Cali-Kartells, Guillermo Pallomari, aus Kolumbien geflohen ist, um sich unter den Schutz der Vereinigten Staaten zu begeben. Wenn sich dieser Mann, der alles über die Finanzierung von Sampers Kampagne weiß, aus dem Staub gemacht hat, dann weil er ganz offenbar Todesdrohungen erhalten hat für den Fall, dass er auf die Idee kommen sollte, vor Gericht auszusagen. Um jeden Zweifel an dieser Entschlossenheit auszuräumen, wird Guillermo Pallomaris Frau, die in Kolumbien geblieben ist, wenige Tage später ermordet ... Die Botschaft richtet sich an den Buchhalter selbst: Wenn du redest, töten wir deine ganze Familie. Immerhin stellt dieser Mann, nunmehr unter dem Schutz der »Gringos«, die schlimmste Gefahr für Samper dar. Umso mehr als Alfonso Valdivieso, der öffentliche Ankläger, die Vereinigten Staaten offiziell um die Genehmigung bittet, Pallomari befragen zu dürfen. Die Presse verkündet bereits, dass die Untersuchung weitergeführt wird ...

Was kann Samper noch erfinden, um den Lauf der Geschichte zu wenden? Ich denke nur noch daran, und die Antwort kommt mir acht Tage später. Am 27. September wird auf offener Straße ein Attentat auf den Anwalt des Präsidenten der Republik, »el doctor« Cancino, verübt. Samper hat diesen Anwalt dazu bestimmt, seine Angelegenheit vor der parlamentarischen Untersuchungskommission zu vertreten. Seltsamerweise kommt Cancino mit einem Kratzer am Finger davon, während seine Leibwächter von Kugeln durchlöchert sterben. Ihre Leichen zeugen von der Brutalität des Attentats. Man erzählt uns, dass es Cancino gelungen sei, der Verfolgung durch die Mörder zu entkommen. Aber diese Version überzeugt mich nicht. Cancino ist ein alter, schmerbäuchiger Herr, und ich sehe ihn nicht eine Sekunde die ansteigenden Straßen Bogotás hochrennen, um die jungen »Sicarios« abzuhängen. Ich habe das Gefühl, dass es sich hier um ein abgekartetes Spiel handelt, und suche dafür den Schlüssel. Ich erhalte ihn am übernächsten Tag durch Sampers engsten Komplizen, Horacio Serpa. Während einer Pressekonferenz zu den Umständen des Attentats gerät der Innenminister ostentativ über die Frage eines Journalisten – »Glauben Sie, dass die Vereinigten Staaten irgendwie für diese Sache verantwortlich sind?« – ins Grübeln, und schließlich sagt er: »Möglich, möglich, wir müssen uns in der Tat ernsthaft mit diesem Punkt befassen.« Und damit ist es raus! Mehr braucht es nicht, damit sehr schnell die These eines

Komplotts der Vereinigten Staaten gegen Samper Gestalt annimmt.

Bereits am nächsten Tag ist die Presse in heller Aufregung und erhitzt das nationale Gemüt, indem sie die alte Fremdenfeindlichkeit der Kolumbianer gegenüber den »Gringos« auf die richtige Weise schürt. Und es funktioniert! Dieses zutiefst enttäuschte und unendlich schweigsame Volk verlangt nur danach, diesen erbärmlichen Lügenmärchen Glauben schenken zu dürfen. Es schöpft wieder Hoffnung, richtet sich wieder auf, und während die Staatsspitze dabei ist, Schiffbruch zu erleiden, kann man einen der heftigsten Schübe von Xenophobie erleben, die Kolumbien in den letzten Jahren erlebt hat. Ja, die Vereinigten Staaten wollen unseren Präsidenten stürzen, ja, sie wollen unsere Demokratie destabilisieren, sie ertragen unsere Unabhängigkeit nicht, sie mögen Kolumbien nur unterwürfig, im Status einer Kolonie ...

In diesen hitzigen, schrecklichen Wochen müssen sich Ausländer jeglicher Herkunft und Rasse auf der Straße beschimpfen lassen. In den Zeitungen und im Radio ist von nichts anderem mehr die Rede als von der Unabhängigkeit des Landes, die durch den amerikanischen Adler bedroht sei.

Diese Episode verstärkt meine Überzeugung, dass Samper und die Seinen zu allem bereit sind, selbst dazu, Unschuldige zu töten, um irgendeinem Geschwätz Glaubwürdigkeit zu verleihen, das geeignet ist, den Ball ins eigene Feld zurückzuspielen.

Bis wohin? Und wie lange noch? Denn noch während man den Imperialismus der Yankees geißelt, sind Valdiviesos Leute in die Vereinigten Staaten aufgebrochen, um dort beim Buchhalter der Brüder Rodríguez zu protokollieren, was das Regime von Samper in die Luft fliegen lassen könnte. Im Grunde wissen die Kolumbianer dies, und es steigert nur ihre Bitterkeit. Diese plötzliche Nationalismuswelle ähnelt einem letzten symbolischen Kampf zur Ehrenrettung vor der Demütigung, die man erahnt. Niemals zuvor ist das Klima so drückend, so vergiftet gewesen.

Am 2. November dämpft ein neuerliches Attentat diese hasserfüllten und chauvinistischen Reden: Der Führer der Konservativen, Álvaro Gómez, wird ermordet. Seit einem Jahr war Gómez der einzige Politiker von Format, der offen den Rücktritt Sampers gefordert hatte. Das ganze Land kannte die engen Bande, die ihn mit den USA verbanden und die so weit gingen, dass er, nach Sampers Sturz, als Kandidat Washingtons galt. Wenn sein Tod das Volk sprachlos hinterlässt, dann weil diese Tat nur das Werk Sampers sein kann, auch wenn sich das niemand laut zu sagen oder zu schreiben traut. Álvaro Gómez, Sohn von Laureano Gómez, dem kolumbianischen »Duce«, den die Leute in düsterer Erinnerung haben (er war von 1950 bis 1953 Präsident), war im Laufe der Zeit zu einer erstrangigen politischen Persönlichkeit in Kolumbien herangewachsen: Mehrfach hat er bei Präsidentschaftswahlen kandidiert und war Botschafter in Frankreich. Zum Zeitpunkt seines Todes im Alter von 75 Jahren umgab ihn eine intellektuelle und moralische Aura, die ihn nach Ansicht der Kolumbianer über die traditionelle politische Schicht erhob. Man konsultierte ihn, und er zögerte nicht, die unangenehmsten Wahrheiten zu sagen; viele sahen in ihm eine rettende Hand.

Seine Ermordung stürzt die Menschen aus der revanchistischen Erregung ins Entsetzen. Sie ist das Zeichen, dass dieses Regime in den Wahnsinn abgeglitten ist, dass es keinerlei Prinzip mehr gehorcht und zu allem in der Lage ist, um die eigene Haut zu retten. Gómez zu töten bedeutet, den Vereinigten Staaten den Krieg zu erklären und ebenso all denen, die innerhalb der eigenen Grenzen danach streben, dem Regime die Stirn zu bieten: Von nun an bedeutet dies den Tod.

Jetzt stellt ein Mann eine direkte und gefährliche Bedrohung für den Präsidenten dar: Fernando Botero. Der ehemalige Verteidigungsminister ist deshalb eine Gefahr, weil er nach wie vor mächtig ist, weil er nicht eliminiert werden kann, da er im Gefängnis sitzt, und weil er versucht sein könnte, alles, was er weiß, auszupacken, um dieses wieder verlassen zu können. Bislang hat Botero, im Gegensatz zum Exschatzmeister, geschwiegen. Für meine Begriffe ist es eindeutig, dass er eine ausgestreckte Hand von Samper erwartet.

Und richtig, am 10. Dezember erhalten wir die Mitteilung, dass der Staatschef seinem früheren Gefährten einen langen Besuch abgestattet hat. Dass ein amtierender Präsident ins Gefängnis gehen kann, um sich mit einem Exmitglied seiner Regierung zu unterhalten, das auf Grund seiner Beziehungen zur Mafia im Verdacht steht, sich unerlaubt bereichert zu haben, wird woanders sicher als erstaunlich empfunden, überrascht die Kolumbianer aber nicht. Die Kolumbianer überrascht gar nichts mehr. Im Übrigen ist das Fernsehen da und zeigt uns, wie die beiden Männer würdevoll die Wege im Park der Militärischen Reitschule, in der Botero gefangen gehalten wird, abschreiten, vier Stunden lang, während derer …

Was erzählen sie sich? Wir erhalten die Antwort auf diese Frage einige Tage später, aber so gut verschleiert, so geschickt verpackt, dass es des Scharfblicks eines Valdivieso bedarf, um uns zu alarmieren. Anlässlich der Verabschiedung eines Gesetzestextes stimmt der Senat einem winzigen Artikel zu, der nichts mit besagtem Text zu tun hat und der festlegt, dass man künftig nur noch wegen unerlaubter Bereicherung behelligt werden kann, wenn die Herkunft des Geldes bewiesen ist. Da die Brüder Rodríguez nach wie vor nicht verurteilt sind, gibt es noch keine Handhabe für die Behauptung, dass das von Botero kassierte Geld von ihnen stammt. Sobald dieser Artikel auch vom Abgeordnetenhaus verabschiedet ist, bekommt er Gesetzeskraft, und Fernando Botero hat unverzüglich seine Freiheit wieder.

Das also ist es, was sich Samper ausgedacht hat, um seinen Komplizen zu retten und vom Reden abzubringen. Kolumbianische Politiker pflegen auf diese Weise an Gesetzesprojekte Artikel anzuhängen, deren einziger Zweck darin besteht, ein privates Ziel zu bedienen. Man nennt sie *»micos«*, Affen, da sie sich wie diese geschickt an irgendeinen Ast hängen und häufig unbemerkt passieren. Dieser Artikel erhält den Namen »narcomico«, aber er geht nicht unbemerkt durch. Im Gegenteil. Er gibt mir die Gelegenheit, mich frontal und erstmalig gegen das Regime zu engagieren.

Der »narcomico« kommt am 15. Dezember vor die Abgeordneten, also nur fünf Tage nach Sampers Besuch bei Botero. Was mich auf Anhieb frappiert, ist, dass der gewöhnlich nur zu einem Viertel gefüllte Plenarsaal an diesem Nachmittag schwarz vor Menschen ist. In diesem Moment erinnere ich mich an das hochmütige Bekenntnis von Gilberto Rodríguez: »Die meisten Ihrer Abgeordnetenkollegen werden von uns bezahlt, Doctora. Wollen Sie die Namen?« Das ist nicht nötig. Der hektischen Betriebsamkeit all dieser Menschen kann man entnehmen, dass sie sich abgesprochen haben, dass sie in der Tat denselben Anweisungen von oben verpflichtet sind und auch denselben Interessen.

Ich beobachte diesen Zirkus mit tiefem Ekel. Wir warten mit dem Beginn der Sitzung bis zum Eintreffen von Justizminister Humberto Martínez. Auch ich warte auf ihn, und um ihn besser abfangen zu können, habe ich mich sogar ganz dicht an die Eingangstür gestellt.

»Bravo für den ›narcomico‹«, sage ich zu ihm. »Sie sind dabei, die Freilassung Boteros zu verhandeln, aber zählen Sie auf mich, dass dies publik wird.«

Ich spüre, wie er völlig aus der Fassung gerät. Aber der Mann ist geschickt und versteht es, den Schlägen auszuweichen.

»Ich bin genauso beunruhigt wie du«, murmelt er.

»Dann sag das auch! Im Senat hat man nichts dergleichen von dir gehört.«

»Die Regierung hat Anweisungen erteilt, aber sie haben mich allein gelassen. Serpa ist mir nicht zu Hilfe gekommen. Rede du, Ingrid, du kannst mir helfen.«

»Ich werde keine Hemmungen haben.«

Eben in diesem Moment öffnen sich die Türen, und wen sehen wir hereinkommen? Innenminister Serpa, das brillante und eilfertige Sprachrohr Sampers, eben jenen Mann, der bei der Geschichte mit den Ermittlungsakten im Fall Medina so ins Straucheln geraten war.

Ich stürze auf ihn zu und sage in spöttischem Ton:

»Sie kommen gerade recht! Ich wage zu hoffen, dass Sie sich herbemüht haben, um diesen schamlosen Artikel zurückzuziehen.«

Ihm scheint die Luft wegzubleiben, er brabbelt wie jemand, der sich ertappt fühlt, ein paar kaum hörbare Worte und entfernt sich.

Die Debatte beginnt.

Humberto Martínez bezieht tatsächlich schwächlich dafür Stellung, den »narcomico« zurückzuziehen, und stellt seinen Mangel an Enthusiasmus als Umsicht respektive Respekt vor dem Abgeordnetenhaus dar. Aber er ist nervös, ihm ist nicht wohl in seiner Haut. Er löst damit bei den Abgeordneten eine Woge von Panik aus. Die Spannung steigt um mehrere Grade, und ich sehe, wie sich die korrupten Gestalten nervös zählen. Sie haben nichts zu befürchten, sie sind weit in der Überzahl. Dennoch macht mich diese Angespanntheit, die auch bei Serpa zu spüren ist, stutzig. Ich habe das Gefühl, dass sich hinter den Kulissen irgendetwas abspielt, von dem ich nichts weiß. Um Gewissheit zu haben, verdrücke ich mich und erkundige mich bei den Journalisten. Und da, der Hammer: Ich erfahre, dass die parlamentarische Untersuchungskommission, die sich angeblich seit August mit der Verantwortlichkeit von Samper beschäftigt, gleich ihr Urteil verkünden wird. Deshalb also ist Horacio Serpa in aller Eile aufgekreuzt ...

Ich bin aufs Schlimmste gefasst, und es ist für mich nun absolut vorrangig, lautstark und so schnell wie möglich aufzuzeigen, was sich hinter dem »narcomico« verbirgt. Ich will, dass das Land dies weiß, und ich habe endlich die Einzelheiten in der Hand, um der Regierung sagen zu können, was ich von ihr denke.

Man erteilt mir das Wort.

»Wissen Sie, warum sich unser Präsident mit Botero in dessen Luxusgefängnis unterhalten hat?«

Ich sehe, wie die Gesichter erstarren. Die Presse ist da, man kann mich nicht mehr zum Schweigen bringen. Also decke ich den geheimen Pakt auf, den Samper und Botero geschlossen haben, und rufe laut:

»Wir wissen alle: Wenn dieser ›narcomico‹ verabschiedet wird, dann ist dies das Ende des Prozesses 8000. Und das Ende der Unannehmlichkeiten für viele von Ihnen und Ihre bereits inhaftierten Freunde. Denn viele von Ihnen haben wie Botero schmutziges Geld erhalten. Die Kolumbianer sollen wissen, dass ihre Abgeordneten heute darum so vollständig vertreten sind, weil sie ihre eigene Haut retten und der Justiz entkommen und nicht etwa, weil sie durch die eine oder andere Maßnahme für die Benachteiligten eintreten wollen. Warum schweigt Minister Serpa? Warum kommt er nicht ans Rednerpult und legt offen die Haltung der Regierung gegenüber diesem widerrechtlichen, unwürdigen Artikel dar?«

Es herrscht ein unglaublicher Aufruhr im Plenarsaal. Man hatte mich ein Jahr zuvor die Klingen mit Botero kreuzen sehen, als es um den Skandal mit den Galil-Gewehren ging, aber das stellte damals nicht die Legitimität der Regierung in Frage. Diesmal ist es der Fall. Nicht nur beschmutzt dieser Skandal die Regierung und das Parlament, sondern ich beschuldige den Präsidenten der Republik, dessen Haupturheber zu sein ...

Ich nehme an, dass Serpa, kaum dass ich mein letztes Wort gesagt habe, zum Rednerpult springen wird, um mich niederzumachen. Er ist ein gefährlicher Redner, ein Mann, dem man mit Genuss zuhört, so glühend können seine Worte sein und ... so tödlich. Er rührt sich jedoch nicht. Auf was wartet er also?

Andere Redner folgen mir; nahezu zwei Stunden vergehen. Und plötzlich öffnen sich die Türen des Plenarsaals unter dem Druck einer Meute aufgeregter Journalisten. Sie suchen Serpa, der sofort versteht, worum es geht, und sich zu ihnen gesellt. Abgeordnete stehen auf und eilen herbei. Auch ich stürze hinzu.

Es ist so weit, die Untersuchungskommission hat ihre Entscheidung verkündet: Sie weigert sich, unter dem Vorwand, es gebe keine Voraussetzung für rechtliche Maßnahmen, irgendeine Aussage zu machen. Mit anderen Worten, sie sieht keinen weiteren Handlungsbedarf. Die Kommission ist nur zusammengetreten, um den Skandal besser zu vertuschen. Nachdem Serpa die Neuigkeit vernommen hat, erklärt er übertrieben würdevoll seine Zustimmung und sagt dann, wie es zynischer nicht denkbar ist:

»Wir respektieren die Meinung der Parlamentarier. Sie haben in Ruhe und mit der notwendigen Zeit die Untersuchungsakten studiert und sind zu dem Schluss gelangt, dass keinerlei Belastungspunkt gegen Samper existiert. Ich bin darüber sehr froh. Im Übrigen habe ich Vertrauen in die kolumbianische Justiz.«

Kaum in das Halbrund des Plenarsaals zurückgekehrt, ergreift Serpa das Wort. Im Namen der Unabhängigkeit der Justiz beantragt er, den »narcomico« zurückzuziehen, der, wie er vorgibt, im Senat vorgelegt worden sei, ohne dass die Regierung informiert gewesen wäre ... In derselben Sekunde ist mir klar, dass Samper, nunmehr beruhigt, was sein eigenes Schicksal betrifft, Botero fallen lässt. Die hehren Prinzipien herauskehrend, fährt Serpa fort:

»Und wir akzeptieren nicht die Ethiklektionen dieser überspannten Parlamentarierin Ingrid Betancourt, die es wagt, Unwahrheiten zu verbreiten und den Staatschef und die Regierung eines unehrenhaften Verhaltens zu verdächtigen.«

Das Blut stockt mir in den Adern, und ich verlange, ihm antworten zu dürfen. Serpa tut so, als höre er mich nicht. Ich hebe die Stimme, er fährt unerschütterlich fort. Ich stehe auf, Serpa redet weiter, aber niemand hört ihm mehr zu: Alle Blicke sind auf mich gerichtet, besonders die der Journalisten. Nach unserem internen Reglement steht mir eine Erwiderung zu, und Serpa ist im Unrecht, wenn er mir das Wort verweigert. Da ich nicht nachgebe, sagt er schließlich wütend:

»Also gut, antworten Sie, bitte schön!«

»Was das Land wissen möchte«, sage ich, indem ich kurzerhand sein Mikro an mich ziehe, »ist nicht, was Sie von mir denken, sondern warum Sie nicht vor zehn Tagen dem Senat das gesagt haben, was Sie jetzt hier im Abgeordnetenhaus verkünden. Was das Land wissen möchte ist, warum die Haltung der Regierung zum Thema ›narcomico‹ sich von einer Minute zur anderen geändert hat, nämlich unmittelbar nachdem die Entscheidung der parlamentarischen Untersuchungskommission bekannt war, die einzig die Haut des Präsidenten der Republik rettet.«

Und ich schleudere das Mikro zur Seite, ihm mitten ins Gesicht, sodass er einen Sprung nach hinten macht, um ihm auszuweichen.

Die Presse hat verstanden, meine Kollegen auch. Die Regierung lässt sie fallen, viele unter ihnen werden im Gefängnis landen. Botero hat soeben seine letzte Schlacht verloren. Die Regierung lässt ihn ganz alleine untergehen. Serpa hat die Gefahr vollkommen erfasst, die Stille im Raum ist bedrohlich. Er entscheidet sich für einen völlig anderen Ton:

»Entschuldigen Sie, wenn ich Sie gekränkt habe, ich habe mich vielleicht schlecht ausgedrückt. Wenn Sie von mir eine Erklärung wünschen, dann gebe ich sie Ihnen gern …«, etc.

Egal, was er sagt, ich habe das Gefühl, einen Punkt gemacht zu haben, indem ich sie öffentlich aus der Reserve gelockt habe.

Die Weihnachtsferien stehen vor der Tür. Die Parlamentssaison neigt sich ihrem Ende zu, und ich sehe diese Wochen der Erholung umso gelassener auf mich zukommen, als ich davon überzeugt bin, dass Botero reden wird. Ich kenne seinen Ehrgeiz, die hohe Vorstellung, die er von sich selbst hat - er träumte davon, Präsident der Republik zu werden -, und ich glaube keinen Moment daran, dass er es akzeptieren wird, sich zu opfern, allein die Last des Skandals zu tragen, um Samper zu retten.

Die Solidarität innerhalb der Regierung bröckelt: Nachdem er mir scheinheilig gratuliert hat, tritt Justizminister Humberto Martínez, dem ich angemerkt habe, wie unwohl ihm zumute gewesen ist, zurück. Um sich für sein Schweigen zu bedanken, bietet man ihm den Botschafterposten in Frankreich an ...

Ich habe ein paar Monate zuvor Juan Carlos kennen gelernt, meinen späteren Mann. Es sind unsere ersten gemeinsamen Ferien, wir werden endlich einmal ein wenig Zeit für uns haben. Wir bleiben ein paar Tage in Bogotá, das an Weihnachten den Charme von Paris im August annimmt: Die Straßen leeren sich, das Leben ist einfacher, leichter. Dann fahren wir mit den Kindern in den Tairona-Park. Totaler Kulissenwechsel. Wir wohnen in Strohhütten am Ufer der Karibik. Hinter uns der Urwald. Kein Radio, kein Fernsehen, ich habe den Eindruck, Krieg, Gewalt, die »Narcos« und Samper sind weit, sehr weit. Und dennoch erkennen mich die wenigen Touristen, die hier ankommen, und nähern sich mir ständig. Ich bin gezwungen zu fliehen und mich zu isolieren. Ich habe das Bedürfnis, mich völlig und ausschließlich meiner Rolle als Mutter hinzugeben. Juan Carlos unterstützt mich dabei liebevoll. Wir bauen Sandburgen, sammeln Muscheln und üben mit den Kindern, wie man sich in den riesigen Wellen von Tairona behauptet. Juan Carlos ist in Carthagena geboren und mit den Wellen aufgewachsen.

Am Abend, ohne Strom, beobachten wir die Sterne. Es ist auch die Stunde der Vertraulichkeiten. Mélanie will etwas über ihre ersten Monate hören, über das Baby, das sie war. Lorenzo fordert Geschichten von Bären und Füchsen, wie sie ihm sein Vater erzählt. Sie schlafen glücklich und zuversichtlich ein.

Wir kehren erholt und heiter nach Bogotá zurück. An einem Abend im Januar, als Juan Carlos und ich allein sind, beschließen wir auszugehen. Juan Carlos hat Lust, ins Kino zu gehen, ich würde gerne Luft schnappen. Kaum sind wir draußen, erstaunt uns die seltsame Stille, die in Bogotá herrscht, man könnte fast meinen, sämtliche Bewohner hätten die Stadt in Richtung Atlantikstrände verlassen. Wir fahren mehr oder weniger allein auf den Straßen, durch die sich gewöhnlich eine wütende Flut scheppernder Busse, Lastwagen und Autos quält ... Und plötzlich, als wir in Sichtweite der Militärischen Reitschule geraten, in der Botero »inhaftiert« ist, sind wir wie vor den Kopf geschlagen: Sturmpanzer haben rund um den Mauergürtel Position bezogen.

»Juan Carlos, sieh mal!«

»Oh, Mist! Was ist denn da los?«

»Ich weiß nicht ... Sicher etwas Schlimmes.«

»Man könnte meinen, ein Staatsstreich oder so was.«

»Aber natürlich! Deshalb ist niemand auf der Straße ... Lass uns schnell nach Hause fahren und Nachrichten hören.«

Wir schreiben Dienstag, den 23. Januar 1996, für Kolumbien ein historisches Datum. Im Fernsehen belastet Fernando Botero, befragt von Yamid Amat, Präsident Samper. Ja, das Cali-Kartell hat seinen Wahlkampf finanziert; ja, Ernesto Samper wusste das.

»Und Sie?«, fragt ihn Yamid Amat.

»Ich war nicht eingeweiht, ich wusste nichts.«

Juan Carlos und ich sehen uns konsterniert an. Wer soll das glauben, dass Botero nicht auf dem Laufenden war? Aber egal: Das Wesentliche ist, dass die Beschuldigung diesmal aus dem innersten Zirkel kommt und Samper selbst nicht die Möglichkeit hat, Botero zum Schweigen zu bringen. Indem der frühere Verteidigungsminister die Panzer rund um sein »Gefängnis« mobilisiert hat, erbringt er den Beweis, dass die Armee ihn schützt ...

Getroffen reagiert Samper am nächsten Tag und bezeichnet seinen alten Komplizen als Verräter und Lügner. Er wiederholt, nichts gewusst zu haben und dass die Transaktion hinter seinem Rücken passiert sei, und nennt seinem früheren Minister ein Argument, das Sinn macht: Wie kann Botero ihn eines Vergehens anklagen, von dessen Existenz er nichts gewusst haben will? Man kann nicht wissen, dass jemand etwas weiß, wenn man davon keine Kenntnis hat!

Das ist intelligent, sicher, aber ein bisschen wenig, um ein argwöhnisches Volk und eine immer reserviertere internationale Öffentlichkeit von seiner Unschuld zu überzeugen. Was kann Samper tun, um die Kontrolle wieder an sich zu reißen? Da er nicht abdankt, arbeitet er wohl an der soundsovielten Initiative zur Zurückgewinnung der Gutgläubigen.

Am 30. Januar ist sein Plan fertig, und er versetzt dem ganzen Land einen regelrechten Elektroschock. Samper verlangt, dass die Abgeordneten sich zu einer Sondersitzung versammeln, um die Frage, ob er schuldig sei, zu bejahen oder zu verneinen. Mit anderen Worten, er weist die wohlwollende Neutralität der Untersuchungskommission zurück und fordert, dass der Prozess wieder aufgenommen wird, diesmal in einer Plenarsitzung. »Man hat mich freigesprochen«, sagt er, »aber nach den neuerlich gegen mich vorgebrachten Anschuldigungen haben sich Zweifel in den Köpfen der Kolumbianer eingenistet. Ich schulde ihnen die Wahrheit.« Um die Zustimmung derer zu erreichen, die womöglich noch an seiner Aufrichtigkeit zweifeln, treibt er das Ganze weiter auf die Spitze, indem er fordert, der gesamte Prozess solle direkt im Fernsehen übertragen werden. Das ist eine Premiere, noch nie ist es dem kolumbianischen Fernsehen bisher erlaubt gewesen, eine Sitzung ohne Unterbrechung zu filmen. Und was für eine Sitzung: die Anklage gegen einen amtierenden Präsidenten!

Die Falle ist perfekt: Im Namen der Transparenz fordert Samper von den Abgeordneten, über ihn zu urteilen. Die Kolumbianer wissen nicht, dass die erdrückende Mehrheit dieser Abgeordneten so korrupt ist wie er. Samper geht also, entgegen dem äußeren Schein, keinerlei Risiko ein, und es ist selbstverständlich kein Zufall, dass er die Abgeordneten ausdrücklich darum bittet, offen per Handzeichen abzustimmen: Unter dem Vorwand der Offenlegung verschafft er sich so die Sicherheit, dass ihn niemand heimlich an der Wahlurne verrät.

Wie soll man diese Finte aufdecken? Wie den Kolumbianern verständlich machen, dass man sie einmal mehr täuscht, dass man mit ihrer Unkenntnis der politischen Welt und deren Käuflichkeit sein Spiel treibt? Sicher, die Vollversammlung wird über die Verantwortlichkeit des Präsidenten debattieren, aber es ist dieselbe Untersuchungskommission, die zuvor keinen weiteren Handlungsbedarf gesehen hatte, die nun die Debatten eröffnen und im Weiteren kontrollieren wird. Man muss also bei dieser Kommission ansetzen, aber wie?

Es gibt einige Unabhängige, die gegen das, was sich da anbahnt, aufbegehren, und wir beschließen, uns ein paar Tage vor der Eröffnung der Sitzung zu treffen. Dabei sind María Paulina Espinosa und Guillermo Martínez, zwei der »Musketiere« aus der Galil-Zeit, und andere, darunter eine vor Vitalität übersprudelnde Frau, Viviane Morales. Sie macht den Vorschlag, wir sollten in Hungerstreik treten, um durchzusetzen, dass ein paar von uns in die Untersuchungskommission aufgenommen werden.

»Ich bin damit einverstanden«, sage ich, »wir wollen uns feierlich verpflichten, im Parlamentsgebäude einen Hungerstreik durchzuführen, bis die Mitglieder der Kommission ausgetauscht werden.«

Auf diese Verpflichtung bauend, ergreife ich in der Vollversammlung das Wort:

»Für die Zukunft Kolumbiens ist es ganz wesentlich, dass der Prozess, der jetzt eröffnet wird, wirklich transparent ist, denn es geht um sehr viel mehr als das Schicksal des Präsidenten. Es geht um unser Recht auf Wahrheit, das Recht, unsere eigene Geschichte zu schreiben, darum, zu wissen, was wir morgen unseren Kindern erzählen werden; es geht darum, ob wir uns morgen noch im Spiegel betrachten können, ohne von Scham überwältigt zu werden. Die Kommission, das wissen Sie, setzt sich aus den treuesten Freunden des Präsidenten zusammen. Mehrere sind wie ich der Ansicht, dass nur eine Neubestellung der Mitglieder zu einem gerechten Prozess führen kann. Unserem Empfinden nach ist das die Vorbedingung. Ich versichere Ihnen an dieser Stelle, dass wir bereit sind, in einen Hungerstreik zu treten, wenn diese Neubesetzung durch die Versammlung abgelehnt wird.«

Es kommt zu einem Aufruhr, Beschimpfungen werden laut, und die Sitzung wird von einem unglaublichen Tohuwabohu unterbrochen. Als es wieder still wird im Plenarsaal, sind wir nur noch zwei von zehn Personen, die für den Streik gestimmt haben: Guillermo Martínez Guerra und ich. Wir stellen schon sehr bald fest, dass Viviane Morales, die temperamentvolle Initiatorin des Projekts, zwei Tage nach unserem Treffen von Samper empfangen worden ist und ihm ihre Seele für den Preis von Beamtenposten für ihre ganze Familie verkauft hat ...

Jetzt sind wir also im Hungerstreik. Für wie lange? Zwei oder drei Tage, sage ich mir, und sie werden nachgeben, anders ist es gar nicht möglich. Wir müssen uns also entsprechend einrichten, um durchzuhalten. Wir rufen beide zu Hause an und lassen uns Toilettenartikel und Decken bringen. Dann stecken wir uns einen Bereich im Plenarsaal ab und schlagen dort unser Lager auf.

Die erste Nacht ist von Momenten der Euphorie durchzogen. Wir sind zuversichtlich. Guillermo Martínez Guerra, ein früherer Jagdflieger, hat eine stählerne Moral. Aber als sich am nächsten Tag der Plenarsaal füllt und weitergearbeitet wird, als existierten wir nicht, erfasst uns ein Gefühl von Niedergeschlagenheit, der Eindruck, gegen Windmühlen zu kämpfen. Dem Gelächter und den spöttischen Blicken unserer Kollegen entnehmen wir, dass man uns nicht zutraut, lange durchzuhalten. Außerdem ruft unser Hungerstreik im Land kein Echo hervor ...

Am dritten Tag schaltet sich jedoch die Presse ein, aber, wie zu erwarten war, auf schlimmste Art und Weise. Das Fernsehen filmt die Lieferung von Tabletts mit Hühnerfleisch und behauptet, sie seien für uns bestimmt. Die Leitartikler spötteln: »Tagsüber streiken sie, aber in der Nacht schlagen sie sich den Bauch voll.« Oder: »Während das Volk wirklich vor Hunger krepiert, begeht hier eine Angehörige der Oberschicht durch Nahrungsverweigerung Erpressung, um ein Pöstchen in einer Kommission zu ergattern ...«

Der Lärm schwillt an. Ob man uns für aufrichtig hält oder nicht, die Kolumbianer können jetzt jedenfalls nicht mehr ignorieren, dass zwei Abgeordnete, zwei der vier »Musketiere«, offiziell im Hungerstreik sind, dessen Motiv die Journalisten hartnäckig weiter verhöhnen. Vom Innenministerium abgeordnete Polizisten überwachen uns Tag und Nacht. Sie sind ein Beweis für die Unruhe, die sich in der Regierung breit macht. Man weiß sehr wohl, dass unser Streik nicht gespielt ist und dass der Tag kommen wird, an dem man nicht mehr irgendetwas X-Beliebiges über dessen Motivation erzählen kann. Die Zeit ist auf unserer Seite.

Den ersten wirklichen Beweis erhalte ich am fünften Tag: Mein kleiner siebenjähriger Sohn Lorenzo weigert sich, etwas zu essen, er speit das Wenige, das er zu sich nimmt, wieder aus und verliert sehr schnell viel Flüssigkeit. Der Arzt sieht keine andere Lösung, als ihn ins Krankenhaus einzuliefern. Meine entsetzte Mutter schluchzt am Telefon fast nur noch.

»Bring ihn bitte schnell zu mir, Mama. Ich muss ihm erklären, dass ich nicht dabei bin, mich umzubringen, sondern dass ich im Gegenteil kämpfe, sonst hört auch er mit Essen auf, um mir nachzueifern.«

Ich kämpfe, ja, mit all der Kraft, die ich noch habe. Und Lorenzo wird es bezeugen können. Er findet mich regelrecht umlagert von diesen Radio- und Fernsehjournalisten, die uns seit dem ersten Tag durch den Dreck ziehen. Empört und außer mir bin ich gerade dabei, ihnen zu erklären, dass ich das hier nicht machen würde, wenn sie ihre Arbeit vernünftig täten, wenn sie die Korruptheit dieser Regierung anprangerten, statt deren Fehler zu kaschieren, und es zerreißt mir das Herz angesichts des Schmerzes, den all dies meinem Sohn zufügt. Es herrscht ein unbeschreiblich erregtes Klima der Konfrontation. Die Polizei beobachtet aufmerksam, was passiert, und die Journalisten, die sich nach außen hin so aufspielen, scheinen plötzlich erstarrt zu sein. Sie treten beiseite, um Loli durchzulassen.

Hat er verstanden, dass ich auf der Seite des Lebens stehe? Dass seine Mama nicht sterben wird, wie man ihm in der Schule prophezeit hat?

»Warum ich nichts esse, Loli? Weil ich will, dass man mir zuhört. In der Regierung passieren sehr schlimme Dinge. Guillermo und ich wissen das, aber man weigert sich, auf uns zu hören. Du wirfst dich doch manchmal zu Boden und schreist, wenn ich dir nicht zuhöre, na ja, heute mache ich so etwas Ähnliches. In meinem Alter macht das nichts, wenn man nicht isst, es ist ein Opfer, weil ich eine Schlemmerin bin, aber ich werde nicht sterben, Loli, im Gegenteil, ich werde gewinnen, bald werden die Kolumbianer auf das, was ich sage, hören und es glauben. Aber zum Weitermachen muss ich stark sein und mutig, und ich hätte nicht diesen Mut, wenn du nichts mehr isst. Hör zu, Loli, damit ich weitermachen kann, ist es für mich das Wichtigste, dass du isst. Verstehst du, es ist für mich das Wichtigste, dass du isst. Hilf mir!«

»Du bist also nicht krank?«

»Aber nein, ich bin nicht krank! Es geht mir sehr gut. Ich habe diese Entscheidung gefällt, weil ich sehr zornig bin. Wenn man auf mich hört, werde ich nicht mehr zornig sein und komme nach Hause zurück.«

Wir reden zwei Stunden auf diese Weise, und Loli verlässt mich beruhigt. Er hat meinen Kampf akzeptiert – mein Kampf ist ein Lebenspfand. Noch am selben Abend isst er normal sein Essen, und er muss nicht ins Krankenhaus.

Für mich ist dies ein erster gewaltiger Sieg.

Den zweiten verschafft mir das langsame Umschwenken der Presse. Unser Hungerstreik weckt zunehmend Emotionen im Ausland, und man hat das Gefühl, dass die kolumbianischen Journalisten dessen Bedeutung erst durch die Lektüre der internationalen Presse entdecken. Ach so, die französischen, deutschen, amerikanischen, japanischen Journalisten lachen gar nicht höhnisch? Vielleicht sollte man sich die Sache doch einmal näher ansehen ... Und diese Leute, die sich offen über uns lustig gemacht haben, geben ihre Ungläubigkeit auf und gehen zu einer wohlwollenden und bald bewundernden Neutralität über. Sie schreiben sogar, dass es in dem Kampf, den ich führe, einen inneren Zusammenhang gäbe: von den Präservativen gegen die Korruption in meinem Wahlkampf über die Aufdeckung des Galil-Skandals bis hin zu diesem Hungerstreik. Endlich zollen sie mir Anerkennung, honorieren unser Engagement, und für uns, die wir ins Abseits gedrängt sind, bedeutet dies die Gewissheit, dass die Kolumbianer ihrerseits verstehen und uns unterstützen werden. Auch die Gewissheit, dass wir gegenüber unseren »Kollegen« Abgeordneten

Punkte machen, deren starrköpfiges Festhalten an der Kommission in ihrer jetzigen Zusammensetzung mehr und mehr suspekt erscheint.

An eben diese richte ich mich nach einer Woche Hungerstreik in der Plenarsitzung. Die Versammlung ist noch dabei, die Modalitäten des Prozesses zu debattieren. In den Tagen zuvor, als alles über uns lachte, hat Samper ostentativ im Präsidentenpalast jene empfangen, die in Kolumbien die Macht in Händen halten: Großindustrielle, politische Führer, Gewerkschafter, und alle haben ihm ihre Unterstützung versichert, da niemand eine Wette auf den Sturz des Präsidenten wagt und Samper, so denken sie, wissen wird, wie er sich bei ihnen zu bedanken hat. Die Abgeordneten hat er auf Grund der Verlockungen des Geldes ebenfalls in der Hand. Genau das will ich ihnen von Angesicht zu Angesicht sagen und mich über sie hinaus an die Kolumbianer wenden.

»Sie treiben ein übles Spiel mit der Gutgläubigkeit des Volkes. Das ist kein Prozess, den wir da anstrengen, das ist eine erbärmliche, lächerliche Komödie, und Sie wissen das genau. Sie geben vor, über einen Mann zu richten, aber Sie haben alle ein begründetes Interesse daran, dass dieser Mann ungeschoren davonkommt. Morgen wird er jedem von Ihnen als Dankeschön für Ihre Unterstützung einen Knochen hinwerfen ...«

Niemals habe ich ihnen so harte Worte ins Gesicht gesagt, und niemals habe ich mich so ruhig, meiner so sicher gefühlt.

Die mangelnde Nahrung verleiht mir ein Gefühl von Irrealität, auch ein Gefühl von Macht, so als weilte ich nicht mehr wirklich unter ihnen, sondern zöge meine Kraft aus einer höheren, unerschöpflichen Quelle. Und diese Menschen, die mich seit Monaten nicht mehr grüßen, die mich hassen, sind gegen ihren Willen getroffen. Wie fasziniert. Nicht einer unterbricht mich. Ich rede, ich sage das Unsagbare. Wenige Stunden später wird die Zahl derer, die mich, erschrocken über das eigene Schweigen, in den Gängen des Parlaments der »moralischen Erpressung« bezichtigen, groß sein. Und die mit sich selbst am Unzufriedensten werden so weit gehen, den Journalisten im Vertrauen zu sagen: »Sie kann ruhig abkratzen, wir geben nicht nach.«

Das ist falsch, es werden bereits die Köpfe zusammengesteckt, um den Kolumbianern das Gefühl zu vermitteln, dass die Kommission sich nicht nur aus Samperisten zusammensetzt. Man nimmt drei Konservative aus der Opposition mit hinein, die jedoch korrupt genug sind, um mit ihnen kein Risiko einzugehen. Die Presse gratuliert sich lautstark. Was ich darüber denke? »Das ist ein neuerlicher Betrug, Sie wissen das ganz genau, hüten sich aber, es zu schreiben ...«

In dieser Situation erhalte ich Besuch von meinem Vater. Er ist soeben von einer langen Auslandsreise zurückgekehrt und sofort ins Parlament geeilt. Im selben Maße, in dem ich vom ersten Tag an Unverständnis und Sorge in den Augen meiner Mutter gelesen habe, zeugt der heitere Blick meines Vaters von anerkennendem Stolz auf seine Tochter. Oh, dieser Blick! Als ich ihn einfange, schwillt mein Herz vor Freude. Papa setzt sich, ergreift meine Hand. »Du bist jetzt an einem Punkt«, sagt er mit ernster Stimme, »an dem du nur noch zwei Möglichkeiten hast: Entweder du trägst den Sieg davon und verlässt das Parlament mit hoch erhobenem Haupt, oder sie geben nicht nach und du musst bis ans Ende gehen, Ingrid, bis ans Ende. Darauf musst du dich vorbereiten ...« Ja, die Solidarität und Unterstützung meines Vaters geht so weit, dass er meinen Tod ins Auge fasst. Keine Aussage konnte mich sicherer befreien und mir klarer den Weg vorgeben, dem ich folgen musste.

Zufall oder fein durchdachte Strategie? In den langen Stunden, in denen die Abgeordneten nicht tagen, werden im Parlament Bauarbeiten durchgeführt. Man restauriert die Decke, demontiert die Fenster, sodass uns in der Nacht ein eisiger Wind umweht. Gips und Beton werden angerührt, und der Luftzug wirbelt einen beißenden, unerträglichen Staub auf. Geschwächt durch den zehntägigen Streik werde ich krank. Mein Puls wird schwächer, und ich schaffe es nicht mehr, genügend Sauerstoff aufzunehmen. Die Ärzte, die mich beobachten, halten es für gefährlich, wenn ich in dieser Umgebung bleibe. Ich weigere mich, ins Krankenhaus zu gehen, und man bringt mir Sauerstoffflaschen. Ich lebe jetzt liegend unter einer Maske, die ich entferne, wenn Journalisten vorbeikommen.

Schließlich passiert, was die Mediziner befürchtet haben: Nach zwei Wochen ohne Nahrung, vom Fieber niedergestreckt, falle ich in einen Zustand tiefer Bewusstlosigkeit, aus dem ich erst unter einer Infusion im Krankenhaus wieder erwache. Mein Vater ist da, unsere Blicke kreuzen sich erneut, unmittelbar als ich verstehe, was los ist, treten mir die Tränen in die Augen, so untröstlich bin ich, nicht bis zum Ende durchgehalten zu haben ... Daraufhin sagt er:

»Du bist bis ans Ende deiner Kräfte gegangen, Ingrid, bis dich dein Körper im Stich gelassen hat. Das ist gut, du kannst stolz darauf sein. Ich jedenfalls bin es für zwei ...«

Er lächelt, und ich versuche sein Lächeln zu erwidern, aber ich empfinde ein derartiges Gefühl des Versagens, dass ich von Schluchzern überwältigt werde.

Ja, in diesem Augenblick habe ich das Gefühl, dass all das Leiden – meines, aber auch das von Loli – umsonst gewesen ist, dass all die Opfer, die wir uns auferlegt haben, zu nichts nutze waren. Aber ich täusche mich, ich werde das in den kommenden Monaten feststellen. Mein Hungerstreik hat den Kolumbianern die Augen geöffnet. Sie haben meine Botschaft vernommen, verstanden, dass man sie hintergangen hat, dass permanent ein falsches Spiel mit ihnen getrieben worden ist, und ohne dass ich mir dessen noch bewusst bin, ist während dieser zwei Wochen zwischen ihnen und mir ein Vertrauensverhältnis entstanden. Niemals mehr werden sie vergessen, wie gemein und verlogen die Presse gewesen ist, speziell mit der

Behauptung, ich hätte heimlich gegessen, und von nun an - ich werde manche Gelegenheit haben, dies festzustellen - können die Journalisten über mich erzählen, was sie wollen, die Kolumbianer werden nur glauben, was ich ihnen sage. Man wird mir zwanzig Gegner präsentieren können, im Fernsehen eine Art Prozess gegen mich organisieren, es wird mir nichts anhaben können.

In dieser Hinsicht markiert der Hungerstreik einen Wendepunkt in meinem Leben: Er besiegelt ein besonderes Band zwischen den Kolumbianern und mir, ein Band, auf das keine Diffamierungskampagne mehr Einfluss hat und das es mir zwei Jahre später ermöglichen wird, mit dem besten Ergebnis des Landes in den Senat gewählt zu werden, und zwar ohne die Unterstützung irgendeiner politischen Partei.

Während die Abgeordneten darangehen, diesen Scheinprozess gegen den Präsidenten der Republik zu führen, setzt die Justiz unter der Leitung des Anklägers Valdivieso weiter ihre Arbeit fort. Sie hat nicht die Macht, den Präsidenten, der Immunität genießt, zu beschuldigen und über ihn zu Gericht zu sitzen, aber sie kann sämtliche Zeugen vernehmen und auf diesem Weg implizit die Schuld Ernesto Sampers feststellen. Schatzmeister Medina und der frühere Minister Botero haben ausgesagt, und der Schaden für Samper ist verheerend. Er will keine weiteren Zeugen. Der Chauffeur von Innenminister Horacio Serpa hat bereits mit seinem Leben bezahlt.

Am 1. Februar 1996 ist Elisabeth Montoya an der Reihe. Diese Frau, die sämtliche Beweise für Sampers Schuld in Händen hielt und deren Scheck über 32 Millionen Pesos, den sie ihm gegeben hatte, von der Presse in Kopie veröffentlicht worden war, wird in einer Wohnung im Süden von Bogotá tot und mit zehn Kugeln in der Vagina aufgefunden. Man will glauben machen, es habe sich um ein Verbrechen aus Leidenschaft gehandelt. In Wahrheit erhalte ich sehr schnell die Bestätigung, dass Elisabeth Montoya, nachdem sie von den Rodríguez-Brüdern fallen gelassen worden war, mit Staatsanwalt Valdivieso Kontakt aufgenommen hatte. Sie lebte fortan in Angst und Schrecken, wusste sie doch nicht mehr, was tun, um der mutmaßlichen Verurteilung zu entgehen. In den Wochen vor ihrem Tod hatte sie damit begonnen, sämtliche Bankunterlagen zusammenzutragen, die die zugunsten von Ernesto Samper vorgenommenen Geldtransaktionen belegten. Sie wollte mit diesen Dokumenten aus Kolumbien fliehen, überzeugt davon, dass sie den besten Schutz für sie darstellten ...

Am 1. März, ein paar Wochen vor der Eröffnung des »Prozesses« gegen den Staatschef, richten die Vereinigten Staaten an das Land und an die ganze Welt eine unmissverständliche Botschaft: Sie »dezertifizieren« Kolumbien. Mit anderen Worten, Kolumbien ist in ihren Augen kein Land mehr, mit dem man verkehren sollte. Sie könnten nicht besser ausdrücken, dass sie von Sampers Finanzierung durch die Drogenmafia überzeugt sind und wahrscheinlich sämtliche Beweise dafür haben.

In einer Demokratie, die dieses Namens würdig ist, würde solch eine internationale Verurteilung in den Köpfen der zum »Richten« aufgerufenen Parlamentarier zumindest Verwirrung stiften. Die Wirkung auf das kolumbianische Parlament ist eine andere. Sie verstärkt bei der Mehrheit meiner Kollegen, die selbst sehr eng mit der Mafia verbunden sind, die Solidarität und den Korpsgeist.

Aber am 5. März geschieht etwas, das für meine Begriffe Ärger anzeigt ... und zwar seitens der Mafia: José Santacruz wird erschossen, wie es heißt, bei einem Fluchtversuch. Er ist zusammen mit den drei Rodríguez-Brüdern inhaftiert gewesen. Warum hat Santacruz plötzlich beschlossen, das stille Abkommen zu brechen und sich davonzumachen? Für mich ist sein Handeln der Beweis dafür, dass die Bosse des Cali-Kartells sich allmählich darüber klar werden, dass sie sich von Samper in eine Falle haben locken lassen: Wenn sie ihm nach dem

Munde reden, wie sie das bisher getan haben, kommt ihm das eher entgegen. Wenn sie schlecht über Samper sprechen, nützt ihm das sehr. Kurzum, sie haben nichts mehr in der Hand, sehen nicht, auf welche Weise sie ihre Freiheit zurückgewinnen können, und in meinen Augen ist Santacruz der Erste, der die Geduld verliert. Er bezahlt es mit seinem Leben.

Was mich betrifft, so erhole ich mich in diesem Monat März mühsam von meinem Hungerstreik. Aber das offizielle Eröffnungsdatum von Sampers »Prozess« naht, und allmählich komme ich wieder zu Kräften. Meine Freundin Clara, die zusammen mit mir für die Wahl ins Abgeordnetenhaus gekämpft hat, bietet mir ihre Unterstützung an. Sie ist Juristin, und ich ahne noch nicht, wie wertvoll mir ihre Hilfe sein wird. Wir treffen uns wie in den guten alten Zeiten bei mir, trinken Kaffee, arbeiten gemeinsam die Zeitungen durch und krempeln dabei die Welt um, speziell die Kolumbiens.

»Sie sagen, die Parlamentarier können sich die kompletten Unterlagen der Valdivieso-Untersuchung beschaffen, warum sollen wir sie nicht beim Wort nehmen?«

»Das sind Tausende von Schriftstücken, Clara, das ist vollkommen unrealistisch, aber du hast Recht, lass sie uns mit ihren eigenen Waffen schlagen. ›Seht her, wie offen wir sind‹, schwören sie, die Hand aufs Herz gepresst. In Ordnung, meine lieben Freunde, jetzt werden wir auch Offenheit spielen, aber bis zum bitteren Ende, ha! Bis zum bitteren Ende!«

Die Valdivieso-Unterlagen werden uns tatsächlich zur Verfügung gestellt. Im Präsidentenpalais ist man, um ganz Kolumbien zum Zeugen seines guten Willens zu machen, sogar so weit gegangen, sie in der offiziellen Zeitung zu veröffentlichen. Aber bruchstückweise, ohne Anfang und Ende, in einem unentwirrbaren Durcheinander, sodass es unmöglich ist, dort auch nur die Andeutung eines Zusammenhangs zu entdecken, und man, um nicht verrückt zu werden, die Lektüre schnell wieder aufgibt. Nicht jedoch Clara. Clara kennt sich aus mit derartigen Puzzles. Die Schriftstücke türmen sich, okkupieren den gesamten Tisch im Esszimmer, stapeln sich schließlich auf dem Teppich, machen sich bald im Flur und in den Schlafzimmern breit, aber Clara gibt nicht auf, und ich ebenfalls nicht. Schere und Hefter in der Hand, rekonstruieren wir die Zeugenaussagen, legen so viele Ordner an, wie es Zeugen gibt, stellen die Chronologie wieder her und schaffen es mit unvorstellbarer Hartnäckigkeit, Klarheit und Zusammenhang in etwas hineinzubringen, was nichts als eine Anhäufung von Papieren war, deren Auswertbarkeit man geschickt hintertrieben hatte.

Wir haben bereits Tage und Nächte damit verbracht, aber als wir uns endlich einen Weg durch dieses unglaubliche, gigantische Labyrinth gebahnt haben, ermesse ich erst, welches Wunder da geschehen ist: Dieses Dossier ist eine Atombombe, nicht nur für Samper, sondern für die gesamte politische Schicht Kolumbiens. Alles steht dort, und weit über das hinaus, was wir hoffen konnten. Am Rande der den Staatschef belastenden Zeugenaussagen wird seine geheime Buchführung als Kandidat sichtbar, treten die Summen zutage, die er jedem Volksvertreter ausgezahlt hat, um sich dessen Unterstützung zu sichern und damit die Unterstützung durch dessen Wähler. Auf diese Weise offenbart sich, gestützt durch Zahlen, das pyramidenförmige Korruptionssystem Kolumbiens erstmalig in seinem ganzen Ausmaß. Die Abgeordneten haben dem Kandidaten Samper Quittungen unterzeichnet, und diese Quittungen liegen nun da, vor unseren Augen. Und was stellen wir fest? Dass die Mehrzahl eben der Abgeordneten, die sich heute anschicken, über Samper »zu Gericht zu sitzen«, Unterzeichner dieser Quittungen sind. Diese Leute, die lautstark ihre Offenheit beteuern, haben also auf illegale Weise Geld von dem bezogen, den sie angeblich anklagen. Wie sollten sie das können, wo Samper sie doch in der Hand hat und sie objektiv seine Komplizen sind? Das ist etwas, womit man den Prozess sprengen und den Kolumbianern die wenig erfreulichen Hintergründe unseres politischen Systems vor Augen führen kann.

Es ist jetzt an mir, die Worte für eine Rede zu finden, die Millionen Menschen »anspricht«, die den Prozess an ihren kleinen Bildschirmen verfolgen werden. Das ist ein schwieriges, fast unmögliches Vorhaben, da man aus Buchhaltungszahlen keine großen Plädoyers machen kann. Mir ist klar geworden, wie die Strategie von Samper aussehen wird, wenn ihn seine Komplizen erst einmal von seiner Schuld freigesprochen haben: »Seht her, sie hatten jede Zeit der Welt, die Untersuchungsunterlagen genau durchzusehen, und sie haben nichts gegen mich gefunden. Ist das nicht der beste Beweis für meine Unschuld?« Ich werde mich ihm in den Weg stellen, ihn mit seinen eigenen Mitteln bekämpfen. Ja, das werde ich.

Der Prozess beginnt am 22. Mai und, wie nach der »Dezertifizierung« der Vereinigten Staaten zu erwarten war, hört man nur leidenschaftliche Appelle, die Reihen fest um unseren Präsidenten zu schließen, den die »Gringos« nur zu gerne verjagen würden, um ihn durch einen eigenen Mann zu ersetzen und Kolumbien zu demütigen ... Hat Samper Wind von der beachtlichen Arbeit erhalten, die Clara und ich geleistet haben? Seit meinem Hungerstreik habe ich das nahezu handfeste Gefühl, verfolgt und überwacht zu werden. Später erhalte ich den Beweis dafür, dass sich tatsächlich Polizisten dabei abwechseln, mein Tun und Treiben zu notieren, und dass mein Telefon abgehört wird.

Ich soll am 11. Juni reden. Ungefähr zehn Tage zuvor händigt mir der Portier wie gewöhnlich meinen Stapel Post aus. Ich komme aus dem Parlament, es ist fast zwanzig Uhr, und ich habe vor, einen Teil der Nacht über der x-ten Version meiner öffentlichen Ausführungen zu brüten. Im Aufzug - ich wohne im achten Stock - werfe ich einen flüchtigen Blick auf die Umschläge: Rechnungen, Werbewurfsendungen, und siehe da, ein handgeschriebener Brief. Handgeschriebene Briefe öffne ich immer zuerst, da sie gewöhnlich herzlich und familiär sind. Ich ziehe meine Schlüssel heraus, trete ein, mache das Licht an. In der Wohnung ist es still. Mélanie und Lorenzo schlafen in dieser Nacht bei ihrem Vater. Irgendetwas fällt aus dem Umschlag, und ich hebe es mechanisch auf, während ich im Flur zu lesen anfange. Eine Seite voller Grobheiten und Drohungen, deren letzter Absatz mir den Atem raubt: Man kündigt mir an, dass man von nun an darauf achten wird, dass meine Kinder für mein Handeln bezahlen. Das ist das erste Mal, niemals bisher war ihre Existenz im Laufe meines Kampfes gegen die Korruption erwähnt worden. Dann durchzuckt mich der Gedanke, einen Blick auf das zu werfen, was ich aufgehoben habe. Es ist ein Foto: die Leiche eines zerstückelten Kindes.

Zunächst siegt der Zorn über das Entsetzen, und ich zerreiße wütend und wie betäubt dieses scheußliche Bild, bevor ich es auf dem Boden des Mülleimers zertrete. Um wieder Luft zu bekommen, zu atmen und ein paar Minuten so zu tun, als hätte es nie existiert, als hätte ich so etwas nie zu Gesicht bekommen. Sie schüchtern mich nicht mehr ein. Und dann nein, das kann ich nicht, das ist vollkommen unverantwortlich. Diese Leute töten, sie töten wirklich. In den letzten Monaten: Serpas Chauffeur, Álvaro Gómez, Elisabeth Montoya, José Santacruz ... All diese toten Gesichter, die die Polizei fotografiert und die Presse verbreitet hat, ziehen an meinem geistigen Auge vorbei. Oh, mein Gott! Ich kehre zum Mülleimer zurück. Ja, ich muss Fabrice anrufen, auf der Stelle. Auf der Stelle.

»Ich bin's! ... Sind die Kinder in deiner Nähe?«

»Sie essen zu Abend, soll ich sie dir geben?«

»Nein, stör sie nicht. Wir müssen uns sehen, Fabrice, es ist sehr dringend, ich kann nicht am Telefon mit dir darüber reden.«

»Hast du Schwierigkeiten?«

»Ja. Hör zu, ruf mich an, sobald sie im Bett sind, ich komme dann vorbei.«

Wir wohnen nicht weit auseinander, in der Nähe der Französischen Botschaft, in der Fabrice arbeitet, und des Französischen Gymnasiums, auf das die Kinder gehen, wie meine Schwester und ich, als wir klein waren. Mélanie ist zehn und Loli bald acht.

»Wir lassen sie morgen abreisen, Ingrid. Ich rufe meine Mutter an, die holt sie am Flughafen in Roissy ab.«

Ja, morgen. Kein Tag länger in diesem Alptraum. In der Nacht packen wir ihre Koffer. Die Französische Botschaft ist unterrichtet, zu früher Stunde wird eine Eskorte da sein. Sie fliegen mit der Nachmittagsmaschine nach Paris. Bis dahin sind sie unter Schutz in der Botschaft.

Beim Aufwachen sind sie ein wenig durcheinander. Wie sollen wir ihnen erklären, das sie weg müssen, ohne sich bei ihren Lehrern und ihren Freunden zu verabschieden und ohne Bücher und Hefte? Kurz gesagt, dass sie sich wie Diebe davonmachen sollen? Sie müssen sich mit vagen Erklärungen begnügen. Für ein paar Tage seien sie in Frankreich sicherer, ja, auf Grund der Dinge, die im Parlament passiert sind. Die Unruhe gewinnt die Oberhand über die Worte, los, los, meine Süßen, wir müssen schnell machen, die Leute in der Botschaft warten, wir reden dann in vierzehn Tagen mit mehr Ruhe darüber. Und umarmt Omi fest, sie freut sich so, dass ihr kommt ...

Und ich bin so erleichtert, sie bald bei ihr zu wissen! ... Ich habe schon ihre Ankunft vor Augen, wie ihre Großmutter sie nach der Landung des Flugzeugs in die Arme schließt, und dann die Straßen von Paris unter der Junisonne, ihre Kinderzimmer in der entfernten und so friedlichen Provinzstadt, in der Fabrices Mutter lebt. Mir gelingt sogar ein inneres Lächeln, und dennoch ist ihre Abreise ein erstes Alarmzeichen in meinem Leben als Frau und Mutter: Zum ersten Mal wirken sich meine politischen Aktivitäten in schwerwiegender Weise auf das Leben meiner Familie aus. Es war mir bislang mehr oder weniger gelungen, sie von der unglaublichen Heftigkeit der öffentlichen Auseinandersetzungen in Kolumbien abzuschirmen – wenn man von Lorenzos Nahrungsverweigerung während meines Hungerstreiks absieht. Von nun an kann ich nicht mehr ignorieren, dass das, was ich öffentlich unternehme, nachhaltig das Leben derer, die mir am nächsten stehen, die mir am wichtigsten sind, zu erschüttern droht.

Aber im Moment verzehnfacht die Abwesenheit von Mélanie und Lorenzo meine Kräfte. Dieses Mal können sie nichts unternehmen, um mich am Reden zu hindern, außer sie bringen mich um – und sie werden mich nicht umbringen. In acht Tagen werde ich meine Rede halten, und der Druck ist schrecklich. Viele Leute zählen auf mich, quer durch das ganze Land. Der vorgebliche Prozess gegen den Präsidenten ist die Lieblingsgeschichte der Kolumbianer geworden, die von fünf Uhr nachmittags bis spät in die Nacht vor ihren Fernsehern sitzen. Sie hoffen wahnsinnig darauf, dass endlich jemand ganz laut sagt, was an allen Straßenecken getuschelt wird, und dieser jemand sollte nach allgemeiner Ansicht ich sein. Dieses Stelldichein mit den Kolumbianern erfüllt mich ganz und gar. Ich habe keinerlei Zweifel hinsichtlich des Ausgangs dieses »Prozesses«, bin aber davon überzeugt, dass das Volk sich über diese x-te Täuschung hinwegsetzen wird, wenn ich es verstehe, ihm Hoffnung zu machen.

»Juan Carlos, du musst ein Signet für mich finden, eine Art Logo, das sich augenzwinkernd an die Leute richtet. Es soll auf Anhieb eine Komplizenschaft zwischen ihnen und mir entstehen ...«

Mein Mann, ehemals Architekt, jetzt Werbefachmann, ist seit diesen Fiebertagen mein engster Berater. Er ist sensibel und diskret und hat eine enorme Fähigkeit zuzuhören.

»Ich habe verstanden, lass mich nachdenken. Morgen mache ich dir ein oder zwei Vorschläge.«

Am nächsten Tag bringt mir Juan Carlos die Zeichnung eines Elefanten, und ich platze laut los vor Lachen. Aber natürlich! Seit Tagen spricht man nur noch über die gallige Bemerkung des Erzbischofs von Bogotá, den ein Journalist gefragt hat: »Glauben Sie, Samper konnten die gigantischen Summen, die seine Wahlkampagne verschluckt hat, tatsächlich verborgen bleiben?« Und der Prälat: »Hören Sie, wenn ein Elefant nach Hause kommt, ist es sehr schwer, ihn zu übersehen, oder?«

»Das ist genial, Juan Carlos! Das ist genial! Ich muss diesen Elefanten am 11. Juni an meinem Körper tragen.«

»Ich kümmere mich darum, man wird nur ihn sehen, mach dir keine Sorgen.«

Jetzt muss ich es nur noch schaffen, im Parlament die beliebteste Redezeit zu erhalten, zwischen 17 Uhr und 20 Uhr. A priori ist schlecht einzusehen, warum das ultrasamperistische Parlamentspräsidium mir dieses Geschenk machen sollte. Und am Morgen des 11. Juni, während ich noch zu Hause bin, erhalte ich die Nachricht, dass ich tatsächlich die Liste der Nachmittagsredner anführe. Na dann wollen wir mal sehen! Warum Hemmungen haben? Das nennt man wirklich eine Beerdigung erster Klasse ... Sie veräppeln mich? Sehr gut. Ich beschließe, vor sechzehn Uhr nicht ins Parlament zu gehen und bis dahin unsichtbar zu bleiben. Da die gesamte Presse meine Rede als das zentrale Ereignis des Tages angekündigt hat, werden sie wohl verpflichtet sein, mir das Wort dann zu erteilen, wann ich will.

Man lässt nach mir suchen, es herrscht allgemeine Aufregung. Je mehr Zeit vergeht, desto offensichtlicher wird es, dass ich zur besten, für sie zur schlimmsten Redezeit auf dem Bildschirm erscheinen werde. Aus Verzweiflung lässt das Präsidium die Sitzung unterbrechen. Das kommt mir eher entgegen, bei der Wiederaufnahme werde ich dann die Erste sein, die redet. Mein Eintreffen wird mit hysterischen Anfällen in den Gängen begrüßt.

»Für wen hältst du dich? Glaubst du, dass das ganze Land sich deinem Terminplan anpasst? Die Leute machen sich schon ordentlich über dich lustig ...«

»Auch gut, umso besser für sie, wenn sie sich über mich lustig machen, aber ich rede nicht vor siebzehn Uhr, Punkt.«

Im Präsidium platzen sie fast vor Wut. Aber überall ist die Presse, und die Aufregung hat ihren Siedepunkt erreicht, sie können nichts mehr gegen mich machen.

»In Ordnung, du redest um siebzehn Uhr, aber nicht länger als eine Stunde.«

»Tut mir Leid, ich rede um siebzehn Uhr, und ich brauche drei Stunden. Bislang hat jeder so lange geredet, wie er es für nötig hielt, kein Verfahrensartikel autorisiert euch, meine Redezeit zu beschränken.«

Vernichtende Blicke, schlagende Türen. Es ist seltsam, wie ihre zornigen Gesten, ihre hasserfüllten Worte mich amüsieren, statt mich zu treffen. Nach diesen schlaflosen, fiebrigen Wochen habe ich plötzlich das Gefühl, in einer Art Glückseligkeit zu schweben. Ich denke an die Kolumbianer, mit denen ich in einem aufrechten Dialog stehe über das Unglück, das wir gemeinsam zu tragen haben, und mit denen ich trotz alledem eine Zukunft aufbaue, über die Köpfe der politischen Schicht hinweg, die unaufhaltsam von ihrer eigenen Niedertracht zersetzt wird.

Es ist genau siebzehn Uhr, als ich zum Rednerpult hochsteige. Um mich deutlich von dieser Versammlung wütender und hochrot angelaufener Menschen abzuheben, trage ich einen hellblauen Minirock und eine Jacke im gleichen Ton über einem einfachen T-Shirt. Alle Kameras sind auf mich gerichtet. Dann lege ich meine Jacke ab, und auf meinem T-Shirt erscheint der Elefant von Juan Carlos mit dem Satz in Großbuchstaben: »NICHTS ALS DIE WAHRHEIT!« So, der Ton ist vorgegeben, die Bestürzung auf den Gesichtern ablesbar. Sie brüllen Zeter und Mordio, aber vergeblich. Ich sage auch gleich, dass man sich um dieses T-Shirt mit dem Elefanten, das die Kolumbianer in diesem Moment alle gleichzeitig zu Gesicht bekommen, in den kommenden Monaten reißen wird, um damit dem Präsidenten und denen, die vorgegeben haben, in diesem Operettenprozess mit offenen Karten zu spielen, auf der Straße eine noch längere Nase zu drehen.

Ich spreche über den Schiffbruch, den Kolumbien erlitten hat, indem ich von mir rede, von meiner eigenen Naivität, und in ganz einfachen Worten, als müsste ich die Geschichte Mélanie und Lorenzo erklären.

»Ich war eine politische Freundin von Samper. Erinnern Sie sich, ich habe ihn in seinem Wahlkampf unterstützt. Als das Gerücht aufkam, die Mafia habe ihn finanziert, musste ich lachen. Ist ja gut, die enttäuschten Gegner unseres jungen Präsidenten haben ihren Gleichmut verloren! Wer sollte solche Unterstellungen glauben? Samper sprach von einem Komplott der Mafia, und ich als guter Soldat habe applaudiert. Dieser Teufel von Mafia, der vor nichts Respekt hat, nicht einmal vor dem Palacio de Nariño! ... Und was, die Gringos gehen in die Falle? Sie drohen damit, Kolumbien die Zertifizierung zu entziehen? ... ›Na klar, unsere Unabhängigkeit macht ihnen Angst‹, lautete das ungetrübte Urteil Sampers, und einmal mehr klatschte ich in die Hände. Aber dann gab es Leute, die sagten, es tauchten hier und da beunruhigende Dokumente auf. Nach wie vor wollte ich nichts anderes als unserem Präsidenten glauben, aber unser Präsident redete plötzlich nicht mehr von einem Komplott, nein, er sagte, näher betrachtet habe die Mafia vielleicht wirklich seine Kampagne finanziert, aber ohne dass er es gewusst habe. Seine engsten Berater sollen es gewusst haben, ja, aber nicht er. Er habe eine blütenweiße Weste und habe diese Millionen Pesos in aller Unschuld ausgegeben ... Ich sage Ihnen, selbst ein Dummkopf wie ich hat ein wenig Mühe, das zu schlucken. Umso mehr, als uns andere Dokumente erreichten. Hier, ich habe sie dabei, ich erläutere sie Ihnen vor der Kamera, damit auch Sie sich eine Vorstellung davon machen können.«

Und über Stunden hinweg präsentiere ich den Kolumbianern die unwiderlegbaren Beweise für die Schuld des Präsidenten. Wir kämpfen uns anhand von Zeugenaussagen, Quittungen, Fotos, Briefen und Reden gemeinsam durch dieses zusammen mit Clara rekonstruierte Labyrinth. Ich erzähle den Kolumbianern eine äußerst düstere Geschichte, die Geschichte dieses Mannes, der zu allem bereit war, um Präsident zu werden, der seit langen Jahren mit den Brüdern Rodríguez verbunden ist, mit Sicherheit davon überzeugt, nach den Gesetzen einer viel zu permissiven Gesellschaft zu handeln, und persönlich frei von jeglichen Skrupeln. Ich erzähle die Geschichte eines politischen Führers, der sein Volk kalt hintergangen und sich über Kolumbien lustig gemacht hat.

»Für mich«, sage ich weiter, »ist die Entdeckung dieses Dokuments ein herber Schlag. Zum Glück leben wir in einer Demokratie, und während der Präsident sich ungeschickt zu rechtfertigen sucht, geht die Justiz unbeirrt ihren Weg. Ein Präsident, der die Justiz agieren lässt, könnte Nutzen aus dem Zweifel ziehen. Außer wenn er versucht, den Prozess zu manipulieren, und so weit geht, die Untersuchungskommission zu kaufen. Ich hätte diesem Mann so gerne weiter geglaubt! Aber beim ersten Toten erstarrte mir das Blut in den Adern. Wer hat den Chauffeur des Innenministers umgebracht, just in dem Moment, als er aussagen wollte? Wer hatte ein Interesse daran, diesen Mann für immer zum Schweigen zu bringen? Die Polizei nimmt seltsamerweise keinen Verdächtigen fest. Sucht sie überhaupt nach einem Verdächtigen? Man hat nicht das Gefühl. Und dann bricht ein Zeuge nach dem anderen unter den Kugeln mysteriöser Mörder zusammen ... Vorhin habe ich Ihnen die Beweise dafür vorgelegt, dass unser Präsident lügt. Das ist nicht das Schlimmste. Sehen Sie, das Schlimmste ist, wie ich heute fest glaube, dass unser Präsident ein Straftäter ist, ein Verbrecher ...«

Totenstille im Halbrund des Plenarsaals. Noch nie waren hier derartige Worte gefallen. Auch ich bekomme fast keine Luft mehr und fahre mit zugeschnürter Kehle fort.

»Sie können sich denken, wie schwierig es für mich ist, derlei Anschuldigungen vorzubringen. Denn es ist eine schwere Bürde, in diesem Mummenschanz, den man Ihnen als Prozess verkauft, allein die Wahrheit aufzuzeigen. In wenigen Stunden werden diese Abgeordneten, deren sprachlose Gesichter Ihnen die Kameras zeigen, den Präsidenten für unschuldig erklären. Und warum werden sie ihn für unschuldig erklären? Weil sie damit ihre eigene Haut retten. Sehen Sie zum Beispiel diesen Herrn, der vor mir sitzt. Ich habe hier eine von seiner Hand unterzeichnete Quittung. Dieser Herr hat soundsoviel Millionen kassiert ... Ich sage es Ihnen von Angesicht zu Angesicht, wenn er je auf den Gedanken kommen sollte, den Staatschef zu verurteilen, bin ich mir nicht sicher, ob er morgen noch am Leben ist ... Wir, liebe Kolumbianer, sind hier die ohnmächtigen Zuschauer eines im Vorhinein abgekarteten Spiels. Unser Land befindet sich am heutigen Abend ganz tief im Abgrund und in der Agonie, und dennoch weiß ich, dass der Tag kommen wird, an dem unsere Sehnsucht nach Glück über die Schwindel erregende Anziehungskraft siegen wird, die der Tod seit langem für uns hat. Ich bin zuversichtlich.«

Daraufhin geschieht etwas Seltsames, für einen kolumbianischen Saal Ungewöhnliches: Es herrscht so lange Stille, bis ich wieder an meinem Platz bin, eine beeindruckende, verblüffende Stille, als seien diese Menschen, die doch so leicht zum Wüten und Toben bereit sind, vorübergehend gebrochen. Einige in den Rängen der Konservativen erheben sich, um mir die Hand zu drücken, jedoch ohne ein Wort zu sagen, augenscheinlich gelähmt und wie vom Donner gerührt.

In dieser Nacht, um zwei Uhr morgens, wird Ernesto Samper offiziell mit 111 zu 43 Stimmen freigesprochen.

Doch von diesem Tag an kommen die Leute auf der Straße auf mich zu, als wollten sie mir bestätigen, dass dieses Votum nicht das Votum des Volkes ist, und sie umarmen mich oder flüstern mir ein aufmunterndes Wort zu: »Wir sind da, Ingrid, es gilt durchzuhalten, weiterzumachen ...« Wir schaffen es tatsächlich, mehr als 5000 T-Shirts mit dem Elefanten von Juan Carlos zu verteilen!

Die Parlamentssaison endet acht Tage später, und ich will nichts als Loli und Mélanie wieder sehen. Meinetwegen wurden sie aus ihrer vertrauten Welt gejagt, und ich fühle mich deshalb, nachdem die Aufregung der Debatte vorüber ist, in einer Weise schuldig, die mir fast das Herz bricht.

Ende Juni fliegen Juan Carlos und ich nach Frankreich, von gemeinsamen Familienfrühstücken träumend, von Spaziergängen im warmen Sommerwind, unendlichen Nachmittagen. Ich bin am Ende meiner Kräfte, meine Nerven sind zum Reißen gespannt: Fünf Monate sind seit meinem Hungerstreik vergangen, und ich habe nicht einen Tag Ruhepause gehabt.

Wir sind keine acht Stunden zusammen und eben dabei, die Süße des Alltags zu entdecken, als mich ein Telefonanruf meines Anwalts total verängstigt. Hugo Escobar Sierra, dieser alte kolumbianische Fuchs, der mir aus der Colt-Verwicklung in der Galil-Affäre geholfen hat, ist offenkundig sehr beunruhigt.

»Du musst sofort zurückkommen, Ingrid. Es tut mir wirklich Leid ...«

»Was? Was ist denn passiert?«

»Sie haben einen Prozess gegen dich angestrengt, mein armes Kind. Wegen passiver Bestechung.«

»Was?«

»Das kommt direkt aus dem Präsidentschaftsamt, von Samper. Das kann dramatisch für dich enden, du riskierst, dein Mandat zu verlieren.«

»Aber hör mal, das ist unmöglich! Welche passive Bestechung? Ich habe niemals um etwas gebeten, niemanden um etwas ersucht ...«

»Ich kann dir am Telefon nichts dazu sagen. Nimm das erste Flugzeug. Ich erwarte dich.«

Für die Kinder und mich ist der Schmerz schrecklich. Wir hatten eine Reise geplant, Hotels gebucht, jetzt platzt alles. Zum Glück ist Fabrices Mutter da und steht großmütig zur Verfügung. Sie nimmt sie erneut mit offenen Armen auf. Und Juan Carlos in seiner effizienten und diskreten Art besorgt uns bereits zwei Tickets in Richtung Bogotá, unmittelbar zu Sommeranfang, der schlimmsten Zeit ... In derartigen Momenten würde ich ohne ihn wohl den Mut verlieren.

Der Rückflug dauert endlos. Im Flugzeug bekomme ich keinen Bissen herunter, finde keinen Schlaf: Wann sollte ich mich einer wie auch immer gearteten passiven Bestechung schuldig gemacht haben? Wenn das Präsidialamt sich auf diese Falle einlässt, dann muss es wenigstens über irgendeine Ausgangsbasis verfügen ... Verzweifelt zermartere ich mir das Gehirn.

Hugo Escobar Sierra hat den Ernst des Prozesses nicht übertrieben. Der Beweis dafür ist, dass mich bereits am Flughafen Journalisten erwarten. Unfähig, ihnen zu antworten, da ich noch immer nicht weiß, was man mir vorwirft, verlasse ich das Gebäude durch eine versteckte Tür, begleitet vom Sicherheitsservice des Airports.

»Du hast dich zu Beginn seiner Amtszeit mit Ernesto Samper getroffen«, beginnt Hugo Escobar Sierra ruhig, die Hände vor sich auf dem Schreibtisch. »Erinnerst du dich an diese Zusammenkunft?«

Ja, alle Welt sprach damals von dieser Tonbandaufnahme der Amerikaner, auf der man die Rodríguez-Brüder ein Loblied auf Samper singen hört. Und der Präsident hat mir mit einem Lachen entgegengeschleudert: »Red nicht so laut, Ingrid, die Gringos haben mein Büro mit Wanzen gespickt ...«

»Ich erinnere mich ganz genau. Es war ein protokollarischer Besuch, zu Beginn seiner Amtszeit.«

»Worüber habt ihr geredet?«

»Über nichts. Er empfing sämtliche Parlamentarier seiner Mehrheitspartei. Es war eine Kontaktaufnahme, das ist alles ...«

»Nein. Der Präsident behauptet, du habest ihn bei dieser Gelegenheit um einen Gefallen für deinen Vater gebeten ...«

»Was? Aber das ist falsch, ich habe ihn um gar nichts gebeten!«

»Ingrid, hast du die Situation deines Vaters erwähnt, ja oder nein?«

Jetzt fiel mir ein, dass ich tatsächlich eine Anspielung auf die erbärmliche Pension meines Vaters gemacht hatte, die zwanzig Jahre lang nicht angepasst worden war.

»Jetzt weiß ich's, ja. Er hat mich gefragt, wie es meinem Vater gehe, und ich habe ihm wohl gesagt, er habe Geldprobleme.«

»Da haben wir's. Tja, und mehr braucht es nicht, um dich vor Gericht zu bringen ...«

»Aber sag mal, das ist doch verrückt! Nie hätte ich über Papa geredet, wenn dieser von Samper nicht selbst ins Gespräch gebracht worden wäre.«

»Moment, Ingrid, da ist etwas, das ich nicht verstehe. Warum sollte Samper dich nach deinem Vater fragen?«

»Na, weil Samper ein alter Freund meiner Eltern ist.«

»Ach so? Und das sagst du mir erst jetzt!«

»Ich dachte ...«

»Das ändert alles, Ingrid. Wenn du imstande bist zu beweisen, dass die Situation deines Vaters aus offenkundig freundschaftlichen Gründen Erwähnung fand und nicht, um einen Gefallen zu erbitten, hast du eine gewisse Chance, die Richter ins Wanken zu bringen. Wenn nicht, dann steht das Wort des Präsidenten gegen deines, und ich verhehle dir nicht, dass das schwierig sein wird.«

»Wie beweist man Freundschaft?«

»Unternimm das Unmögliche, um mir irgendwas zu bringen, und wenn es auch nur das Indiz für eine Verbindung zwischen deinen Eltern und Samper ist. Unternimm das Unmögliche, Ingrid. Und schnell, wir haben nur sehr wenig Zeit.«

Ich kehre niedergeschlagen und panikerfüllt nach Hause zurück und rufe die einzige Person an, die in der Lage ist, mir zu helfen: Mama.

Sie hört mir zu und sagt dann:

»Wenn das so ist, werde ich dir ein Geheimnis erzählen, Ingrid.«

Und Mama erzählt mir, unter welchen Umständen die speziellen Bande geknüpft wurden, die sie und meinen Vater mit Samper vereinen. Zu der Zeit, als Papa Botschafter von Kolumbien bei der UNESCO war und wir in der Avenue Foch wohnten, hatte Andrés Samper, Ernestos Vater, einen untergeordneten Posten in der Botschaft inne. Er war ein labiler Mensch, der viel trank und ständig in finanziellen Schwierigkeiten war. Als er eines Morgens wieder eine Depression hatte, schnitt er sich in seiner Badewanne die Pulsadern auf. Glücklicherweise wurde er entdeckt, vielleicht durch die Concierge, und diese Person stieß auf der Suche nach irgendjemand, den sie alarmieren konnte, durch Zufall auf die Telefonnummer meiner Eltern. Meine Mutter eilte herbei. Sie war es, die Erste Hilfe bei Andrés Samper leistete und ihn ins Krankenhaus fuhr. In den darauf folgenden Tagen kümmerte sie sich sehr um ihn, wie es Mamas Art ist, leidenden Menschen zu helfen. Sie verbrachte Stunden an seinem Bett, stand ihm zur Seite und munterte ihn auf. Als der Vater des späteren Präsidenten schließlich das Krankenhaus verließ, willigte er ein, seine Rekonvaleszenzzeit im Hause meiner Eltern in der Avenue Foch zu verbringen. Mama hegte für ihn aufrichtige Freundschaft und sehr viel Mitgefühl. Er verbrachte zwei Monate bei uns zu Hause, wo ich ihm sicher über den Weg gelaufen bin, ohne daran die geringste Erinnerung zu haben. Dann wurde er nach Bogotá zurückberufen, und meine Mutter unterhielt mit ihm eine lose, aber stets herzliche Korrespondenz.

Hier lag also die Erklärung für die Freundschaft zwischen Ernesto, dem Sohn und gerissenen Politiker, und Mama, die mich stets stutzig gemacht hatte.

»Gut, aber wir brauchen Beweise für diese Geschichte, Mama, andernfalls weigern die Richter sich, diese zu berücksichtigen.«

»Beweise? ... Warte, ich habe vielleicht, was Du brauchst. Ich weiß noch, dass ich bei Andrés' Tod ein paar Beileidszeilen an Ernesto gerichtet habe, und entsinne mich, dass er mir darauf geantwortet hat. Mit einem Brief, meine ich, in dem er auf diese Zeit damals anspielt. Ich habe ihn, glaube ich, aufgehoben ... Hör zu, gib mir eine Stunde oder zwei ...«

Sie legt auf. Eine halbe Stunde später klingelt das Telefon.

»Ich habe ihn, mein Liebling. Er trägt das Datum vom 18. April 1988. Ich lese ihn dir vor: ›Meine liebe Yolanda, tausend Dank für deine mitfühlenden Worte anlässlich des Todes meines Vaters. Er hat nie die Zuneigung und Hilfe vergessen, die du ihm in den schwierigen Momenten, die er in Paris durchlebt hat, entgegengebracht hast. Auch wir werden das nie vergessen, schon um sein Andenken zu ehren. Sei im Namen meiner Familie und in meinem eigenen Namen ganz herzlich und fest umarmt. Ernesto Samper.‹«

Es kommt der Tag des Prozesses. Einmal mehr die Journalistenmeute und dann die verschlossenen Gesichter der Richter. Der Staatsrat, das oberste kolumbianische Verwaltungsgericht, gilt als samperistisch ... Ich habe plötzlich schrecklich Angst. Wie soll ich alleine gegen einen Staatsapparat kämpfen? Dieses bange Gefühl muss sich in meinem Gesicht widerspiegeln, denn mein alter Rechtsanwalt ergreift sanft meine Hand.

»Mut, Ingrid, das wird schon laufen, ich bin ja da ...«

Die von Samper erhobene Klage hat offensichtlich keine Bruchstelle. Er behauptet, mich nicht zu kennen, und dass ich in seinen Augen eine Parlamentarierin unter vielen sei. Er wundere sich deshalb über die Vergünstigungen, die ich für meinen Vater gefordert habe. Aber er geht noch weiter. Er lässt durchblicken, dass ich mich nur deshalb als Einzige in seinem Prozess gegen ihn gestellt hätte, weil ich enttäuscht darüber sei, dass er mir die Unterstützung für meinen Vater verweigert habe. Und dann wagt er zu behaupten, ich hätte ihn bis zum Schluss, das heißt bis zum Beginn des Prozesses, ständig bedrängt, mir zu helfen. Vergeblich. Daher mein Zorn und mein verbissenes Bemühen, ihm zu schaden ...

Man kann sich die Aufregung der Journalisten vorstellen: Das ist also die heimliche Motivation von Ingrid Betancourt: Rache! Das also verbarg sich hinter all den schönen Reden über Moral! Wirklich, sie ist nicht mehr wert als der Korrupteste unter den Politikern ...

Aber Samper will zu viel beweisen und hat dadurch einen Fehler gemacht, und mit diesem beginne ich. Ich soll ihn ständig bedrängt haben? Nehmen wir das einmal an. Wie erklärt sich dann, dass ich die Einzige unter den Parlamentariern war, die permanent jede Einladung des Staatschefs abgelehnt hat, und das seit August 1995, also fast ein Jahr vor Prozessbeginn? Zufällig habe ich noch ein paar meiner entschiedenen Absagen an ihn aufbewahrt, speziell die vom April 1996, die ich öffentlich verlese: »Sehr verehrter Herr Staatspräsident, ich danke Ihnen für die Einladung zu dem Arbeitsfrühstück am 25. dieses Monats, eine Einladung, die ich leider ablehnen muss, solange wir unsere Ermittlungen in dem Prozess, in den Sie verwickelt sind, nicht abgeschlossen haben. Mit freundlichen Grüßen, Ingrid Betancourt.« Für eine lästige Bittstellerin lasse ich es, wie man zugeben wird, an Herzlichkeit und Eifer fehlen ...

Dann komme ich zum Kernpunkt dieser Affäre, der Freundschaft, die meine Eltern mit der Familie Samper verbindet und die erklärt, warum der Präsident sich höflich nach meinem Vater erkundigt hat. Ich erzähle vor einem versteinerten Saal die Tragödie von Andrés Samper. Und zum Abschluss verlese ich die Worte, die der künftige Präsident an meine Mutter gerichtet hat.

»Wie kann der Staatschef hiernach behaupten«, sage ich, »er würde mich nicht kennen?«

An die Richter gewandt, die jetzt meinem Blick auszuweichen scheinen, füge ich, plötzlich mutlos geworden, mit heiserer Stimme hinzu:

»Einen solchen Prozess gegen mich anzustrengen ist beschämend. Es ist bereits derartig schwierig in diesem Land, eine ernsthafte politische Oppositionspolitik zu machen, wie soll einem dies gelingen, wenn man die Justiz gegen sich hat?«

Daraufhin erhebt sich die Vertretung der Anklage, eine strenge Frau mit mürrischem Gesicht, und ich rechne mit dem Schlimmsten, sodass ich einen Kloß im Magen und einen heißen Kopf habe und den Faden ihrer Argumentation verliere, unfähig, mich auf etwas anderes als die bodenlose Verzweiflung zu konzentrieren, die mich überfällt. Plötzlich jedoch glaube ich zu träumen. Was? Was erzählt sie da? Dass der Staatsrat sich niemals für einen solchen Mummenschanz hätte hergeben dürfen ... Dass diese Akten nur erbärmliche Gerüchte enthielten, deren Unsinnigkeit die Abgeordnete vollkommen deutlich gemacht habe ... Ich schaue hoch. Mein Anwalt lächelt. Auch er ist vollkommen überrascht. Der Blick der Journalisten ist nun ein völlig anderer, sie betrachten uns jetzt wohlwollend ... Sollte ich wirklich gewinnen? »Deshalb stelle ich den Antrag«, schließt die kleine Frau zornig, »diesen Prozess unverzüglich einzustellen und nicht mehr darüber zu reden!« Es ist vorbei, die Leute erheben sich, und während die Presse sich buchstäblich auf uns stürzt, lösen sich drei Richterinnen von ihren Kollegen, die bereits den Gerichtssaal verlassen, und kommen ostentativ auf mich zu, um mir die Hand zu schütteln. »Ich wollte Ihnen nur sagen, wie eng ich mich Ihnen verbunden fühle«, murmelt eine von ihnen.

Am 20. Juli, vier Tage nach diesem Prozess, aus dem ich erschöpft, aber unbeschadet hervorgehe, öffnet das Parlament wieder seine Türen. Der Tradition entsprechend versammeln sich folglich Abgeordnetenhaus und Senat im Kongress, um der Rede des Staatschefs zu lauschen. Es ist ein Tag des Triumphes für Samper: Fünf Wochen nach der Schließung »seines« Prozesses kehrt er mit hoch erhobenem Kopf vor die Abgeordneten zurück. Für mich ist es ein Tag der Trauer, ein unvergesslicher Tag. Ich habe meinen Platz theoretisch bei den liberalen Abgeordneten, aber da fast alle von ihnen Samper unterstützt haben, weigere ich mich von nun an, bei ihnen zu sitzen. Im Übrigen wenden die meisten den Blick ab, als ich vorbeigehe. Diesmal nehme ich einen Platz hinten im Halbrund ein.

Plötzlich sind Stiefel zu vernehmen, knallen Befehle durch den Raum, der Präsident tritt ein. Wir erheben uns. Ernesto Samper besteigt feierlich das Rednerpodest, salutiert und steht stramm, als die ersten Töne der Nationalhymne erklingen. Hat er mich mit den Augen gesucht? Vielleicht. Ich jedenfalls fixiere ihn, und jetzt halten sich unsere Augen in Hab-Acht-Stellung über das Parlament hinweg fest. Mir schießt das Bild dieses Mannes in den Sinn, der immer zu billigen Scherzen aufgelegt war während unserer Reise an die Atlantikküste vor zehn Jahren. Sein gegenwärtiger Blick hat nichts Schalkhaftes, nichts Charmantes, ich lese in ihm nur tiefen, ehernen, unversöhnlichen Hass. Ich will in diesem Moment, dass ihm bewusst ist, dass ich im Namen der Opfer seines irrsinnigen Ehrgeizes über ihn zu Gericht sitze. Ich weiß, dass die Todesdrohungen gegen meine Kinder von ihm ausgehen. Ich gebe es ihm stumm zu verstehen, und die Heftigkeit unseres gegenseitigen Starrens ist unvorstellbar, während die Nationalhymne die Zeit außer Kraft zu setzen scheint. Aber ich gebe ihm auch zu verstehen, und das ist das Entscheidende, dass ich ihm gegenüber keinen Hass empfinde, dass ich auf Gefühle, auf Pathos, auf persönliche Empfindungen, die uns zwangsläufig beide durchzucken, pfeife. Ich will, dass er versteht, falls er dazu in der Lage ist, dass ich ihn gegenüber unserem Volk, gegenüber unserer Geschichte für schuldig befinde, und dass dies von sehr viel größerer Bedeutung ist als das unheilvolle Tauziehen, das zwischen uns stattfindet.

An diesem 20. Juli veranstaltet Ernesto Samper unmittelbar nach seiner Rede zu Ehren der Parlamentsabgeordneten einen Cocktailempfang im Präsidentenpalais. Einzig die Gärten trennen das Kapitol, in dem die beiden Kammern sitzen, vom Palacio de Nariño. An diesem Abend beobachte ich, wie alle meine Kollegen fröhlich durch die Gärten hindurch in Richtung Präsidentenpalast marschieren, und fühle mich zutiefst niedergeschlagen. Vor den Augen der Kolumbianer haben sie sich abgemüht, die Wahrheit zu untergraben, ihre Haut zu retten, und nun haben sie auch noch das letzte Quäntchen Würde verloren und holen sich bei dem Korruptesten von ihnen ihre Dividende ab. Ich nehme den Weg in die entgegengesetzte Richtung, zur Plaza de Bolivar. Es ist eine eisige Nacht, eine der Nächte, in der der schneidende Wind aus den Bergen die Straßen Bogotás leer fegt. Der tagsüber so belebte Platz ist verlassen. Nur mein Privatwagen und der der Leibwächter, die mir das Innenministerium kürzlich zugestanden hat, parken auf der rechten Seite. Ich steige die Stufen des Kapitols hinab und beschleunige den Schritt. Ich habe blindes Zutrauen zu meinem Chauffeur, Alex, aber nur halbes zu meinen Leibwachen, die der Staatspolizei unterstehen. Gerade erst habe ich erreicht, dass sie in ihrem eigenen Auto fahren und nicht mit in meinem sitzen, wo ich sie im Verdacht hatte, meine Gespräche zu belauschen. Ich habe meinen Kostümkragen hochgeschlagen, und mittlerweile hat mich Alex entdeckt, die Lichter eingeschaltet und sich in Bewegung gesetzt.

Wir fahren die Straße zur Kathedrale hinauf und biegen dann nach rechts in die Calle Felipe de Neri ab. Die Eskorte folgt, ihre Scheinwerfer erleuchten unsere Fahrerkabine. Die schmalen Straßen der Candelaria, des malerischsten Viertels von Bogotá, sind absolut verlassen. Aber seltsamerweise verstellt uns, als wir vor der Universität links fahren müssen, ein Auto den Weg. Ich höre mich protestieren:

»Mein Gott, ist der Typ blöd! Er hat so viel Platz, warum stellt der sich ausgerechnet da hin ...?«

Mein Fahrer scheint ebenso perplex. Wir haben angehalten.

Ich drehe mich ungeduldig um. Ich bin müde und deprimiert und möchte nach Hause. Am besten drehen wir um und nehmen die vorhergehende Straße, aber ich sehe jetzt, dass uns ein weiteres Auto den Rückweg versperrt.

»Verflixt! Zurück können wir auch nicht ...«

Alex hat kapiert, was los ist. Mein Auto ist klein und glücklicherweise mit Allradantrieb ausgestattet. Ich bekomme plötzlich mit, wie er einschlägt, den Motor auf Touren bringt und mit voll aufgeblendeten Scheinwerfern auf den Bürgersteig fährt, um dann durch den schmalen Spalt zwischen dem Universitätsgebäude und dem Auto, das uns den Weg versperrt, hindurchzurasen. Er ist vorbei und braust nun mit einer Höllengeschwindigkeit die Calle San Francisco hoch. Und endlich kapiere auch ich. Als die Schüsse fallen, sind wir schon weit weg, nur noch wenig von den Lichtern der Carrera Septima, den Champs-Elysées von Bogotá entfernt. Ich stelle mit Erleichterung fest, dass auch die Eskorte sich durchgeschlagen hat.

Wir sind um Haaresbreite entkommen, und es ist ganz offensichtlich, dass diese Leute, die dafür bezahlt worden sind, auf mich zu schießen, wiederkommen werden. Dennoch ist mein erster Impuls, immer noch zu glauben, sie hätten mich nicht wirklich töten, sondern nur einschüchtern wollen.

Ein wenig später lasse ich beide Autos anhalten.

»Nicht ein Wort darüber, was passiert ist. Verstanden? Nicht ein Wort, ich möchte nicht, dass das bekannt wird.«

Meine Leibwächter werden zwar reden, aber es wird nicht über die Polizeikreise hinausdringen.

Ich möchte die Realität nicht sehen, und im Grunde meines Herzens weiß ich, weshalb: Wenn meine Familie davon erfährt, wenn Fabrice das mitbekommt, dann kehren Mélanie und Loli nie mehr nach Bogotá zurück. Ihre Heimkehr ist aber für Ende August vorgesehen, und ich lebe nur noch für diesen Tag.

9

Anfang September 1996 kehren Mélanie und Lorenzo auf das französische Gymnasium von Bogotá zurück, als sei nichts geschehen. Dabei hat sich in diesem Schuljahr viel für sie verändert: Ihr Vater lebt nicht mehr hier, er ist nach Auckland berufen worden und im Laufe des Sommers dorthin gezogen. Von nun an haben die Kinder nur noch ein Domizil, das meinige, und im Ernstfall kann Fabrice nicht mehr sofort einspringen. Aber wir haben einen Zufluchtsort hinzugewonnen: Sollte das Leben in Bogotá unmöglich werden, hätten sie Auckland ... Weder Fabrice noch ich haben dies offen ausgesprochen, aber wir denken ganz eindeutig daran. Seit dem Drohbrief mit dem schrecklichen Foto, auf dem das zerstückelte Kind zu sehen war, erträgt Fabrice die Vorstellung nur schwer, dass Mélanie und Lorenzo in Bogotá leben, aber gleichzeitig gesteht er sich nicht das Recht zu, sie mir wegzunehmen. Ich konnte seine Beunruhigung spüren und auch seine Skrupel. Ich weiß, welchen Risiken ich sie aussetze, aber mich von ihnen zu trennen geht über meine Kräfte. Ich habe das Gefühl, diesem Land und der Politik enorm viel gegeben zu haben, und ich bin nicht bereit, noch nicht, mein Familienleben zu opfern.

Dieser Herbst 1996 beginnt also für mich unter dem Vorzeichen unbeschreiblicher Angst. Um Mélanie und Lorenzo nicht zu verlieren, habe ich das Attentat vom 20. Juli, dem ich nur ganz knapp entgangen bin, verheimlicht, und jetzt zahle ich den Preis für meine Unverantwortlichkeit: Ich habe ständig Angst um sie. Eine bestialische Angst. Ich habe das Gefühl, ein großer Krake sitzt auf meiner Brust und zerdrückt mich. Ich trage diese Angst in mir, und es gibt keinen Moment, in dem sie mir nicht gegenwärtig ist. Selbst abends, wenn die Kinder da sind, ganz in meiner Nähe, im Schlafanzug in ihrem Zimmer, und Juan Carlos überprüft hat, ob die Eingangstür richtig verschlossen ist, selbst in diesen Momenten, die gemütlich sein könnten, ja, sein müssten, habe ich Angst ...

Außerdem habe ich mich von der Welt zurückgezogen, um meine letzte Schlacht gegen Ernesto Samper zu schlagen: Ich schreibe nämlich ein Buch, in dem die Kolumbianer sämtliche Beweise für die Schuld des Präsidenten finden werden. Wie sehr die Einsamkeit die Angst verstärken kann, spüre ich jeden Augenblick, schrecke ich doch bei jedem ungewöhnlichen Geräusch hoch. Und dennoch schreibe ich, beherrscht von dem Zwang, voranzukommen, zu retten, was noch von der Wahrheit zu retten ist. Ich schreibe, damit dieser »Prozess« gegen Samper, den die Abgeordneten vereitelt haben, dennoch einen Platz in unserer Geschichte bekommt, damit die Kolumbianer niemals die Schändlichkeit vergessen, die man ihnen angetan hat, damit sie Schwarz auf Weiß die belastenden Unterlagen vor sich haben, die ich drei Monate zuvor auf der Rednertribüne des Abgeordnetenhauses vor den Fernsehkameras geschwenkt habe. Ich erinnere mich an einen Vortrag von Hélène Carrère d'Encausse an der Science-Po, in dem sie uns auf eindrucksvolle Weise beschrieb, wie totalitäre Regime es schaffen, ihre Geschichte neu zu schreiben. Kollektive Amnesie nach Maß. Das entsetzt mich mehr als alles andere. Ich habe das Gefühl, dass die feige Erleichterung, die wir alle nur zu gern empfinden möchten, unser Ende besiegeln würde. In diesen schwarzen Augenblicken, in denen die Drohungen so schwer auf mir lasten, sage ich mir, dass, wenn sie mich unbedingt töten müssen, mir vorher noch ein Kampf zu schlagen bleibt, nämlich der: diese letzte Manipulation, diese letzte Schmach zu verhindern.

Ich gehe praktisch nicht mehr aus, verbarrikadiere mich zu Hause und schreibe fieberhaft Tag und Nacht in der verrückten Hoffnung, dass dieses Buch schnell fertig werden möge, als stelle es die Versicherung für das Heil der Kolumbianer dar, aber auch für das meiner Familie, von Mélanie und Lorenzo. Weshalb? Wodurch schützt es sie, die so verletzlich sind? Ich vermag es nicht zu sagen. Aber dieses tief sitzende Gefühl, diese Überzeugung, diese Pflicht, die es zu erfüllen gilt, gibt mir die Kraft weiterzumachen.

Ich finde keinen Schlaf. Kaum liege ich im Bett, spiele ich im Geiste unermüdlich das Szenario unserer Flucht im Falle eines Überfalls durch. Ich habe es bereits erwähnt: Das Haus, in dem ich wohne, ist am Ende einer Einbahnstraße in den Hang hineingebaut, die ideale Szenerie für einen Hinterhalt. Wie sollen wir entkommen, wie die Kinder retten, wenn die Mörder über die Treppe heraufkommen? Anfangs denke ich, ein Seil mit Knoten wäre das Richtige, über das wir zum Balkon der Nachbarn unter uns klettern könnten. Aber das verursacht mir zusätzliche Ängste, eine Strickleiter wäre wesentlich sicherer! Ja genau, eine Strickleiter – gleich morgen früh muss ich eine bestellen ... Jetzt ist die Leiter da, angebunden und einsatzbereit, und nun beschäftigen mich die Turnschuhe ... Ja, jeder muss welche haben, und sie müssen ständig vor dem Balkonfenster stehen ... Unter keinen Umständen dürfen die Kinder die Leiter mit nackten Füßen hinabklettern, sie könnten ausrutschen ... O nein! Mein Gott ... Und was, wenn sie übers Dach kommen? Wir dürfen nicht unbewaffnet bleiben ... Das geht nicht. Wir müssen uns eine Pistole besorgen, ein Maschinengewehr ... Ich werde schießen lernen, Juan Carlos wird es mir beibringen ... Ja, genau, Juan Carlos bringt es mir bei. Wir werden die Waffe links neben die Eingangstür hängen ... Lorenzo, ich verbiete dir, sie anzufassen, hörst du mich? Es ist gefährlich, sehr gefährlich ... Was ist mit mir los? Ich phantasiere. Ich werde doch nicht verrückt? ...

Das Buch erscheint am 12. Dezember unter dem Titel *Si Sabia (Ja, er wusste es)*. Ernesto Samper wusste, dass die Millionen Pesos, die seine Wahlkampagne verschlungen hat, von der Mafia stammten. An diesem Tag wird in einer Buchhandlung im Zentrum eine Signierstunde veranstaltet, nur wenige Hundert Meter Luftlinie vom Palast des Präsidenten entfernt. Werden die Leute es wagen zu kommen? Sich der Presse auszusetzen, die das Ereignis angekündigt hat? Den Fotografen und Kameras? Werden sie das Risiko eingehen, erkannt zu werden? Wir fürchten ein Attentat. Man hat mich ganz hinten in der Buchhandlung platziert, mit dem Rücken zur Wand. Die beiden Eingänge werden von bewaffneten Männern bewacht, weitere halten sich unauffällig im Innenraum versteckt. Die Kolumbianer strömen herbei, drängeln sich an den Türen, mit einer solchen Ungeniertheit, mit einem solchen Stolz, da zu sein, dass wir bald alle unsere Sicherheitsvorkehrungen vergessen. Es wimmelt von Leuten, die Warteschlange zieht sich bis weit auf den Bürgersteig. Viele haben einen Fotoapparat dabei und wollen mit mir zusammen aufgenommen werden, sie umarmen und küssen mich. Ich habe das Gefühl, wieder Licht zu sehen, seit langem zum ersten Mal wieder richtig lebensfroh zu sein. Diese Menschen befreien mich, sie öffnen das Gefängnis, sagen mir, dass sie mir zugehört haben, dass sie Bescheid wissen und mich unterstützen. Ich bin so gerührt, so aufgewühlt durch das Vertrauen, das sie mir schenken, dass ich mich erneut ertappe, wieder an die Möglichkeit eines Sieges zu glauben, daran, dass Kolumbien nicht ewig von Dieben, Betrügern und Verbrechern regiert werden wird.

In den Tagen nach dem Erscheinen meines Buches nehme ich meine Aktivitäten im Parlament wieder auf. Ich arbeite nun doppelt so viel, habe ich doch mein Mandat zwangsläufig vollkommen vernachlässigt. Die Parlamentssaison neigt sich ihrem Ende zu, die Weihnachtsferien stehen vor der Tür, ich muss schnell machen. Häufiger noch als sonst renne ich zwischen meinem Büro, wo ein Termin den anderen jagt, und dem Halbrund des Plenarsaals hin und her.

An einem dieser verrückten Tage, als ich meine Audienzen halbwegs hinter mich gebracht habe, bevor ich wieder in die Plenarsitzung muss, öffnet meine Sekretärin die Tür einen Spalt.

»Da ist jemand, der Sie dringend sprechen will, Ingrid. Ein Mann ...«

»Hat er einen Termin?«

»Nein. Aber er lässt nicht locker ...«

Später frage ich mich, warum die Leute, die mich zum Tode verurteilt haben, es für sinnvoll erachtet haben, mir diesen Boten zu schicken. Mir fällt meine Zusammenkunft mit den Brüdern Rodríguez ein, die ein Hinweis sein könnte. Ich habe das Gefühl, dass sie in ihrem tiefsten Inneren vielleicht gar nicht meinen Tod wollen, dass sie mich im Gegenteil gerne weiterhin, allen und allem zum Trotz, am Leben sähen, als beruhige sie das Überleben von Individuen meiner Art in diesem alptraumhaften Universum, an dessen Ausgestaltung sie mitgewirkt haben, bezüglich ihrer eigenen Person und der Welt, von der sie für ihre Enkel träumen.

»Ihre Familie ist in Gefahr«, hat er gesagt. Dieses Mal kann ich nicht mehr so tun, als sei nichts passiert. In der Nacht bereiten wir unsere Flucht vor, ich habe es zu Beginn dieses Buches erzählt. Zum zweiten Mal im Abstand von sechs Monaten müssen Mélanie und Lorenzo Kolumbien Hals über Kopf verlassen. Aber diesmal weiß ich, dass sie nicht so bald zurückkehren werden. Die Aussicht auf ihre Abreise erleichtert mich nach diesen Monaten der Furcht und der Schuldgefühle. Ich will nicht daran denken, noch nicht, wie das Leben ohne sie sein wird. Juan Carlos ist da, um mir den Rücken zu stärken. Fabrice erwartet uns in Auckland: Im Moment halten wir durch, obwohl der Sturm heftig um uns braust. Sébastien ist ebenfalls da. Er ist mittlerweile ein Mann, vor allem aber ein rührend bemühter großer Bruder, der viel Mitgefühl für Mélanie und Lorenzo hat. Auch er hat ein ständiges Hin und Her erlebt, Reisen ans Ende der Welt, schwierige Umstellungen. Er weiß, wie das ist. Er passt auf sie auf. Wie ein Schutzengel.

Wenn ich an diese zwei Monate in Auckland zurückdenke, die letzten beiden meines Familienlebens, dann gelingt es mir nicht, mich anders zu sehen als in der Haut einer Frau, die zu einer schweren Gefängnisstrafe verurteilt worden ist und die fieberhaft versucht, die letzten Tage in Freiheit auszunutzen, um das Alltagsleben der Ihren zu ordnen, die sich bis in die kleinsten Kleinigkeiten, die unbedeutendsten Dinge hinein an sie klammert, in der wilden Hoffnung, sie mögen unter ihrer Abwesenheit nicht leiden und sie – was vielleicht noch wichtiger ist – nicht vergessen. Wir richten zusammen ihre Zimmer ein, gehen noch einmal zusammen den Weg vom Haus zur Schule durch, kaufen gemeinsam Bücher, Hefte, sonstigen Schulbedarf, auch Kleidung für das gesamte kommende Jahr. »Nimm die größere Größe, Mélanie, du weißt, du wächst noch.« Erinnerungen auftanken … Und im geheimsten Winkel meines Herzens sage ich mir: Sieh sie dir gut an, Ingrid, andernfalls kannst du sie dir in ein paar Monaten nicht mehr vorstellen. Sieh sie dir gut an, nimm alles gut auf, den Schnitt der Hose, die Farbe der Bluse …

Mitte Februar 1997 fahren Juan Carlos und ich nach Bogotá zurück. Wir ahnen beide, wie hart das alles jetzt für uns sein wird, und Juan Carlos tut etwas, das für seine Persönlichkeit absolut charakteristisch ist: Er macht mir einen Heiratsantrag. Wie könnte er besser ausdrücken, dass er bei mir ist, mich liebt, aber auch solidarisch zu mir steht, bereit ist, mit mir den Weg bis ans Ende zu gehen? Wir waren beide bereits einmal verheiratet, und zu normalen Zeiten würden wir diesem formalen Band keinerlei Bedeutung beimessen. Aber wir leben eben nicht in normalen Zeiten, und Juan Carlos' Worte an diesem Tag bewegen mich tief.

Wir heiraten auf dem Rückweg, mitten im Pazifik, nach polynesischem Ritual. Eine biblische Hochzeit, außerhalb der Zeit, bei der der zukünftige Gatte langsam aus einem Einbaum den Fluten entsteigt, als hätte man uns die Gnade gewährt, einen Tag lang an den Ursprung des Lebens zurückzukehren, in eine Zeit, bevor der Mensch seine Unschuld verlor. Einen Tag lang, genauer gesagt drei, bis uns das Flugzeug aus dieser von den Dichtern besungenen Inselgruppe reißt, um uns den heftigen Erschütterungen des wirklichen Lebens auszusetzen, unseres Lebens, des Lebens der Kolumbianer.

Durch das Verschulden seines Präsidenten von den Nationen mit einem Bann belegt (Samper erhält, als er zum Sitz der UNO reisen möchte, kein Visum für die Vereinigten Staaten), blickt das Kolumbien, das wir im März 1997 vorfinden, bereits hoffnungsvoll auf neue Termine: In etwas weniger als einem Jahr sind wieder Präsidentschaftswahlen.

Die Amtszeit eines kolumbianischen Präsidenten beträgt vier Jahre und ist nicht verlängerbar, wir haben also die Gewissheit, Ernesto Samper bald los zu sein. Können wir ebenso sicher sein, auch unsere Würde wieder zu finden? Nein, denn Samper bereitet einen gesicherten Rückzug vor. Er weiß, dass er als einfacher Bürger nicht mehr vor Verfolgungen sicher ist. Der Prozess 8000 dehnt sich mittlerweile auf seine engsten Mitarbeiter aus, in erster Linie auf seinen Schatzmeister Medina und seinen früheren Verteidigungsminister Botero. Er muss also, so lange er noch an der Macht ist, versuchen, das juristische Räderwerk definitiv zum Stehen zu bringen. Allgemeiner gesagt, wenn er in Ruhe mit dem während seiner Amtszeit angehäuften Vermögen leben möchte, muss er es schaffen, den Kolumbianern seinen Nachfolger aufzudrängen. Dessen Name ist bereits in aller Munde: Innenminister Horacio Serpa, der treueste unter seinen Getreuen und ebenso korrupt wie sein Mentor. Es besteht kein Zweifel daran, dass, wenn Serpa Sampers Nachfolger wird, dieser ruhige Tage verbringen kann ...

Ich erlebe machtlos, wie der Prozess 8000 sabotiert wird. Und weshalb bin ich machtlos? Weil die angewandte Strategie keinerlei Angriffsfläche für irgendwelche Kritik bietet. Der Mann, der den Prozess 8000 verkörpert, ist Staatsanwalt Valdivieso. Nun, was macht Samper? Er drängt hinter den Kulissen die liberale Partei, Valdivieso als ihren Kandidaten für die Präsidentschaftswahlen zu nominieren! Nur wenige bringen es übers Herz, dieser Bitte etwas entgegenzusetzen, zumal man ihnen vorgaukelt, dass sie den Umfragen zufolge mehr oder weniger das Votum des gesamten Volkes hinter sich hätten ... Valdivieso fällt auf die Sirenengesänge herein und gibt sein Amt auf, um ins Rennen um die oberste Magistratur zu gehen. Das ist sein gutes Recht. Er sieht nicht die Falle, die Samper ihm aufgestellt hat. Als miserabler Redner und mittelmäßiger Politiker verspielt er binnen weniger Monate den gesamten Kredit, den er bei den Kolumbianern hatte, und verschwindet von der Bildfläche. Woraufhin der tatsächliche Kandidat der Liberalen Partei, Horacio Serpa, ins Rampenlicht rückt. Aber in der Zwischenzeit hat Samper an Stelle von Valdivieso im Prozess 8000 einen ihm besonders ergebenen Advokaten nominiert. Man kann sich die Folgen denken.

Um Serpas Sieg sicherzustellen, kurbelt Samper in den letzten achtzehn Monaten seiner Amtszeit etwas an, das er »el Salto social« nennt, den »sozialen Sprung«. Es geht dabei um Maßnahmen, die im Grunde untadelig sind, hinter denen aber die uneingestandene Motivation steht, künftige Wählerstimmen für den Innenminister einzuheimsen. So kreiert die Regierung Gutscheine für die medizinische Versorgung, die sie an die sozial Schwächsten ausgibt, aber mit Hilfe dieser Gutscheine erfasst und registriert sie zugleich diese Bevölkerungsgruppe, die sie schon bald mit einer Verpflichtung, »richtig zu wählen«, für diese Bons bezahlen lässt. In gleicher Weise gibt sie Gutscheine für Schulbedarf an Familien aus und bindet damit eine Bevölkerung an sich, die, wenn es um den persönlichen Profit geht, zu allem bereit ist. Auch die Rentner werden geworben, mit Hilfe von Essensmarken ...

Hinter den Kulissen bietet dieser »Salto social« dem Tandem Samper-Serpa die Gelegenheit, beträchtliche Geldmengen umzuleiten, um die Präsidentschaftskampagne zu finanzieren. Sie eignen sich die Finanzen des Landes in geradezu räuberischer Weise an, und meine Aufgabe während dieses Jahres 1997 wird im Wesentlichen darin bestehen, diese Plünderungsaktion aufzuzeigen.

Einmal mehr bin ich die Einzige im Parlament, oder jedenfalls fast, die den Versuch unternimmt, den Kolumbianern zu erklären, was sich hinter dem plötzlichen sozialen Engagement unserer Regierung verbirgt. Aber wie soll ich den Leuten, denen es an allem fehlt, verständlich machen, dass sich das Wenige, das man ihnen heute verspricht, morgen als Gift herausstellen wird? Wie ihnen erklären, dass dieses Gießkannenprinzip in keiner Weise den Mangel und die Entbehrungen beseitigt, unter denen sie leiden. Dass es ganz im Gegenteil den Vorwand für riesige Geldunterschlagungen bietet und das es die Löcher gleich nach der Wahl wieder zu stopfen gilt ... Mein Spielraum ist eng. Bei jeder meiner Interventionen riskiere ich, als prinzipielle Opponentin dazustehen und im vorliegenden Fall als diejenige, die eine in den Armenvierteln inbrünstig herbeigesehnte soziale Himmelsgabe zurückweist.

Im Herbst 1997 rückt die Debatte über die Auslieferung der Rauschgifthändler wieder in den Vordergrund, nachdem sie von Samper und den Seinen so oft in den Hintergrund geschoben worden ist. Die Vereinigten Staaten werden ungeduldig, der Druck ist beachtlich. Samper kann sich nicht offiziell gegen die Auslieferung aussprechen, damit würde er die internationale Meinung stärken, die ihn nach wie vor bezichtigt, durch das Cali-Kartell finanziert worden zu sein. Er zeigt sich also gegenüber der Wiedereinführung der Auslieferung durch ein Parlamentsvotum wohlwollend, denkt aber an seine Verbündeten, die Brüder Rodríguez, die nach wie vor im Gefängnis sind. Es kommt für ihn nicht in Frage, diese Männer an die Vereinigten Staaten auszuliefern. Gegen den Vertrag zu handeln, der sie aneinander bindet, würde über kurz oder lang für ihn die Besiegelung seines Todesurteils bedeuten. Wie also die Rodríguez-Brüder und sich selbst retten? Indem man schlicht erklärt, das Auslieferungsabkommen habe keine rückwirkende Kraft, was seine Anwendung auf die bereits Inhaftierten ausschließt.

Die Parlamentarier - die selbst in ihrer erdrückenden Mehrheit durch die Rodríguez-Brüder finanziert worden sind - ergreifen erleichtert den wunderbaren Rettungsring der Nicht-Rückwirksamkeit. Für sie würde eine Abschiebung der Rodríguez-Brüder in die USA ebenfalls das Todesurteil bedeuten. Als es im Parlament zur Debatte kommt, bin ich die Einzige, die für ein rückwirkendes, allumfassendes, kompromissloses Auslieferungsgesetz plädiert - vor einem Plenarsaal, der wie immer, wenn es um die Interessen der Drogenmafia geht, überfüllt ist. Und diese Abgeordneten, deren Verbindungen zu dem Kartell ja nun bekannt sind (ich habe deren Schuldanerkenntnis publik gemacht) geben - das Herz auf der Hand und ohne rot zu werden - leidenschaftliche Plädoyers gegen eine rückwirkende Gültigkeit von sich, im Namen des Kampfes gegen ... den Imperialismus der Yankees! Ich rufe ihnen zu, dass für alles der Imperialismus der Yankees herhalten müsse, aber hinter diesen Wortgefechten ist für mich bei all meinen Kollegen, die integersten mit eingeschlossen, die dumpfe, schreckliche Angst spürbar, die ihnen die Drogenmafia einflößt. Am Ende sind es mit mir nur drei, die für das breiter gefasste Auslieferungsgesetz und damit für eine Abschiebung der Rodríguez-Brüder in die Vereinigten Staaten votieren.

Samper fährt fort, seine Schulden zu begleichen, indem er dem Parlament einen Text vorlegt, der nach außen hin ganz harmlos aussieht. Unter dem Vorwand, die überfüllten Gefängnisse entlasten zu wollen, geht es darum, dass man seine Strafe »zu Hause abbüßen« können soll. Es drängt sich die Annahme auf, dass dabei vielleicht an Hühnerdiebe gedacht ist, aber nein, kurioserweise sind diese Maßnahmen speziell für eine bestimmte Kategorie von Weiße-Kragen-Kriminellen bestimmt. Genauer betrachtet betreffen sie verschiedene Formen von unerlaubter Bereicherung, insbesondere die Art von Delikten, die von den im Prozess 8000 Angeklagten begangen worden sind ...

Ich tobe. Die Angeklagten im Prozess 8000, zum großen Teil Abgeordnete, werden auf diese Weise von ihren eigenen Kollegen wieder auf freien Fuß gesetzt, noch bevor sie überhaupt verurteilt worden sind. Am Ende setze ich mich jedoch durch. Dank des Einsatzes der Presse wird das Vorhaben im Senat in letzter Minute abgelehnt.

Das Jahr 1997 ist das schmerzlichste in meinem Leben. Ohnmächtig muss ich mit ansehen, wie ein korrupter Staat rein gewaschen wird und seine Totengräber durch die staatlichen Institutionen selbst in Sicherheit gebracht werden, was ein Beweis dafür ist, wie faul und durch und durch verdorben der gesamte Staatsapparat ist. Haben wir überhaupt eine Hoffnung auf Gesundung, wenn der kommende Mann, derjenige, der die beste Ausgangsbasis zu haben scheint, um Sampers Nachfolge anzutreten, Horacio Serpa, wie ein Abziehbild von ihm ist? Erstmalig frage ich mich nach dem Sinn und Zweck meines Kampfes. Und wenn ich mir diese Frage stelle, so, weil ich diesem Kampf mittlerweile alles geopfert habe. Um was davon zu haben? Was hat Kolumbien von meinen Opfern? Es treibt weiter unaufhaltsam seinem Untergang zu, und anstatt es zu retten, habe ich das Gefühl, selbst mit ins Unglück gerissen zu werden.

An manchen Abenden verlasse ich das Parlament vollkommen mutlos. Um was vorzufinden? Eine leere Wohnung, in der es schrecklich still ist. Juan Carlos ist meistens noch nicht da, und ich gehe dann in die Kinderzimmer und setze mich auf die Betten. Mein Blick streift zärtlich über ihre Sachen, ich streiche ihre Kissen glatt, und manchmal habe ich die Kraft, über ein Wort oder eine Angewohnheit, die mir einfällt, zu lachen. Manchmal treten mir Tränen in die Augen, und ich frage mich niedergeschlagen, warum. Warum habe ich auf dieses unglaubliche Glück, mit meinen Kindern zusammen zu sein, verzichtet? Um die Politik zu erneuern, den richtigen Weg zu weisen? Aber ich habe überhaupt nichts erneuert, die Macht ist noch immer in Händen derselben Männer, und alles läuft so, als hätte ich nie etwas gesagt, nie etwas geschrieben, als hätte ich nie existiert. Ich bin niedergeschlagen und weiß nicht mehr aus noch ein. Wie konnte ich nur? Diese Männer, deretwegen ich mich aufreibe, zählen nichts gegen ein Lächeln von Mélanie, ein Haar von Lorenzo ... Und dennoch habe ich nicht gezögert und mich gegen meine Kinder und für diese Männer entschieden. Keine Sekunde lang habe ich, als ich sie in Auckland zurückließ, den Sinn meines Engagements in Frage gestellt. Sechs Monate, acht Monate, sind vergangen, und kein Abflauen der Gewalt in Kolumbien ist in Sicht, noch werden die Drohungen mir gegenüber weniger, sodass an eine Wiederaufnahme meines Familienlebens gar nicht zu denken ist. Werden sie ein für alle Mal fern von mir aufwachsen? Der Kummer schnürt mir die Kehle zu, und ich drehe mich in dieser Wohnung, die ich für sie gekauft und eingerichtet habe und die hinter jeder Tür Erinnerungen an sie birgt, im Kreis.

Unsere Telefonate verstärken nur das Gefühl, dass sie sich am anderen Ende der Welt befinden, weit, endlos weit weg ... Ich rufe sie voller Sehnsucht nach unseren gemeinsamen Sonntagen in Bogotá an einem Sonntag an, aber für sie ist es bereits Montag, der Schulstress beginnt wieder, und sie haben keine

Minute für mich, sie sind sowieso schon zu spät dran ... Ich habe das Gefühl, zwischen uns gibt es eine grundsätzliche Zeitverschiebung, so als würden wir nicht mehr denselben Planeten bewohnen. Im Laufe der Monate weiß ich nicht mehr, worüber ich mit ihnen reden soll, schon bald spüre ich, dass meine Worte nicht mehr auf Aufmerksamkeit stoßen, sie durchbrechen das Schweigen, ja, aber sie haben etwas von einer abgeleierten Melodie an sich, die am anderen Ende der Leitung keine spontane, keine lebhafte Reaktion mehr hervorrufen.

»Oh, Loli, mein Süßer, mein Liebling, ich bin so glücklich, dich zu hören! Sag mir, wie geht es dir? Wie läuft es in der Schule?«

»Gut, Mama, aber ich muss jetzt los ...«

»Vermisst du mich auch nicht zu sehr? Sag Loli, du bist doch nicht unglücklich, oder?«

»Mama, ich habe jetzt gleich ein Spiel. Ich wollte gerade los.«

»Was für ein Spiel, mein Liebling?«

»Na, ein Fußballspiel, Mama!«

»Ach so ... Du spielst also Fußball.«

»Schon lange. Hat Papa dir das nicht gesagt?«

»Doch, ich glaube schon, entschuldige ... Und in der Schule läuft es wirklich gut?«

»Ja, Mama, das hast du mich gerade schon mal gefragt ...«

Bis Lorenzo eines Tages aus der Haut fährt:

»Mama, warum stellst du immer die gleiche Frage: ›Wie läuft's in der Schule? Wie läuft's in der Schule?‹ Also, es läuft gut. Wir reden immer über das Gleiche, das nervt mich ...«

An diesem Tag begreife ich, dass meine Anrufe die beiden langweilen, weil wir uns nichts mehr zu sagen haben, über keine Gemeinsamkeiten mehr verfügen, ich ihre Freunde nicht mehr kenne, ihre Interessen, und dass sie ihrerseits zu jung sind, um irgendetwas von meinem Engagement zu verstehen. Dieses Mal weine ich heimlich.

Doch als sich der erste Kummer gelegt hat, bin ich sogar froh über Lolis Verärgerung. Sie ist ein Zeichen dafür, dass er größer wird, begierig auf das Leben ist, sich amüsieren möchte und im Grunde wunderbar ohne mich auskommt ... Das ist doch gut!

Vielleicht ist das für eine Mutter das Allerschmerzlichste: zu akzeptieren, dass ihre Kinder trotz ihrer Abwesenheit glücklich aufwachsen. Ich akzeptiere es, das muss ich auch, aber manchmal überwältigt mich der Schmerz, und dann klammere ich mich wie eine Wahnsinnige an das eine oder andere Ereignis in ihrem Leben, als würde ich es trotz der zehntausend Kilometer, die zwischen uns liegen, weiterhin mit ihnen gemeinsam erleben. Als ich erfahre, dass Mélanie mit Klavierspielen begonnen hat und laut ihrem Lehrer eine außergewöhnliche Begabung dafür besitzt, halte ich es sofort für unumgänglich, auch bei mir ein Klavier hinzustellen, und stürze fieberhaft los, um solch ein sündhaft teures Stück zu erwerben. Ich klappere sämtliche Fachgeschäfte ab und erkundige mich, in dem erhebenden Gefühl, endlich etwas zur Ausbildung meiner Tochter beizutragen.

Mélanie ist elf Jahre alt. Sie wird jetzt sehr schnell in die Pubertät kommen, die Frau in sich entdecken, und es erscheint mir undenkbar, dass sie diese Zeit ohne mich erlebt. Undenkbar und allzu grausam, für sie wie für mich. Das verfolgt mich derartig, dass ich in meinen wildesten Fieberträumen nur noch ausrufen kann: »Kolumbien muss es schaffen, damit Mélanie wiederkommt. Das muss es. Und zwar schnell! Schnell!«

Kolumbien geht es nicht besser, aber die Kinder und ich entdecken das Internet. Schluss mit den blinden, indirekten und trostlosen Gesprächen. Jetzt reden wir auf dem Bildschirm miteinander, lachen, und vor unseren Augen entsteht das geheime Einverständnis wieder, das bereits in Vergessenheit geraten war. Diese nahezu täglichen Treffen im Internet bestimmen schon bald unseren Stundenplan. Für mich fallen sie in die

Zeit zwischen vierzehn und fünfzehn Uhr, und ich komme von nun an ständig zu spät in die Parlamentssitzungen. Die Kinder sind bei der Sache, weil jetzt eine Unmittelbarkeit besteht, ich sehe Loli als Fußballer, Mélanie in ihrem Zimmer, die Fotos ihrer Freunde, die Bücher, die ihnen gefallen haben ... Zu Mélanies Geburtstag - ihrem zwölften - organisiere ich ein regelrechtes Fest. Meine Eltern sind da, wir haben ihr Zimmer mit Ballons gefüllt, einen Kuchen bestellt, und als sie auf dem Bildschirm erscheint, sehen wir sie begeistert und verlegen loslachen. Meine Mutter streckt ihr durch das Dutzend Kerzen hindurch die Arme entgegen.

»Ich puste für dich, mein Liebling, und du gibst mir dein Stück, in Ordnung?«

Mélanie und Lorenzo holen sich den von Fabrice vorbereiteten Kuchen, und wir lassen es uns gemeinsam schmecken. Wirklich gemeinsam. In diesem Moment vergessen wir, vereint in einem wilden Gelächter, dass uns ein Ozean trennt ...

Dann lernen meine Kinder die meiner älteren Schwester Astrid kennen, Cousin und Cousine, und neue Freundschaftsbande werden geknüpft. Anastasia wurde kurz vor ihrer Abreise nach Auckland geboren, sie wollen sie jetzt gerne heranwachsen sehen, und wir verbringen manchmal gut zwei Stunden damit, uns über sie zu freuen. Als Stanislas zur Welt kommt, findet seine Vorstellung via Bildschirm statt, und ich sehe, wie gerührt Mélanie ist und wie entzückt und erstaunt Loli ...

Diese künstliche Nähe bringt auch schwierige Momente mit sich: Meine Kinder sind da, ja, zum Greifen nah, aber falls sie von irgendeiner Gefahr bedroht sind, kann ich nichts für sie tun. Eines Tages stellen wir die Verbindung her, ich mit besonderer Ungeduld, weiß ich doch, dass Fabrice nicht bei ihnen, sondern in Frankreich ist. Mélanie und Lorenzo sind unter der Obhut von Lise, ihrem Kindermädchen von den Seychellen, zu der ich volles Vertrauen habe. Aber Fabrices Abwesenheit beunruhigt mich trotzdem. Mélanie ist zur Stelle und freut sich offenkundig, mit mir zu reden, aber ich spüre dennoch, dass sie irgendetwas hat.

»Bist du allein? Wo ist Lorenzo?«

»Er ist beschäftigt.«

»Wie, beschäftigt? Ruf ihn mal her, Mélanie, damit ich ihn wenigstens eine Sekunde sehe!«

»Er will aber nicht, dass du ihn siehst, Mama.«

»Hör mal, du spinnst wohl! Was ist das für eine Geschichte? Loli, komm vor die Kamera, mein Liebling …«

»Er will nicht, Mama.«

»Mélanie, ich bitte dich, hol deinen Bruder. Meine Güte, was ist denn bloß los? …«

Lorenzo erscheint, und ich habe das Gefühl, in einen Alptraum zu versinken: Er ist völlig verschwollen und entstellt, hat das Gesicht voller roter Pusteln, und sein Körper ist aufgedunsen wie der eines Michelin-Männchens.

»Loli! Mein Gott, was hast du? Was hast du gemacht?«

»Das ist eine Allergie, Mama. Lise wollte gerade mit mir zum Arzt, als du mich gerufen hast …«

»Zu was für einem Arzt? Das kann etwas sehr Ernstes sein, Loli. Gib mir schnell Lise.«

». . .«

»Hören Sie, Lise. Nehmen Sie ein Taxi und fahren Sie unverzüglich ins Krankenhaus. Gehen Sie nicht zu einem Arzt in der Stadt, der kann da nichts machen. Gehen Sie zur Notaufnahme. Fahren Sie sofort los und rufen Sie mich wieder an, wenn Sie zurück sind. Ich will alles wissen.«

Dann mache ich von Bogotá aus die ganze Welt verrückt: Fabrices Sekretärin in Auckland, sein Büro in Paris, drei Allergologen in Bogotá, dann das Krankenhaus von Auckland und noch einmal Paris … Loli hat wahrscheinlich eine Niereninsuffizienz, das meine ich zumindest aus den Worten der Mediziner herauszuhören, und mein Herz klopft zum Zerspringen, ich möchte am liebsten schreien, verrückt vor Angst und Hilflosigkeit.

An diesem Tag weiche ich nicht mehr vom Telefon und bin zu nichts in der Lage, bis ich beruhigende Nachrichten aus dem Krankenhaus erhalte: Loli sei in guter Behandlung, außer Gefahr, die Ärzte seien sich ihrer Sache sicher, es gebe keinen Grund zur Beunruhigung mehr.

Endlich, im Sommer 1998, wollen wir uns alle in den Vereinigten Staaten treffen. Es sind nach achtzehnmonatiger Trennung die ersten Ferien im Familienkreis, und ich denke Tag und Nacht an nichts anderes.

Voller Aufregung habe ich die Vorbereitungen getroffen, wie alle schuldbewussten Eltern davon überzeugt, dass eine größere Menge an Geschenken wie durch ein Wunder all die Liebe zu ersetzen vermag, die ich nicht habe geben können. Ich bin also die schicksten Geschäfte Bogotás abgelaufen, um endlich meine Kinder einzukleiden, sie zu verwöhnen und ihre Gesichter angesichts all dieser Herrlichkeiten strahlen zu sehen, und komme in überschwänglicher Stimmung mit meinen zwei schweren Koffern an. Loli ist zehn, er ist noch ein Kind, alles passt ihm, und vor allem gefällt ihm alles. Aber schon sehr schnell stelle ich fest, dass ich bei Mélanie etwas falsch gemacht habe. Meine Tochter sieht mir mit wachsender Enttäuschung, sogar mit Verärgerung zu, wie ich die Geschenke auspacke. Ich will es nicht wahrhaben und füge, wie toll vor Liebe, auch noch hinzu:

»Sieh dir das an, mein Liebling. Ich bin sicher, das haut dich um ...«

Mélanie sieht es sich an, ja, und sagt dann plötzlich:

»Also Mama, ich trage wirklich schon lange keine T-Shirts mit Teddybären mehr! Man könnte denken, du wüsstest nicht, dass ... dass ...«

»Es stimmt, Mélanie ist größer, als wir gedacht haben«, sagt Juan Carlos leise.

Und plötzlich sehe ich Mélanie so, wie sie ist, und nicht mehr als das Kind, als das ich sie mit aller Kraft weiter haben wollte. Ich bin verlegen und fühle mich unglücklich. So schrecklich unglücklich, weil sie ohne mich heranwächst und sich von mir entfernt hat ...

Aber inzwischen hat Kolumbien wieder einen enormen Platz in meinem Leben eingenommen, und ich zweifle nicht mehr an der Nützlichkeit des Kampfes, den ich führe. Mittlerweile bin ich zur Senatorin gewählt worden, habe meine eigene politische Partei gegründet und sage mir, dass, wenn es mir morgen gelingen sollte, aus diesem Land eine integre, offene und fruchtbare Demokratie zu machen, ich auf meine Weise auch zum Glück meiner Kinder beigetragen haben werde.

10

Das Jahr 1998 rückt näher, im März sind Parlamentswahlen, und ich habe die Absicht, einen Senatssitz zu erringen. In Kolumbien hat ein Senator mehr Autorität als ein Abgeordneter – ich benötige diese zusätzliche Autorität, um mein Auditorium zu vergrößern, meinen Kampf fortsetzen zu können. Allerdings will ich mir nicht mehr die liberale Jacke anziehen, die Samper und Serpa zur Schau stellen, diese Männer, deren Korruptheit das Land in die Knie gezwungen hat.

Die liberale Partei, deren Moralkodex ich vier Jahre zuvor verfasst habe, hat es trotz der Schläge, die ich ihr versetzt habe, nicht gewagt, mich auszuschließen. Sie hätte damit eingestanden, dass Moral und Ethik bei ihr keinen Platz haben. Ich bin fest entschlossen, diese Partei zu verlassen, aber ich habe ebenso wenig Lust, mich ihrer alten konservativen Gegnerin anzuschließen, deren Vertreter in meinen Augen kaum mehr wert sind.

Es ist Zeit, sich etwas anderes auszudenken, eine neue politische Familie zu gründen, in der sich die Leute wieder finden können, die wie ich denken. Wenn ich in den Senat gewählt werde, dann wird es für sie sein, um in ihrem Namen zu sprechen ...

»Das nennt man eine politische Partei«, sagt Juan Carlos eines Abends zu mir. »An dem Punkt, an dem du angelangt bist, Ingrid, kannst du nicht weitermachen, wenn du nicht eine eigene politische Gruppierung ins Leben rufst. Schau mal, du bist ganz allein ...«

»Man benötigt 50 000 Unterschriften, um eine Partei zu gründen. Das ist unmöglich, vor allem innerhalb von vierzehn Tagen!«

»Ich weiß nicht. Trommel deine Unterstützer zusammen und denkt gemeinsam nach. Schnell. Wenn du das Wagnis eingehst, bin ich an deiner Seite. Die Idee begeistert mich, und ich glaube, nach vier Jahren Samper heißt es jetzt oder nie.«

Jetzt oder nie, ja. Das ist auch die Meinung der zwanzig Personen – einer kleinen Gruppe Getreuer –, die sich noch am selben Abend bei mir zu Hause einfinden. In unserem Enthusiasmus erscheint uns die Vorstellung, in nur zwei Wochen im ganzen Land 50 000 Unterschriften zusammenzutragen, nicht unrealistisch. In jeder Stadt haben wir treue Freunde sitzen, es ist an uns, sie zu mobilisieren, ihnen so schnell wie möglich die amtlichen Formulare zukommen zu lassen. Jeder, der das Alter hat zu wählen, darf unterschreiben. Bleibt uns nur noch, auf den Kampfgeist unserer ehrenamtlichen Helfer und auf meine Popularität zu setzen, denn nur die Leute, die bereits eine bestimmte Vorstellung von mir haben, werden sich engagieren.

Und es funktioniert! Einen Monat später – die Administration hat zum Glück das Limit nach hinten verschoben – reichen wir nahezu 60 000 Unterschriften ein. Der Weg ist frei, jetzt ist es an uns, die Partei zu bilden.

Juan Carlos begeistert diese Nachricht, und er macht daraufhin weit mehr, als ich mir von ihm erhofft hatte: Er lässt seine Werbeagentur sausen, die laufenden Kampagnen, seine Kunden, um sich ganz meiner Sache zu widmen. Das ist verrückt und bewundernswert, denn außer unseren Unterschriften und dem Hass der politischen Klasse, die uns im Anmarsch sieht, haben wir nichts, was man für die Gründung einer Partei benötigt: weder Mitglieder noch Räume, und vor allem kein Geld. Aber Juan Carlos pfeift offensichtlich darauf, er vertraut auf sich, auf mich, auf all jene, die mich seit vier Jahren unterstützen und seiner Meinung nach zu uns stoßen werden, sobald wir die Flagge gehisst haben. Apropos Flagge: Das Erste, was wir tun müssen, ist, ihr eine Farbe zu geben, einen Namen, eine Identität, die Lust zum Mitmachen weckt, Lust, gemeinsam etwas aufzubauen, zu träumen ...

»Juan Carlos, finde für mich ein Wort, das ganz von allein sagt, wer wir sind und was wir wollen. Ich möchte nichts, was an irgendetwas bereits Bestehendes erinnert, Arbeiterpartei hiervon oder davon, das ist so unfreundlich und langweilig ...«

Wir sind auf dem Rückweg vom Markt und sitzen im Auto, als Juan Carlos plötzlich auf das Steuerrad schlägt.

»Ingrid, das ist es! Ich hab's, ich habe den Namen: Oxygen, Sauerstoff.«

Glücklich und strahlend hält er am Straßenrand an. Auch ich bin auf der Stelle vollkommen begeistert von diesem Wort.

»Das ist es! Genau das ist es, Juan Carlos! Oxygen! Das sagt alles, man assoziiert damit Ökologie, aber auch die Luft, die einem die anderen nehmen, und die Hoffnung, die wir verkörpern, die vitale Hoffnung. Das ist ein magisches, bedeutsames Wort.«

Und er, ganz Feuer und Flamme:

»Du bist das Oxygen, Ingrid. Ich sehe schon deine Plakate vor mir. Die Botschaft muss total simpel sein: ›Ingrid ist Sauerstoff. Punkt.‹ Wir sitzen in Kolumbien in der Scheiße, wir atmen nicht mehr, unsere Hoffnungen und unsere Träume sind dahin. Wir haben nichts mehr. Dieser Samper hat uns bis zum Hals da hineingeritten. Ja, und das Plakat muss etwas Himmlisches an sich haben. Genau, du musst vor einem blauen Himmel zu sehen sein, dem Symbol für Hoffnung, Transparenz, Frische ...«

In dieser Nacht geht Juan Carlos nicht schlafen. Am nächsten Tag bringt er mir den ersten Entwurf für unser Plakat, mein Foto vor einem azurblauen Hintergrund, überschrieben mit dem Slogan: »Ingrid es oxigeno.« Und unter seiner Feder entsteht das heitere Logo unserer Partei, bei dem das x von *oxigeno* in ein strahlendes gelbes Männchen verwandelt ist, das zu einem scharlachroten Ball (dem i-Punkt) hochspringt.

Die Partei hat jetzt ein Gesicht, und wir können Mitglieder werben und vor allem Kandidaten. Denn wir wollen in allen großen Städten Listen präsentieren, für die Wahl zum Abgeordnetenhaus ebenso wie für den Senat. Juan Carlos ist wie besessen davon, dafür zu sorgen, dass ich nicht mehr die Einzige bin, die im Parlament das Schwert gegen die Banditen erhebt, sondern dass wir in der nächsten Legislative in der Lage sind, eine Stoßtruppe zu bilden.

Dieses Plakat mit dem blauen Himmel im Hintergrund ziert bald ganz Kolumbien, stets mit demselben Logo »Ingrid es oxigeno«, und den beiden Spitzenkandidaten der jeweiligen Region im Vordergrund. Juan Carlos denkt sich einen »Look« für uns aus – wir tragen alle das gleiche kurzärmelige Poloshirt, aber in unterschiedlichen Farbtönen, je nach der Farbe unserer Augen –, und unser Wahlkampf hebt sich klar von den Kampagnen der anderen Parteien ab. In Kolumbien messen die Kandidaten ihrem offiziellen Wahlkampf nur wenig Bedeutung bei, ganz einfach deshalb, weil sich das Wesentliche hinter den Kulissen abspielt. Für sie ist das Entscheidende, mit Hilfe von Versprechungen und Postenverteilungen Stimmen zu kaufen, Wahlkreis für Wahlkreis. Welche Bedeutung haben da ihre Plakate, die sie sämtlich im steifen Anzug vor ihrer Bücherwand zeigen. Aber dieses Mal bewirken sie damit, völlig veraltet zu wirken, als hinkten sie uns ein halbes Jahrhundert hinterher! Als an bestimmten Wänden unsere Plakate neben den ihren auftauchen, ist der Kontrast so himmelschreiend, dass die Leute lachen: Durch unsere Natürlichkeit wird der steife Stil von gestern, den unsere Konkurrenten an den Tag legen, indirekt noch gesteigert.

Dann denkt sich Juan Carlos, die Linie mit den Kondomen gegen die Korruption weiterverfolgend, zwei Symbole aus, die unsere Botschaft versinnbildlichen: eine Atemmaske und einen Sauerstoffbehälter: Das Erste vermittelt die stillschweigende Botschaft, wie sehr alles stinkt, das Zweite, wie stark unser Bemühen um eine sauberere Welt ist ...

Bleibt noch das Wahl-T-Shirt, ein in Kolumbien unvermeidlicher Artikel, mit dem die Parteien traditionell die Bevölkerung überhäufen, die sich über dieses Geschenk umso mehr freut, als sie häufig gar nichts anderes zum Anziehen hat. Juan Carlos entwirft ein T-Shirt, das unserem Image entspricht, klares, modernes Design (so schön, dass ich es heute noch anziehe), aber es ist von Anfang an klar, dass wir nicht die Mittel besitzen, mehr als zweitausend davon herstellen zu lassen, eine lächerliche Zahl angesichts der Wagenladungen, die unsere Konkurrenten verteilen. Der Führungsstab wird zusammengerufen. Eine schnelle Entscheidung muss her.

»Es ist ganz klar, dass wir zehnmal so viel für denselben Preis machen lassen können, wenn wir aus Asien eingeschmuggelten Stoff kaufen«, bemerkt jemand vorsichtig.

»Das soll wohl ein Witz sein!«, sage ich. »Ich möchte euch daran erinnern, dass unser wesentliches Anliegen der Kampf gegen die Korruption ist. Lasst uns mit den Leuten aus der Textilbranche reden und versuchen, einen Preis auszuhandeln. Ansonsten sind es zweitausend T-Shirts und basta.«

Ich glaube, wir haben nicht mehr als tausend unter das Volk gebracht, aber paradoxerweise hat unsere strenge Zurückhaltung uns vielleicht mehr Stimmen eingebracht, als wenn wir versucht hätten, hunderttausend zu drucken. Denn es passierte etwas Eigenartiges: Etwa einen Monat vor der Wahl führte die kolumbianische Textilindustrie, der von der Regierung Samper die Luft abgeschnürt wurde, unter den Kandidaten eine breite Umfrage durch, um zu erfahren, was diese zugunsten ihrer Branche, einer der Stützen der kolumbianischen Industrie, vorhätten. Alle kamen mit Versprechungen, woraufhin die Unternehmer geschickt aufzeigten, wie sich die Kandidaten in der Praxis hinsichtlich der Textilindustrie verhielten. Und was entdeckten sie? Dass mit Ausnahme der Leute von Oxygen alle aus Asien eingeschmuggelte T-Shirts gekauft hatten ... Zehn Tage vor dem Urnengang bestimmte der Skandal zum Entsetzen der traditionellen Parteien die Schlagzeilen der gesamten Presse. Für uns war das natürlich großartig. Ich erinnere mich an einen herzerwärmenden Kommentar im Radio während des fieberhaften Endspurts meiner Kampagne: »Man kann den Wahlversprechen von Ingrid Betancourt Glauben schenken, setzt sie sie doch vor ihrer Wahl bereits in die Praxis um: Nicht einer ihrer Kandidaten hat Schmuggelware eingesetzt. Die T-Shirts von Oxygen stammen zu hundert Prozent aus Kolumbien.«

In den letzten Wochen haste ich von einem Flieger zum nächsten, da ich in sämtlichen Städten zur Unterstützung der Unseren gefragt bin. Das ist schön und anstrengend zugleich: Zum ersten Mal bekomme ich mit, was es heißt, nationalen Wahlkampf zu machen. Ich bin in Barranquilla, Cali, Medellin, Popayan, Cúcuta, und überall kommen die Menschen mit unserer Atemmaske auf der Nase und umarmen mich. Ich werde inmitten von Luftballons fotografiert und rede vor Menschenmengen, die mir Sympathie entgegenbringen und hinter mir stehen. Sie glauben an mich, an uns. Bei jeder neuen Veranstaltung habe ich das Gefühl, weitere Punkte zu machen. Ja, die Menschen schöpfen wieder Vertrauen, da bin ich mir ganz sicher. Aber wie viele sind es wirklich, die uns unterstützen? Sind es genügend, um uns die Türen zum Senat zu öffnen? An manchen Abenden, wenn ich allein in meinem Hotelzimmer liege, erschöpft und erkältet, wechsele ich doch ständig zwischen dem tropischen Klima an unseren Küsten und den eisigen Nächten in den Bergen hin und her, weiß ich es nicht mehr. Welches Gewicht haben diese Menschenmengen, so überzeugt sie auch sein mögen, im Vergleich zu den Stadtvierteln und Vororten, die unsere Politiker mit Hilfe von Millionen von Pesos an sich binden, ohne sich auch nur vom Fleck zu bewegen? Ist es nicht lächerlich, allein Demokratie spielen zu wollen? Naiv und lächerlich?

Ich höre noch den Parlamentspräsidenten, der ebenfalls ein Senatsmandat anstrebt, wie er mich auf dem Flur anraunzt: »Abgeordnete von Bogotá, in Ordnung, Ingrid, und da hast du schon Schwein gehabt, aber was den Senat angeht, da träumst du, mein armes Kind, da hast du keine Chance. Nur die Großen, die kampferprobten Politiker werden Senatoren. Schau dir meine Region an, das Departement Santander, das ich wie meine Westentasche kenne. Wie kannst du dir dort Hoffnungen machen? Über den Daumen gepeilt würde ich dir allerhöchstens dreitausend Stimmen geben. Und das ist schon hoch gegriffen. Das wird im ganzen Land so sein, mach dir keine Illusionen. Wenn du insgesamt 25 000 Stimmen erzielst, ist das ein Erfolg, reicht aber dennoch nicht aus, um gewählt zu sein. Das ist unmöglich! Unmöglich! ...« Er selbst bereitet bereits seit Jahren seinen Einzug in den Senat vor, und ich weiß auch wie, er verbirgt es nicht einmal: Indem er sämtlichen Lokalbaronen auf Kosten des Parlaments Reisen in alle Ecken der Welt schenkt, im Austausch gegen fünfhundert Stimmen pro Trip. Es ist dann an den Baronen, für kleine Geschenke zu sorgen, mit denen die Wähler überzeugt werden können ... Und ich, ich biete nichts an, nicht einmal ein T-Shirt, nicht einmal ein Sandwich, nur Versprechungen, hoffnungsvolle Worte, Worte, immer nur Worte. Wenn ich nichts hätte, um meine Kinder zu ernähren, würde ich dann nicht auch hingehen und Ingrid Betancourt zwar applaudieren, aber für X oder Y stimmen, um dafür einen kleinen Job oder eine Gratismahlzeit für die ganze Familie zu erhalten? An manchen Abenden habe ich zu niemandem mehr Vertrauen, nicht einmal zu mir selbst.

Der große Tag kommt, und wie üblich regnet es, ein scheußlicher Nieselregen ... Gleich nachdem die Wahllokale aufgemacht haben, besuche ich sie zusammen mit Juan Carlos in einer Tour durch ganz Bogotá eines nach dem anderen. Wir werden von einem Fotografen von *Tiempo* begleitet. Es ist ein Sonntag, die Straßen sind leer, trübselig und grau. Ich habe große Angst, und unsere ersten Besuche sind keine Beruhigung für mich: Die Leute grüßen mich nicht, kein Lächeln, nichts, sie scheinen mich nicht einmal zu kennen. Ich sage mir: »Scheiße, wenn es so ist in diesem Land, dann ist die Sache gegessen ...« Ich sehe den Fotografen von der Seite an; sicher denkt er, dass das hier nur seine Zeit vergeudet. Ein schrecklicher Vormittag. Auch Juan Carlos scheint sich Sorgen zu machen, und wie gewöhnlich versucht er nicht, die Realität zu verschleiern. Werden wir scheitern, jetzt, da es Kolumbien, ausgeblutet und international in Misskredit, so sehr nötig hat, sich in der internationalen Szene wieder einen Platz zu erobern? Und wer außer Leuten wie uns kann dem Land diese letzte Chance geben?

Um sechzehn Uhr schließen die Wahllokale ihre Türen, und schon bald gibt das Radio auf ersten Auszählungen basierende Hochrechnungen durch. Unsere schlimmsten Befürchtungen bewahrheiten sich: Ich tauche unter den Kandidaten, die im Rennen liegen, nicht einmal auf ... Juan Carlos und ich blicken uns geschlagen an, unfähig, auch nur drei Worte zu wechseln. Stumm fährt er zur Registraduría, in der die Wahlergebnisse des ganzen Landes zentral zusammenlaufen. Dort erfahren wir wenigstens stündlich die genauen Zahlen meines Schiffbruchs. Im Radio sind die Nachrichten weiterhin so betrüblich. Wir betreten unauffällig das Gebäude, Dutzende Journalisten drängen sich in dem riesigen Saal, in dem die Computer aufgestellt sind. Stadt für Stadt, Wahllokal für Wahllokal liefern die Bildschirme die Resultate. Wir stellen uns in die Nähe der Aufzüge, ein paar Meter von der Menschenmenge entfernt: Ich würde mich am liebsten in einem ruhigeren Zimmer irgendwo oben verkriechen. Aber plötzlich entdeckt mich einer der Journalisten, und eine ganze Menschenmasse bewegt sich in unsere Richtung. Fotografen und Kameraleute drängeln sich, Scheinwerfer richten sich auf uns, und man hält mir Mikrofone unter die Nase.

»Was halten Sie von den ersten Ergebnissen?«

»Dazu kann ich Ihnen nichts sagen, ich kenne sie nicht. Ich habe nur Radio gehört, und offenkundig ...«

»Doctora, Sie liegen ganz oben, unter den drei Bestplatzierten ...«

»Wie das? Unter den drei Bestplatzierten?«

»Zum aktuellen Zeitpunkt haben Sie eines der besten Wahlergebnisse landesweit. Was sagen Sie dazu?«

Juan Carlos und ich wechseln einen verdutzten Blick.

»Warten Sie, ich bin nicht auf dem Laufenden, ich komme gleich. Wo sind die Zahlen? Geben Sie mir die Zeit, mich zu informieren.«

Ein paar Journalisten lassen mich durch, andere schieben mich von hinten, man zerrt mich zu dem Monitor, auf dem die Liste der Kandidaten zu sehen ist, die momentan die größte Stimmenzahl auf sich vereinigen. Ich bleibe wie angewurzelt stehen: Ich bin nicht Dritte, nicht Zweite, ich liege glattweg an erster Stelle! Kein Zweifel, das ist mein Name ganz oben auf dem Bildschirm ... Ich werde von unglaublichen Gefühlen überwältigt. Meine Kehle ist wie zugeschnürt, ich möchte Juan Carlos umarmen, möchte, dass all diejenigen, die wochenlang Tag und Nacht für mich gekämpft haben, jetzt bei uns sind, möchte weinen. Wir haben also gewonnen, Kolumbien hat gewonnen. Nach vierjährigem Schweigen sagt das Land nun Ernesto Samper und diesem Parlament, das ihn für straffrei erklärt hat, kräftig die Meinung. Es erklärt uns, dass es an uns, an mich, glaubt und uns vertraut. Ich versuche wieder zu Atem zu kommen, mich vor allem daran zu erinnern, dass sich hier vor unseren Augen ein erbarmungsloser politischer Wettkampf abspielt und dass ich von nun an Chefin einer Partei bin ...

»Hören Sie«, sage ich mit leicht veränderter Stimme, »es ist jetzt erst siebzehn Uhr dreißig, alles kann sich noch ändern, wir sollten noch ein wenig warten und die Zahlen sprechen lassen.«

Irgendetwas sagt mir, dass diese Männer, die versucht haben, mich umzubringen, mich nicht einfach so den Sieg davontragen lassen werden. Mit einem Mal kommt mir dieser erste Platz zu schändlich vor, zu beleidigend für sie und das System, das sie verkörpern. Eine schreckliche Angst drängt meine ersten Glücksgefühle in den Hintergrund. Sie kontrollieren alles, haben die meisten der Leute, die auszählen, in der Hand, sie werden versuchen, uns diesen Sieg zu nehmen, da bin ich mir sicher.

Ich verspreche den Journalisten, da zu sein, wenn nötig, und gehe zu Juan Carlos zurück. Ich will jetzt Stadt für Stadt die Auszählung verfolgen. Es reicht ein Klick, und der Computer liefert einem in Realzeit die Stimmen, die jeder einzelne Kandidat angehäuft hat. Wir setzen uns vor einen Bildschirm.

Es ist achtzehn Uhr, und fast eine halbe Stunde vergeht, ohne dass irgendein Problem auftaucht. Plötzlich ist die Datenzufuhr aus Cali unterbrochen. Überall bewegen sich die Zahlen, nur seltsamerweise die aus Cali nicht.

»Juan Carlos, lass uns zum Registrador, dem Wahlaufseher, hinaufgehen. Das ist nicht normal, ich habe Angst, dass da irgendwie manipuliert wird. Zufällig ist es gerade die Auszählung von Cali, die stockt ...«

Der Wahlaufseher ist in seinem Büro, umringt von einem Dutzend Leuten.

»Was ist los? Aus Cali kommt kein einziges Resultat mehr.«

»Ach ja? Warten Sie ... Tatsächlich.«

»Ich möchte wissen, warum.«

»Ich rufe sofort dort an, Doctora.«

Ich bekomme die Unterhaltung mit. Er nickt und legt auf.

»Ein Stromausfall, machen Sie sich keine Sorgen.«

»Wie das, ein Stromausfall?«

»Leitungen sind zerstört worden, Doctora. Es hat ordentlichen Sturm in der Gegend gegeben ...«

Ich habe mein Mobiltelefon dabei. Ohne mir noch die Mühe einer Antwort zu machen, rufe ich unsere Leute vor Ort an.

»Eduard, hier Ingrid. Was ist los?«

»Sie haben die Registraduría geschlossen und lassen niemanden mehr hinein.«

»Was ist das für eine Geschichte mit dem Stromausfall?«

»Es gibt keinen Stromausfall, die Lampen funktionieren wunderbar ...«

»Ihr habt keinen starken Wind, keinen Sturm?«

»Nicht das geringste Lüftchen, Ingrid, weshalb fragst du das?«

Ich lege auf, und dieses Mal explodiere ich:

»Hören Sie, es gibt weder Wind noch einen Stromausfall in Cali. Offensichtlich handelt es sich hier um eine Inszenierung, um irgendeinen Betrug zu kaschieren. Ich warne Sie: Vor der Unterbrechung lag ich an der Spitze in der dortigen Region, wenn ich danach gesunkene Ergebnisse habe, verständige ich die Journalisten.«

Er ruft noch einmal an und zappelt herum. Ich höre, wie er den Leuten am anderen Ende der Leitung sagt, dass ich in seinem Büro sei. Steckt er mit ihnen unter einer Decke? Ich weiß es nicht, aber ich habe kein Vertrauen zu diesem Mann.

Als zwanzig Minuten später wieder Resultate zu sehen sind, hat sich die Tendenz vollkommen verkehrt: Ich hatte ungefähr fünfzehntausend Stimmen in der Region von Cali im Moment der Unterbrechung, und den ganzen Abend bekomme ich nun keine einzige mehr, während die Ergebnisse der anderen Kandidaten selbstverständlich kontinuierlich steigen.

Einen Monat später erzählen mir Mitarbeiter der Registraduría unter dem Siegel der Verschwiegenheit, dass mir mit Hilfe bestimmter Beamter ungefähr vierzigtausend Stimmen an diesem Abend geraubt worden seien und dass, wenn ich nicht in das Büro des Registradors hinaufgegangen wäre, meine Wahl in den Senat hätte gefährdet sein können.

Sie war es nicht, ganz im Gegenteil, denn trotz des Betruges stehe ich an der Spitze der Gewählten, als die Auszählung für beendet erklärt wird. Es ist ein sensationeller Sieg. In unserem Wahlkampfbüro finde ich eine rasende Menge vor. Das Gebäude ist erleuchtet, und man drängt sich bis hinaus auf die Straße. Bei meiner Ankunft herrscht großes Geschrei, die Leute weinen, viele stürzen auf mich zu, küssen und umarmen mich. Man muss mir einen Weg bahnen, und es dauert ewig, bis ich im Inneren des Hauses bin, da auch ich den Männern und Frauen danken möchte, die sich zweifellos heftig für uns eingesetzt haben und nach der Verkündigung unseres Sieges von überall herbeigeströmt sind. Als ich endlich die Eingangshalle betrete, stimmen Musiker – ich weiß nicht, ob sie jemand hat kommen lassen oder ob sie spontan aufgetaucht sind – die Nationalhymne an. Meine Eltern sind da; Mama wirft sich tränenüberströmt in meine Arme. Später gehen die Musiker zu kolumbianischer Volksmusik über, und Papa reicht mir steif und gerührt seinen Arm.

»Gewähr mir diesen ersten Tanz, mein Liebling, lass uns zusammen den Ball eröffnen.«

Ein Volksfest wird improvisiert, das bis in die frühen Morgenstunden geht. In dieser Nacht sehe ich viele alte Freunde aus dem französischen Gymnasium wieder, die ich seit einem Vierteljahrhundert aus den Augen verloren habe; es ist, als wolle mir dieses Volk, für das ich tiefe Liebe empfinde, zu verstehen geben, dass es mir zutraut, die Geschicke des Landes zu beeinflussen. Endlich erreiche ich Fabrice in Neuseeland, und auch er ist gerührt.

»Gib mir für eine Sekunde die Kinder, ich hätte sie jetzt so gern hier in Bogotá!«

»Aber die sind in der Schule, Ingrid!«

»Entschuldige, ich bin ganz durcheinander, die Geschehnisse überwältigen mich.«

»Ich werde ihnen die Nachricht gleich in die Schule weiterleiten. Sie haben auf deinen Anruf gewartet.«

Vor acht Jahren haben wir uns in Los Angeles getrennt. Heute ist die Wunde vernarbt, wir haben uns jeder unseren eigenen Weg gesucht, uns aber unterwegs nicht verloren. Auch das ist ein Sieg. Fabrice ist der beste Vater, den es gibt, und mir jetzt wieder ein wertvoller Freund.

Am Tag nach der Wahl bin ich überall in der Presse auf Seite eins. Der Erfolg von Oxygen, und speziell von mir, ist die wirkliche Überraschung bei den Wahlen. Unvermeidbarerweise werde ich nun zum Spielball für die Kandidaten bei der Präsidentschaftswahl, die jetzt voll in den Wahlkampf einsteigen.

11

Zwei Kandidaten sind dazu imstande, die Präsidentschaft zu erringen: Der eine ist Horacio Serpa, der treue Komplize Ernesto Sampers; er tritt für die liberale Partei an. Der andere - für die konservative Partei - ist Andrés Pastrana. Vier Jahre zuvor ist er gegen Samper der unglückliche Verlierer gewesen und aus Kolumbien geflohen, nachdem er die berühmte Kassette veröffentlicht hatte, auf der man die Brüder Rodríguez ein Loblied auf Samper hat singen hören. Damals wollten die Kolumbianer an die Integrität ihres neuen Präsidenten glauben, und sie haben Pastrana vertrieben - den Mann, durch den neuerlich der Skandal drohte. Pastrana ist nach langem Exil heimgekehrt, und viele sind sich heute darin einig, dass sein einziger Fehler darin bestand, zu früh Recht gehabt zu haben. Viele Kolumbianer wissen sich in seiner Schuld. Reicht das, um Serpa zu schlagen? Offensichtlich nicht. Das mafiöse Vasallensystem, das durch Samper während seiner Amtszeit nur noch verstärkt worden ist, macht es seinem designierten Nachfolger möglich, in den Umfragen als Favorit gehandelt zu werden ...

Das erklärt, welches Pfand Oxygen für die beiden Kandidaten darstellt. Wir sind eine politische Kraft auf dem Schachbrett, an der niemand vorbei kommt, und imstande, den Schiedsrichter in diesem Duell zu spielen. Wir können, als Antwort auf das Engagement in wichtigen Fragen, den Sieg entweder des einen oder des anderen garantieren.

Am Tag nach meiner Wahl in den Senat ruft mich Andrés Pastrana an.

»Ingrid, wir sollten uns einmal in aller Ruhe treffen, ich bin sicher, dass wir zusammenarbeiten können.«

»Ich weiß nicht. Meine Partei setzt ihre Glaubwürdigkeit aufs Spiel, wenn sie sich mit einer der traditionellen Parteien verbündet. Wenn sie das macht, dann nur gegen radikale Veränderungen im politischen Leben des Landes, und ich bin mir nicht sicher, ob du dazu bereit bist, dich an die Spitze dieser Veränderungen zu stellen.«

»Lass uns darüber reden. Ich bin zu tief gehenden Umwälzungen bereit. Wir sind uns zumindest in einem Punkt einig: Kolumbien kann nicht so weitermachen wie bisher.«

Wir verabreden uns zu einem ersten informellen Gespräch bei mir. Andrés Pastrana riskiert dabei nichts. Er weiß genau, dass wir niemals auch nur über einen einzigen Punkt mit Horacio Serpa, der Korruption in Person, verhandeln würden. Darüber hinaus eint uns vieles. Andrés Pastrana ist ein uralter Freund meines Mannes Juan Carlos, der für ihn 1994 den Wahlkampf gemacht hat. Und Andrés' Bruder, Juan Carlos Pastrana, ist einer meiner besten Freunde. Wir haben uns in Paris kennen gelernt, Anfang der Achtzigerjahre, als ich Politikwissenschaften studierte. Juan Carlos Pastrana, ein glänzender Journalist, war damals gerade dabei, eine Stiftung für die Demokratie in Kolumbien ins Leben zu rufen. Ihm standen dabei vor allem finanzielle Mittel aus Deutschland zur Verfügung. Schließlich war bereits der Vater von Andrés und Juan Carlos, Misael Pastrana, Präsident der Republik von 1970–1974, ein Intimus meines Vaters, und ich bin ihm oft bei uns daheim über den Weg gelaufen.

Am vereinbarten Abend komme ich mit Verspätung nach Hause und finde Andrés und Juan Carlos gemütlich plaudernd und scherzend im Wohnzimmer vor.

»Ich habe versucht, deinen Mann davon zu überzeugen, dass er dich überredet, mit mir eine Allianz einzugehen«, ruft mir Pastrana fröhlich entgegen.

»Das stimmt nicht, Ingrid!«, fährt Juan Carlos hoch. »Ich verwende mich für niemanden. Im Übrigen lasse ich euch jetzt allein, ich kann nichts für dich tun, Andrés.«

Und Juan Carlos verschwindet.

»Ingrid, Serpa muss gestoppt werden«, sagt mir daraufhin Pastrana mit ernster Stimme. »Du hast mittlerweile ein beachtliches Gewicht in der öffentlichen Meinung, ich brauche dich.«

»Ich bin mir dessen wohl bewusst, aber viele Dinge trennen uns, weißt du, insbesondere diese unerträgliche Praxis, Stimmen zu kaufen. Deine Parteileute machen das, und das ist etwas, was wir niemals akzeptieren werden. Dieser Punkt ist eine Vorbedingung für jegliche Diskussion.«

»Ingrid, ich kämpfe dafür, dass das ein Ende hat. Ich bin der Erste, der unter diesen Machenschaften gelitten hat: Ich möchte dich daran erinnern, dass ich 1994 gegen Samper gewonnen hätte, wenn dieser nicht die Hälfte der Wähler mit dem Geld der Rodríguez-Brüder gekauft hätte. Wenn es ein Opfer dieses Systems gibt, dann bin ich es. Es ist wahr, dass einige in meiner eigenen Partei bis auf die Knochen korrupt sind, aber wenn ich zu überstürzt handele, laufen sie zu Serpa über und ich habe gar keine Chance zu gewinnen. Vertrau mir. Wenn ich Präsident der Republik werden will, dann darum, diesem Patronagesystem ein Ende zu bereiten, und ich brauche dich dazu.«

»Lass mich nachdenken. Ich bin nicht allein. Wir werden uns zusammensetzen, und ich melde mich dann bei dir.«

Andrés Pastrana verabschiedet sich, offensichtlich optimistisch. Er ist mir gegenüber verbal überzeugend aufgetreten, hat sich sehr offen gezeigt und in aller Form den Unkomplizierten gespielt: Mitten im Wahlkampf ist er ohne Leibwächter gekommen, in legerer Aufmachung, Stil Oxygen, und hat mir ausgiebig Zeit gewidmet, er, für den jede Stunde so wertvoll geworden ist. Die Botschaft ist eindeutig. In den darauf folgenden Tagen wird in den Reihen von Oxygen heftig diskutiert. Angenommen, Pastrana wird Präsident, was wünschen wir uns dann von ihm in den ersten hundert Tagen, damit es zu einem radikalen Wechsel kommt? Wir beantworten nach verschiedenen Diskussionen und Debatten diese Frage mit einem Zehn-Punkte-Programm. Zehn Reformen, die es eilig zu verkünden gilt, wenn eine wirkliche Demokratie in Kolumbien aufgebaut werden soll: Wahlreformen, Verfassungsreformen, um die Unabhängigkeit der staatlichen Institutionen zu gewährleisten, speziell der Justiz ... Und da wir wissen, wie zutiefst verkommen das Parlament ist, wollen wir, dass diese Absichten durch ein Referendum durchgesetzt werden, sind wir doch sicher, dass das Volk, im Gegensatz zu den Parlamentariern, wie ein Mann dahinter stehen wird.

Der ungeduldige Pastrana hat mir sogar seine Mobil-Telefonnummer überlassen. Sobald wir unseren Text verabschiedet haben, rufe ich ihn an.

»Ah, Ingrid! Und?«

»Wir haben dir einen Vorschlag zu machen. Wann kannst du vorbeikommen?«

»Heute Abend.«

»In Ordnung, um sieben Uhr bei mir.«

Ich lege ihm unser Programm vor, und ohne mit der Wimper zu zucken, antwortet er wie aus der Pistole geschossen:

»Ich bin vollkommen einverstanden. Das sind Reformen, die ich in jedem Fall umsetzen wollte.«

»Hör zu, Andrés, es geht mir hier nicht um eine vage Zustimmung von dir, wir fordern, dass diese zehn Punkte in den ersten drei Monaten deiner Amtszeit durch einen Volksbeschluss verabschiedet werden.«

»Das habe ich absolut kapiert, und ich kann nur noch einmal wiederholen, dass ich einverstanden bin. Im Übrigen schlage ich dir vor, dass wir, damit die Dinge eindeutig sind, gemeinsam ein öffentliches Abkommen unterzeichnen, für das wir die Kolumbianer und speziell meine Wähler als Zeugen nehmen.«

Ein paar Tage später schickt mir Andrés Pastrana zwei seiner engsten Mitarbeiter vorbei, darunter den künftigen Außenminister Guillermo Fernández de Soto, um den Text unseres Abkommens unter Dach und Fach zu bringen. Die zehn Maßnahmen sollen, so ist es vorgesehen, in den ersten dreißig Tagen nach der Amtsübernahme durch Pastrana dem Parlament vorgelegt werden. Wenn das Parlament sie ablehnt, verpflichtet sich der Staatschef, sie innerhalb von hundert Tagen dem Land per Referendum vorzulegen.

Am 6. Mai 1998 unterzeichnen Andrés Pastrana und ich vor einem riesigen Journalistenaufgebot und unter den Augen der Fernsehkameras dieses Abkommen.

Vom nächsten Tag an stürze ich mich mit Leib und Seele in den Kampf für Andrés Pastranas Sieg. Es ist höchste Zeit: In einem Monat ist der erste Durchgang der Präsidentschaftswahlen, und Horacio Serpa liegt vorn ...

Pastrana zieht mich mit in sein Boot, und von nun an eröffnen wir gemeinsam die großen Wahlveranstaltungen. Ich erlebe den Wahnsinn einer Präsidentschaftskampagne, die Hektik, die Jagd nach der Zeit, die ständige Fliegerei, die Zusammenkünfte des Führungsstabes mitten in der Nacht ... Ich erlebe aber vor allem auch, welche Hoffnung allein meine Gegenwart beim Volk hervorruft. Sicher, die Leute jubeln Pastrana zu, aber wenn sie meinen Namen skandieren, ist das etwas anderes, es schlägt in Raserei um, wie man sie gewöhnlich nur in Konzerthallen erlebt, ein freudiges Gejohle der jungen Generation, die die hochgestochenen Reden satt hat und die meine Aufrichtigkeit, meine Zuversicht, meine Glaubwürdigkeit und meine dickschädelige Offenheit sichtbar begeistern. Das macht mich in gewisser Weise stolz, ja, aber ich ziehe daraus vor allem die Gewissheit, dass dieses Kolumbien, das ich da vor mir habe, morgen das andere beiseite fegen wird, das seine Seele den »Narcos« verkauft hat.

Den engen Kreis um den Kandidaten macht mein Erfolg unruhig. Man drängt mich schließlich in den Hintergrund, und Pastrana leitet die letzten Zusammenkünfte allein.

Am Sonntag, dem 30. Mai, landet Serpa beim ersten Wahlgang oben, aber er führt mit nur 30 000 Stimmen vor Pastrana (3 560 000 zu 3 530 000). Als Dritte hat eine Frau kandidiert, Noemí Sanín. Obwohl der Reformkurs geheuchelt war, mit dem sie sich zwischen den beiden traditionellen Parteien einen Spielraum verschaffen wollte, erzielt sie dennoch ein erstaunliches Wahlergebnis. Sie bekommt 2 800 000 Stimmen und ebnet damit künftigen unabhängigen Präsidentschaftskandidaten den Weg. Finanziert von den großen Wirtschaftskonzernen, ist Noemí Sanín eine Art trojanisches Pferd, geboren aus der herrschenden Klasse, die sich mit ihr auf präsentablere Weise an der Macht zu halten versucht. Da die Herrschenden spüren, dass der Wind sich dreht und die traditionellen Parteien bröckeln, versucht das verrottete System von nun an den Kolumbianern das verführerische Gesicht von Noemí zu verkaufen. Sie soll gewährleisten, dass der Status Quo aufrechterhalten bleibt, und ihren Unterstützern Privilegien garantieren. Ohne jemals für irgendetwas gewählt worden zu sein, wird sie sich auch im Jahr 2002 wieder um das Präsidentschaftsamt der Republik bemühen.

Es bleiben uns also noch vierzehn Tage, um unseren Rückstand aufzuholen. Pastrana und ich beschließen, jeder für sich Wahlkampf zu führen, um unsere Kräfte auf diese Weise zu doppeln und erfolgreich das ganze Land abzudecken. Für mich ist es eine begeisternde Erfahrung. Ich verbreite in einem fort den Wortlaut unserer Wahlvereinbarung, und allabendlich sind die Veranstaltungen voll von Menschen. Aber Pastrana sinkt in den Umfragen. Und je mehr die Zahlen ihn als geschlagen ausgeben, desto zahmer werden seine Reden. Er ist wie versteinert, verliert jeglichen Wagemut und vermittelt das Gefühl – wahltaktisch eine Katastrophe –, nur noch das Einvernehmen mit der Mehrheit zu suchen.

Eines Morgens, als ich auf dem Weg zum Flughafen bin, halte ich es nicht mehr aus und rufe ihn an.

»Andrés, wir werden die Wahlen verlieren, und ich sage dir, weshalb. Du sprichst nicht mehr von dem, was unsere Stärke ausmacht: dem Kampf gegen die Korruption. Du vermittelst den Eindruck, an nichts mehr zu glauben, nicht einmal mehr an dich selbst. Weißt du, was man von deinen Reden behält? Dass du Angst hast zu verlieren, und zwar in einem Maße, dass du, anstatt ein Programm anzubieten, nur noch um Barmherzigkeit bittest. Aber die Wähler haben dir nichts zu schenken, und was sie schon gar nicht wollen, ist ein unentschlossener Präsident. Wir haben vier Jahre organisiertes Verbrechen an der Spitze des Staates hinter uns, Andrés, wenn du die Leute nicht davon überzeugst, dass du die Kraft und den Mut dazu hast, das Land wieder auf den richtigen Weg zurückzuführen, dann werden sie definitiv Serpa den Vorzug geben. Bei ihm wissen sie wenigstens, mit wem sie es zu tun haben, und Serpa bedient geschickt ihren Hass auf die Gringos, ihren Chauvinismus. Der ist alles, was sie noch haben ...«

Pastrana gibt mir Recht, er ist äußerst beunruhigt, extrem angespannt. Er sichert mir zu, sich zu ändern. Wird er in sich die Stärke finden, den Kampf wieder aufzunehmen? Es bleiben ihm nur noch zehn Tage, um den schwankenden Teil der Wählerschaft, der entscheidend ist, für sich zu gewinnen.

Ja, der Mann, der zwei Tage später im Fernsehen erscheint, ist ein anderer.

Offensiv und aggressiv bekräftigt Andrés Pastrana, auf die Gefahr hin, Missfallen zu erwecken, dass sich sein Programm als unerbittlicher Kampf gegen die Korruption zusammenfassen lässt, »denn in diesem Land kann nichts Ernsthaftes unternommen werden, solange nicht mit diesem Klientelwesen aufgeräumt wird«. Juan Carlos hat die zehn Punkte unseres Abkommens symbolisch unter eine Passhülle drucken lassen, und wir haben für eine breite Verteilung dieses Dokuments im ganzen Land gesorgt. Plötzlich hält Pastrana dieses nun vor die Kameras.

»Hier unser Antikorruptions-Pass«, ruft er. »Hier das Programm, mit Hilfe dessen wir Kolumbien wieder an den Platz zurückführen, den es im internationalen Konzert verdient. Ich verpflichte mich, es Ihnen zu einer Volksabstimmung vorzulegen ...«

Auch der Ton des Wahlkampfes ändert sich plötzlich. Es ist nur noch von einem Kreuzzug gegen die Korruption, von Appellen an die Offenheit die Rede, und im Vergleich dazu wirkt die nationalistische Großsprecherei von Serpa wie aus einer anderen Zeit, leicht grotesk, ja geradezu lächerlich in den Augen der jüngeren Generation, der unter vierzig, die sich in dem, was ich sage, wieder findet.

Am 21. Juni 1998 wird Andrés Pastrana mit nur 450 000 Stimmen Vorsprung vor Horacio Serpa zum Präsidenten der Republik gewählt. Auf einem Foto ist dieser Sieg für immer festgehalten: Es zeigt uns beide, Arm in Arm, wie wir der Menge zuwinken. Pastrana trägt einen Anzug, der einem Bewohner des Palacio de Nariño angemessen ist, und ich stecke in T-Shirt und Jeans, und unser beider Heiterkeit vermittelt aufs Beste den Enthusiasmus, die Hoffnung, die jetzt das Land ergriffen hat, quer durch alle Klassen. Im Übrigen erklären sich, nachdem monatelang in den Meinungsumfragen traurige Angaben hinsichtlich der Unzufriedenheit der Kolumbianer zu lesen waren, zum ersten Mal 86 Prozent von ihnen für optimistisch. Trotz der katastrophalen ökonomischen Situation wächst die Hoffnung wieder. Die Leute vertrauen Pastrana, sie glauben, so sagen sie, dass er seine Versprechen halten wird. Sie sind bereit, ihm zu folgen.

Mir ist klar bewusst, dass ich die Garantin dieser Versprechen bin. Pastrana hat gewonnen, weil ich für sein Programm gebürgt habe, es ist nun also an mir, dafür zu sorgen, dass er sich an seine Vereinbarungen hält. Kolumbien würde es nicht ertragen, ein weiteres Mal getäuscht zu werden. Doch das Risiko ist groß, denn kaum gewählt, befindet sich Andrés Pastrana zwischen zwei gegenläufigen Strömungen: Auf der einen Seite ist da die stille Hoffnung des Volkes, auf der anderen die Hinterlist der traditionellen politischen Klasse, die es sehr wohl versteht, Reformen jeglicher Art zu verhindern. Wir von Oxygen haben das vorhergesehen und deshalb Pastrana auferlegt, auf eine Volksabstimmung zurückzugreifen, wenn das Parlament, die Zuchtstätte der Korruption, das erste Maßnahmenpaket ablehnen sollte.

Wo kann ich am wirksamsten agieren? Als Regierungsmitglied, wie Pastrana es gerne hätte, der meiner Partei natürlich ein Ministerium anbietet? Oder frei in meinen Äußerungen, ohne Mitwirkung an der Regierung? Ich habe das Gefühl, dass die Annahme eines Ministerpostens uns unter dem Vorwand der Loyalität mehr oder weniger zum Schweigen verdammen würde, und entscheide mich für eine globale Ablehnung aller politischen Ehren.

Der Präsident muss sehr schnell eine Kommission nominieren, die den Auftrag erhält, den Text des Reformgesetzes zu erarbeiten, das dem Parlament und, falls es dort scheitert, dem Volk vorgelegt wird. Ich akzeptiere begeistert einen Sitz in dieser Kommission, die aus angesehenen Hochschullehrern und Juristen besteht. Ich treffe dort meinen Anwalt wieder, Hugo Escobar Sierra, und Humberto de la Calle, den Mann, der mich vor vier Jahren unterstützt hat, als ich mich für den Moralkodex der liberalen Partei stark gemacht habe.

Die Kommission steckt bereits mitten in der Arbeit, als Andrés Pastrana seine Regierung bildet. Höchst seltsamerweise nominiert er für den Posten des Innenministers – der zentral ist in einem Land, das die Funktion des Ministerpräsidenten nicht kennt – einen Samperisten vom alten Schrot und Korn, Nestor Humberto Martínez. Als Justizminister unter Ernesto Samper war er derjenige gewesen, der schwächlich gegen den »narcomico« Stellung bezogen hat, bevor er im Ausgleich für einen Botschafterposten in Frankreich seinen Rücktritt einreichte. Seine plötzliche Rückkehr und gnädige Wiederaufnahme, um diesmal Pastrana auf höchster Ebene zu dienen, ist ein sehr schlechtes Vorzeichen. Martínez ist in meinen Augen ein Mann ohne Überzeugungen und jemand, der aus Karrieregründen bereit ist, die dicksten Kröten zu schlucken. Seine Nominierung beunruhigt mich umso mehr, als das Reformgesetz, dessen Ausarbeitung wir gerade beenden, ihm vorgelegt werden wird. Er wird es auch sein, der es dann vor dem Parlament als Innenminister zu verteidigen hat ... Stellt uns Pastrana da eine Falle? Ist das der Beginn eines Verrats, den ich insgeheim vom ersten Tag an befürchtet habe?

Ich rufe den Präsidenten an.

»Ich verstehe nicht, warum du diesen Typen nominiert hast. Die Reform, die die Grundlage deines Mandats sein soll, wird sich in seinen Händen wieder finden, und du weißt ganz genau, dass er weder Denkvermögen noch Mut hat ...«

»Ingrid, hab Vertrauen zu mir. Ich brauchte einen Mann, der in der Lage ist, die Parlamentarier aller Lager zu vereinen, Humberto Martínez hat diese Eigenschaft, er versteht sich darauf, er ist den Liberalen so nahe wie den Konservativen. Was die Reform betrifft, so mach dir keine Sorgen, ich kümmere mich direkt um sie.«

Ich bin nur halbwegs beruhigt, und die Ereignisse tragen nicht zu meiner Beschwichtigung bei. Sehr schnell schon verrät nämlich Humberto Martínez die Reformkommission, deren rechtmäßiges Mitglied er ist. Während das Referendum die Unterstützung der Kommission hat, gibt der Minister Journalisten zu verstehen, dass ein Volksentscheid unwahrscheinlich sei. Ganz offensichtlich streckt er damit diskret den Parlamentariern die Hand hin, die diese auch gleich ergreifen. Sie verstehen, dass Martínez in Wirklichkeit da ist, um die Reform zu sabotieren, und dass es diesen Mann zu unterstützen gilt, der für das Fortbestehen des Patronagesystems wie vom Himmel gesandt ist.

Die Kommission hingegen versteht das nicht. Auf eine Übereinkunft mit dem Minister bedacht, dehnt sie unermüdlich ihre Arbeit aus. Die vorgesehenen Termine werden nicht eingehalten, sodass der September naht und die Reform noch immer nicht dem Parlament vorgelegt worden ist ... Pastrana spürt allerdings genau, dass sein Vertrauenskredit erschöpft ist, wenn er zu lange wartet. Am 8. September schaltet er sich daher via Fernsehen ein, um noch einmal deutlich sein Engagement gegen die Korruption zu artikulieren und sein Versprechen zu erneuern, das Volk per Referendum hinzuzuziehen, falls das Parlament die Reform zurückweist.

Man ahnt, dass ihm hierfür bereits die Mittel fehlen, und die ersten Anzeichen von Unglaubwürdigkeit und Enttäuschung werden unter der Feder der Karikaturisten sichtbar. Es sind gallige Spottbilder, die an sämtlichen Straßenecken bitter kommentiert werden.

Tatsächlich gibt es Grund zu zweifeln. In den Tagen nach der Fernsehansprache des Präsidenten versucht der Innenminister im Parlament eine Front gegen das Referendum aufzubauen. Es ist unzulässig, sagt er, die Parlamentarier vor die Wahl des Alles oder Nichts zu stellen (die Reform zu akzeptieren oder abzulehnen), sie müssen die Möglichkeit haben, den Text zu modifizieren, umzuarbeiten ... Das hieße, das Abkommen zunichte zu machen, das ich zusammen mit Pastrana unterzeichnet habe, die Antikorruptions-Reform im Keim zu ersticken.

Ein weiteres Mal alarmiere ich den Präsidenten.

»Andrés, was sich da im Parlament abspielt, ist sehr schlimm. Nestor Humberto Martínez manipuliert alle Welt und täuscht uns alle. Die Kommission steht kurz vor dem Auseinanderbrechen. Wenn du nicht schnell eingreifst, befürchte ich, dass die Reform abgeschmettert wird und damit deine Zusage gegenüber den Kolumbianern.«

Er hört mir zu und schlägt eine Zusammenkunft in kleiner Runde vor, mit nur drei Vertretern der Reformkommission:

Humberto de la Calle für die Liberale Partei, Hugo Escobar Sierra für die Konservativen und meiner Person für Oxygen. Das Treffen wird für den 19. September im Hotel Casa Medina festgesetzt.

Ich bin auf eine Krisensitzung rund um einen geschwächten Präsidenten eingestellt, ja, aber einen Präsidenten mit ungebrochenem Willen und dem Bemühen, die Situation wieder in den Griff zu bekommen. Wir vier kennen uns gut, wir werden uns also mit dem Kernpunkt auseinander setzen, mit Härte, aber auch mit Zuversicht. Jedenfalls ist das meine Vorstellung. Doch von Beginn an ist das Kräfteverhältnis zu meinen Ungunsten: Pastrana taucht nicht allein auf, sondern flankiert von vier Ministern, seinem Kabinettschef und seinem persönlichen Referenten. Sofort wittere ich eine Falle. Unglücklicherweise habe ich Recht.

»Ich möchte«, beginnt er, »dass die angestrebte Reform die Frucht eines Konsenses aller Parteien ist und vom Parlament gebilligt wird. Es wird kein Referendum geben.«

Ich kapiere im selben Moment, warum er uns nur zu dritt hat kommen lassen; vor der vollständigen Kommission hätten derartige Äußerungen ein großes Protestgeschrei verursacht.

»Herr Präsident«, sage ich und gebe das Duzen auf, »Sie sind dabei, den Vertrag in Abrede zu stellen, den wir gemeinsam geschlossen haben. Es war niemals die Rede von einem Konsens zwischen den Parteien, der nur zu Unbeweglichkeit führen kann, jedoch sehr wohl von einer Volksbefragung. Sie verkünden uns heute, dass Sie von dem Referendum Abstand nehmen ...«

Bei diesen Worten sehe ich ihn purpurrot anlaufen. Er lässt mich nicht zu Ende reden, schnellt wie eine Feder hoch, wirft mir einen vernichtenden Blick zu und schlägt heftig mit der Faust auf den Tisch.

»Ich erlaube Ihnen nicht, in diesem Ton mit mir zu reden! Nehmen Sie zur Kenntnis, dass ich diese Reform niemals gegen die traditionellen Parteien durchsetzen wollte, und im Übrigen habe ich mich zu einer politischen Reform verpflichtet, aber niemals habe ich versprochen, das Land in ein Referendum hineinzuziehen.«

Es ist eine furchtbare, beispiellose Szene. Der Präsident der Republik brüllt höchstpersönlich herum, außer sich, rücksichtslos, mit knallrotem Gesicht und geschwollenen Halsadern. Sein Gefolge scheint ihn darin zu bestärken, mir derartige Dinge an den Kopf zu werfen, und im selben Augenblick verstehe ich, welcher Film hier abläuft. Dieser Mann hat Angst vor einer Konfrontation mit mir, sonst wäre er nicht mit dieser persönlichen Schutztruppe aufgetaucht. Er weiß ganz genau, dass er dabei ist, sein Wort zu brechen, und das ist es, was ihn so aufbringt. Er ist wütend auf sich, natürlich, aber auch wütend auf mich, die ihn seit einem Monat mit Hilfe der Zeitungen bedrängt. Kein Tag vergeht, an dem die Presse nicht von meinem unerbittlichen Kampf spricht, dem Kampf, das zu einem erfolgreichen Ende zu bringen, was die Chronisten nur noch »Ingrids Referendum« nennen. Man überlege einmal, was dieser Dauerbeschuss wohl für einen Mann bedeutet, der völlig von sich selbst erfüllt ist! Eine Woche vor dieser Zusammenkunft hatte *Semana* »Ingrids Reform« den x-ten Artikel gewidmet, und Pastrana war diesmal als etwas naiver Mensch dargestellt worden, der sich leicht an der Nase herumführen lässt ... Nichts hätte wirkungsvoller sein können, um ihn zum Rückwärtsgang zu bewegen ...

Eitel, wie er ist, erträgt Andrés Pastrana nur schlecht meine Aufrichtigkeit und meine Art, bar jeden Protokolls zu reden. Umso mehr, als er seit seiner Jugend unter einem versteckten und geheimen Komplex leidet. Andrés war ein schlechter Schüler und schlechter Student, und er ist weit davon entfernt, das intellektuelle und kulturelle Rüstzeug seines brillanten älteren Bruders zu haben. Wenn er ebenfalls Journalist geworden ist, so dank seinem Vater, dem Besitzer eines Fernseh-Informationskanals, auf dem er lange die Nachrichten präsentiert hat, bevor er, nachdem er ein Bildschirmstar geworden war, ohne allzu große Mühe das Rathaus von Bogotá eroberte.

Ich denke die ganze Zeit daran, während er diesen verrückten Zornesausbruch hat, der leider nur das geringe Format dieses Mannes bestätigt, der nun über das Schicksal Kolumbiens bis zum Jahr 2002 bestimmen soll. Zum zweiten Mal habe ich das fürchterliche Gefühl, getäuscht worden zu sein, als ob die Geschichte sich wiederholte. 1994 habe ich Samper glauben wollen, seinen sozialen Reden, und trotz meiner tiefen Vorbehalte habe ich ihn Pastrana vorgezogen, dessen Grenzen ich kannte. Diesmal habe ich Pastrana gegen Serpa unterstützt, ohne großen Enthusiasmus, aber auf der Grundlage eines unter den Augen der Kolumbianer paraphierten Pakts. Eben der Kolumbianer, die behaupten, man habe bei uns stets nur die Wahl zwischen Pest und Cholera. Wie sollte man ihnen widersprechen? Unfähig, seine Verpflichtungen einzuhalten, entbindet sich Pastrana also vor unseren Augen an diesem 19. September 1998 von ihnen, indem er mir wie ein bockiges Kind trotzt und vor Wut mit den Füßen stampft ...

»Die Leute sagen, sie fährt mit mir Schlitten«, scheint er seinen Ministern zu sagen, »aber hier könnt ihr sehen, wer der Chef ist!« Ich habe das Gefühl, er muss diese Szene machen, um etwas gegen sein verletztes Selbstwertgefühl zu tun.

Aber das Schlimmste kommt noch. Als wir wenig später auseinander gehen, nimmt mich Pastrana, im Bewusstsein dessen, was er da spielt und um sich großherzig zu zeigen, beiseite und umarmt mich mit den Worten:

»Mach dir keine Sorgen, Ingrid, das wird schon. Du wirst sehen, wir machen diese Reform ...«

An diesem Abend kehre ich niedergeschlagen nach Hause zurück und breche, kaum habe ich die Tür hinter mir zugemacht, in Schluchzen aus. Ich weine, wie ich noch nie geweint habe, vor lauter Wut, ich kann gar nicht wieder aufhören. Ich habe das Gefühl, verraten, ausgenützt, ungerecht behandelt worden zu sein, und ich denke an die Studenten von Medellin, die ich während des Wahlkampfs getroffen habe und die zu mir sagten: »Du wirst sehen, Ingrid, dieser Typ braucht dich, aber er ist genauso korrupt wie die anderen.« Aber ich verteidigte Pastrana, indem ich sagte, auch er sei ein Opfer der Korruption. Ich wollte in ihm so gerne unseren Ausweg sehen.

Aus diesem Verrat, einem der schmerzlichsten meines Lebens, wächst die Überzeugung, dass ich mich eines Tages selbst um das höchste Staatsamt bewerben muss, wenn wir Kolumbien aus dieser tödlichen Korruption retten wollen. Und dass kein Kompromiss trägt, wenn er mit den Repräsentanten der traditionellen politischen Schicht geschlossen wird.

Am nächsten Tag macht Pastrana sein Umschwenken offiziell, indem er in der Presse verkündet, er werde in Kürze sämtliche politischen Führungsspitzen empfangen, um den Weg für eine »einvernehmliche Reform« zu ebnen. Es ist von keinem Referendum mehr die Rede, und die Reformkommission sieht sich auf den Rang einer Expertengruppe verwiesen, die den Auftrag hat, den Abgeordneten zuzuarbeiten ... Das ist wahrhaftig die Rückkehr auf die politische Bühne der alten korrupten Garde, und auf die, die noch daran zweifeln, wirkt der Name des Mannes, der als Erster im Präsidentschaftspalast erwartet wird, wie eine kalte Dusche: Horacio Serpa! Nach all seinen Versprechungen öffnet Pastrana also seine Tür dem Teufel. Was erhofft er sich von der Ankündigung, mich am selben Tag zu empfangen? Dass er damit die Kolumbianer hinters Licht führen kann? Dass er die Unterstützung für eine Reform erhält, von der offenkundig nichts mehr zu erwarten ist?

Das Treffen ist für den 25. September anberaumt. Schockiert über die Art und Weise, in der mich Pastrana im Hotel Casa Medina abgekanzelt hat, beschließt die gesamte Führungsriege von Oxygen diesmal, mich zu begleiten. Unsere Ankunft im Palacio de Nariño erregt Aufsehen, umso mehr, als sich zu diesem

Zeitpunkt bereits Horacio Serpa und Noemí Sanín im Büro des Präsidenten befinden. Andrés Pastrana weigert sich, uns zu empfangen, und wir werden ins Büro seines Referenten, Juan Hernandez, verbannt.

»Sehr schön«, sage ich zu ihm, »sag ihm einen schönen Gruß, wir gehen wieder.«

»Nein, wartet, geht nicht einfach so, ich werde ihm sagen ...«

»Worauf sollen wir warten? Pastrana hat die Reform zusammen mit mir unterzeichnet, und jetzt zieht er es vor, mit seinem Feind von gestern zu verhandeln ...«

Hernandéz spürt den bevorstehenden Skandal; Dutzende von Journalisten drängeln sich vor den Pforten des Präsidentschaftspalastes ...

Pastrana erfasst die Situation. Er lässt uns ausrichten, wir möchten ein paar Minuten auf ihn warten.

Dann taucht er liebenswürdig lächelnd auf.

»Ingrid! Komm einen Moment herein, wir müssen miteinander reden.«

Wir stehen uns unter vier Augen gegenüber; es wird mein letztes Privatgespräch mit ihm sein.

»Was du da machst, ist zutiefst traurig, Andrés. Du warst so weit, den Kolumbianern ihre Hoffnung zurückzugeben, jetzt bist du dabei, die Leute zu verlieren und dich selbst zu verrennen. Niemals wirst du vom Parlament die Reform bekommen, von der wir geträumt haben. Du machst das Schlimmste, was man machen kann: Du verrätst diejenigen, die dich unterstützt haben, um dich mit deinem schlimmsten Feind zu verbünden.«

»Nein, Ingrid, versuch zu verstehen, ich möchte das Land aussöhnen.«

»Darum haben dich die Kolumbianer nicht gebeten. Du bist nicht da, um mit diesen Gangstern einen Konsens zu suchen, im Gegenteil, du bist gewählt worden, um ein für alle Mal die Brücken zu dieser völlig verkommenen politischen Klasse abzubrechen. Wir leben nicht in einer europäischen Demokratie, wo alle Volksvertreter mehr oder weniger gleichrangig sind, wir leben in Kolumbien ...«

Der Bruch ist vollzogen. Dennoch fügt Pastrana, als er mich hinausbegleitet, hinzu:

»Ingrid, ich bitte dich nur um eins: Sag, wenn du hier hinausgehst, nicht, dass du mit mir gebrochen hast.«

»Was soll ich deiner Meinung nach sagen? Dass wir zusammen weitermachen? Nein, ich werde sagen, dass du deinen Weg gehst und ich mich weiterhin für das Referendum einsetzen werde.«

»Du bist mir nicht böse?«

»Ich bin dir nicht meinetwegen böse, Andrés. Aber des Landes wegen ja, sehr sogar. Du hast den historischen Moment nicht erfasst.«

Ich verlasse ihn in dem sicheren Wissen, nicht mehr zurückzukommen. Ich bin traurig, gewiss, aber ich weiß auch, dass ich jetzt laut meine Stimme erheben muss.

Draußen warten geduldig die Journalisten. Es herrscht ein namenloses Gedränge.

»Wir haben soeben das Wahlabkommen aufgekündigt«, sage ich, »das uns mit dem Präsidenten verband. Die von uns angestrebte Reform wurde den übelsten Politikern zum Fraß vorgeworfen. Serpa und Noemí sind durch die eine Tür hinein, und wir durch die andere hinaus ...«

Achtzehn Monate später sorgt Andrés Pastrana, der mittlerweile in finstere Korruptionsaffären verstrickt ist, für eine Überraschung, indem er verkündet, nunmehr sein Versprechen einlösen und durch ein Referendum die große politische Reform in Gang setzen zu wollen, die eine Auflösung des Parlaments und eine Reform des Wahlmodus vorsieht. Seine Umfragewerte sind zu dem Zeitpunkt auf einem Tiefststand – nur zwanzig Prozent votieren positiv für ihn –, und allein diese Ankündigung lässt seine Werte um zwanzig Prozent steigen!

Selbstverständlich sichere ich ihm im Namen von Oxygen meine Unterstützung zu und sage mehrfach und überall, dass diese Initiative ein mutiger Akt sei. Aber auch die Liberalen und die Konservativen gehen in die Offensive, und zwei Monate später macht Andrés Pastrana, unfähig, seinen Kurs mitten in diesem Sturm zu halten, eine neuerliche Kehrtwendung: Der Volksentscheid soll durchgeführt werden, aber ohne Auflösung des Parlaments. Das ist das Eingeständnis, dass die Korruption gesiegt hat. Die Kolumbianer haben das sehr wohl kapiert, und heute sagen nur noch 15 Prozent von ihnen, dass sie in diesen auf dramatische Weise wankelmütigen Präsidenten Vertrauen setzen.

Für uns geht der Kampf um das Referendum weiter, aber im Laufe der Monate wird immer deutlicher, dass diese vergeblich erhoffte Reform eines der zentralen Themen des nächsten Präsidentschaftswahlkampfs im Jahr 2002 sein wird. Vier verlorene Jahre also für Kolumbien.

Es ist leider nicht zum ersten Mal, dass Andrés Pastrana zu feierlichen Erklärungen greift, die zu nichts führen. Genau wie seine Vorgänger hat auch er das dramatische Guerilla-Problem für sich benutzt. In Kolumbien schreiben sich unsere politischen Führer gern das Thema Frieden auf die Fahne, die sie dann schwenken, sobald sie in Schwierigkeiten sind.

Wie im Wahlkampf versprochen, hat der Präsident Verhandlungen mit den FARC (Fuerzas Armadas Revolucionarias de Columbia), der mit 15 000 bewaffneten Männern größten Guerilla-Organisation des Landes, aufgenommen. Er kann also für sich verbuchen, den Kolumbianern auf diese Weise das Gefühl gegeben zu haben, dass man mit diesen Guerillabossen reden kann, dass sie keine blinden Monster sind, sondern Menschen mit Verstand und Idealen. Zweiter positiver Punkt: Indem der Präsident diese Verhandlungen offen vor laufenden Kameras führt, macht er die internationale Öffentlichkeit auf den Konflikt in Kolumbien aufmerksam.

Aber bereits in diesem Stadium zeigt sich die Anfälligkeit der »Methode Pastrana«. Als ehemaliger Fernsehjournalist scheint der Präsident noch immer der Medienwirksamkeit mehr Bedeutung beizumessen als grundlegenden Überlegungen.

Das wird auf Anhieb sichtbar, als er in der Euphorie seines Wahlsiegs und dem Bestreben, eine »historische« Friedensgeste zu machen, den FARC 42 000 Quadratkilometer staatliches Land abtritt. Für welche Gegenleistung der Guerilla? Keine. Dieser Verlust an Souveränität geschieht total fließend und läuft Gefahr, dem Land das Gefühl zu vermitteln, der Staat sei bereit, eine schwächere Position in Kauf zu nehmen, um das Wohlwollen der Guerillabosse zu gewinnen.

Die Kommandeure der verschiedenen Guerillagruppen behalten ihrerseits einen kühlen Kopf. Ich weiß das, da ich mich lange mit ihnen unterhalten habe. Sie wissen genau, dass die kolumbianische Staatsführung die Verhandlungen zu Wahlzwecken benutzt und ihr Friedenswille auf keiner längerfristigen Vision beruht. Folglich geben auch sie vor, Frieden zu wollen, sie können dabei nur gewinnen, aber gleichzeitig bereiten sie den Krieg vor oder führen ihn weiter. Beispielsweise versuchten die FARC im Frühjahr 2000 heimlich zehntausend Waffen in die von ihnen kontrollierte Zone einzuschleusen! ... Dieser Skandal enthüllte die Existenz eines peruanischen Waffenrings und war der Auslöser für den späteren Sturz von Fujimori, des Expräsidenten Perus.

Alles läuft also so, als unterstützten sich die Führer von Politik und Guerilla gegenseitig darin, einen Kriegszustand aufrechtzuerhalten, der das Land ruiniert, es ihnen aber erlaubt, sich zu bereichern. Die Guerillabosse hören es nicht gern, wenn man ihnen sagt, dass der Kampf, den sie führen, paradoxerweise dazu beiträgt, genau die politische Klasse zu stärken, die für das Unglück des Volkes verantwortlich ist, wie auch das Korruptionssystem, auf dem diese gedeiht. Ich habe ihnen aber dennoch gesagt, was ich denke, und das gestattet mir, mit ihnen distanzierte, aber offene und unmissverständliche Beziehungen aufrechtzuhalten.

Ich bin zu der Überzeugung gelangt, dass die erste Bedingung für wirkliche Friedensgespräche ist, dass jeder klar sagt, wovon er spricht, was sein Ausgangspunkt ist. Im Moment haben die Verhandlungen keinerlei Erfolgschance. Sie sind von Beginn an in die falsche Richtung gelaufen. Ihr Ziel ist es nicht, zu einem Ergebnis zu führen, sondern die verhandelnden Parteien Zeit gewinnen zu lassen, da jeder der beiden Kontrahenten davon überzeugt ist, sich militärisch durchsetzen zu können und sich auf diesem Umweg den endgültigen Sieg zu sichern. Alle lügen. Und alle tun so, als glaubten sie, was man ihnen sagt.

Wer als Einziger wirklich ein Friedensabkommen will, ist das einfache Volk. Aus diesem stammen die Toten, die jeden Tag begraben werden. Wenn man eine Erfolgschance haben will, muss man sich jedoch um eine reelle Konfliktminderung bemühen. Dreißigtausend Tote im Jahr sind zu viel. Und wenn man das ändern will, reicht es nicht, sich um einen Verhandlungstisch zu setzen und laut nach allen Seiten zu verkünden, dass man Frieden möchte.

Außerdem muss man wissen, von welchem Frieden man spricht, welchen Frieden man anbieten will. Und dieser Frieden kann nicht der eines in die Knie gezwungenen, geschwächten, korrupten und labilen Staates sein, der darüber hinaus auf Willkür basiert. Eines Staates, der allzu leicht mit paramilitärischen Siegen vorlieb nimmt, da sie ihm nützlich sind, bannen sie doch die zunehmenden Umsturzbestrebungen. Man nimmt dafür auch die wilden Gemetzel in Kauf, die alle zehn Tage stattfinden.

Dieser Frieden kann ebenso wenig angestrebt werden, ohne dass man deutlich und offen über den Drogenhandel spricht und die allzu engen Bande zwischen den Drogenhändlern und den Guerilleros wie auch zwischen den Drogenhändlern und den Paramilitärs, die man vorgeblich nicht kennen will. Mit anderen Worten: Der kolumbianische Staat kann nicht hoch erhobenen Hauptes mit der Guerilla verhandeln, solange er sich nicht klar von den kolumbianischen Selbstschutztruppen der extremen Rechten, den AUC (Autodefensas Unidas de Columbia), distanziert, die sich Ende der Achtzigerjahre formiert haben, um die Guerilla auf eigenem Boden zu bekämpfen. Solange die AUC als der heimliche Arm der Regierung gelten, besitzt diese weder die Berechtigung noch die Glaubwürdigkeit, um mit der Guerilla über die Wiederherstellung der Menschenrechte und der Demokratie zu diskutieren.

Ebenso können die Guerillaverbände sich nicht auf gesellschaftliche Ideale berufen, solange sie eine wie auch immer geartete Beziehung zum Drogenhandel aufrechthalten. Dass in diesem Punkt etwas unternommen wird, ist die conditio sine qua non jeden Friedensprozesses.

Als ich Anfang der Achtzigerjahre nach Kolumbien zurückkam, war Louis Carlos Galán, die personifizierte Hoffnung der Menschen damals, gerade erschossen worden. Das durch jahrzehntelange Gewalt und Korruption schwer geprüfte Land lag einmal mehr in Blut und Asche, terrorisiert durch die täglichen Attentate der Drogenmafia – den auf traurige Weise berühmten »Bombenkrieg«. Als Präsidentschaftskandidat versicherte Galán, dass unser Heil einen Namen habe: Moral. Die Korruption, sagte er immer wieder, sei die Wurzel des großen Unglücks der Kolumbianer. Ich wusste, dass er Recht hatte, aber ich war noch keine dreißig Jahre alt und hatte keinerlei Erfahrung mit politischer Macht. Heute habe ich den Kampf wieder aufgenommen, im Namen all derer, die gestorben sind, ohne den ersten Silberstreifen am Horizont gesehen zu haben. Aber der Morgen ist für uns Kolumbianer angebrochen.

Wir haben erst die Hälfte des Weges zurückgelegt. Wenn Papa zu mir sagt: »Weißt du, ich bin jetzt nicht mehr Minister Betancourt, ich bin der Vater von Ingrid!«, höre ich seinen Stolz. Er gibt damit das Gefühl einer Nation wieder, die an mich glauben will, die nach einem Jahrhundert der Lügen und des Verrats Schritt für Schritt wieder Vertrauen fasst.

Ich werde diese Hoffnung nicht enttäuschen.

Kolumbien hat stets nur kleine Cliquenchefs an seiner Spitze gehabt. Unsere wahren politischen Führer wurden alle ermordet. Diese mittelmäßigen Männer haben sich wählen lassen, um sich zu bereichern und sich dann in anderen Gefilden ein schönes Leben zu machen. Wo lebt Ernesto Samper heute? In einem noblen Vorort von Madrid. Sie haben nie an mein Land geglaubt und empfinden tiefe Verachtung für unser Volk.

Ich bin das Gegenteil von ihnen. Ich liebe Kolumbien, und zwar so sehr, dass ich die schmerzlichsten Entscheidungen getroffen habe, um in diesem Land leben zu können. Ich liebe dieses Volk. Ich weiß, dass es, nachdem es mehr als hundert Jahre lang das Opfer schlimmster Gewalt war, ganze Schätze an Mut und Leidenschaft versteckt hält. Sein kollektiver Wahnsinn ist ein Hilferuf, den die Welt nicht hören will.

Seine Gewalt ist der Schrei all derer, die diesen Ganovenstaat, diesen Unrechtsstaat leid sind. Aber sie ist auch unser Schandfleck. Die Guerillatruppen, die Paramilitärs, die »Narcos«, diese Mörderbanden, die unser Land mit Blut und Asche überziehen, sind noch barbarischer als dieser unwürdige Staat, dem sie die Stirn zu bieten vorgeben.

Dennoch hat die große Mehrheit von uns es abgelehnt, einen Pakt mit dem Teufel zu schließen. Obwohl tagtäglich zur Hölle verurteilt, haben wir unsere Hoffnung nicht verloren. Wir Kolumbianer träumen von Frieden, Harmonie und Gerechtigkeit, und wir lehren unsere Kinder, in Unbefangenheit zu leben, um nicht auch noch das restliche Stück Paradies zu verlieren.

Mit derartigen Schätzen wird es nicht schwer sein, das Kolumbien zu schaffen, von dem ich und viele andere träumen. In zehn Jahren habe ich viel gelernt, und ich fühle mich heute stark genug, um diese Arbeit zum Erfolg zu führen. Man stelle sich einmal vor, wie unser Land aussähe, wenn wir all die unwahrscheinliche Energie, die darauf verwandt wird, Morde auszuhecken, in die Arbeit, die Produktion, die Kreativität, das Vergnügen und die Familie steckten ... Es gibt keine Solidargemeinschaft zwischen den Kolumbianern, kein soziales Netz, das diesen Namen wirklich verdient. Wir sind äußerst dünnhäutig und leben isoliert und in gegenseitigem Misstrauen. Unser soziales Gefüge ist schwer geschädigt. Die einzigen strukturierten und bemerkenswert leistungsfähigen Systeme sind die der Drogenmafia und der Korruption, dessen also, was man »organisiertes Verbrechen« nennt. Man muss die Kräfte umdrehen. Was jetzt schwarz ist, muss weiß werden.

Ich will dafür sorgen.

Wenn meine Arbeit in den letzten zehn Jahren kein Echo gefunden hätte, würde ich mir nicht erlauben, eine derartige Verpflichtung zu formulieren. Aber ich bin zweimal mit bemerkenswerten Ergebnissen gewählt worden, und ich fühle mich heute imstande, die Korruption unter Kontrolle zu bekommen. Ich stelle außerdem fest, dass dieselben Politiker, die mich hassen, sich an mich wenden, damit ich ihre Initiativen unterstütze, weil sie wissen, dass ich glaubwürdig bin und nicht käuflich wie sie. In gewisser Weise zwinge ich sie, darüber nachzudenken, dass sie anders sein könnten. Ich zwinge sie, das Kolumbien von morgen in den Blick zu nehmen.

Wird man mich, wenn ich dort angekommen bin, ebenfalls töten? Meine Beziehung zum Tod ist die einer Seiltänzerin. Wie sie übe ich eine gefährliche Tätigkeit aus, muss im Voraus das Risiko berechnen, aber wie bei ihr siegt jedes Mal wieder der Wille zur Perfektion über die Angst. Ich liebe das Leben leidenschaftlich, ich habe keine Lust zu sterben. Alles was ich in Kolumbien aufbaue, geschieht auch, um dort glücklich alt werden zu können. Um das Recht zu haben, dort zu leben, ohne ein Unglück für all die befürchten zu müssen, die ich liebe.